KB133188

비주얼씽킹

생각 주머니를 키우고, 날개를 달다

VISUAL THINKING
비주얼 씽킹

**생각 주머니를
키우고 날개를 달다**

신건철 · 우치갑 · 정경란 · 김기옥 · 고아림 · 박준경 · 김화영

netmaru

학생 활동 중심 수업이란?

보다 활기차고, 효과적인 수업을 위해 교실 수업 개선, 수업 혁신, 학생 활동 중심수업 등 수업 방법 변화의 필요성이 강조되고 있습니다. 과거 지식 전달 위주의 수업으로 인해 학생들의 사고력과 창의력이 부족해졌다는 반성의 결과로 학생이 수업 중에 활동으로 배울 수 있도록 구성하는 수업으로의 변화가 필요해졌기 때문입니다. 그래서 다양한 학생 활동 중심수업이 교실 속으로 들어왔고, 학생들이 수업에 재미있게 적극적으로 참여할 수 있는 분위기가 만들어지고 있습니다.

하지만 이런 흐름과 반대로 수업 시간에 학생이 활동한다고 배움이 보장되는지에 대한 의문 역시 제기되고 있습니다. 활동의 증가로 수업에 활발하게 참여하지만, 배경지식이 부족해 활동이 배움으로 연결되지 않고 학습목표를 달성하지 못한다는 문제가 제기되었기 때문입니다. 수업에서 학생이 활동하고, 짝과 과제를 수행하기 위해서는 지식의 습득과 이해가 기본적으로 수반되어야 합니다. 아무리 좋은 질문이나 과제가 있어도 기본적인 지식의 기반이 없다면, 의견을 말하지 못하거나 모둠 활동에 원활하게 참여하지 못해 무기력한 학습자가 될 수 밖에 없기 때문입니다.

오늘날의 학생들은 IT 기술력이 발전한 사회에 살아가다 보니 영상과 시각 자극 위주의 매체에 민감하게 반응하는 반면에, 책이나 신문 기사 같은 줄글로 된 자료를 이해하기 힘들어하거나 복잡하다고 생각하는 경향이 많습니다. 그래서 대부분의 영상 매체가 중요한 단어나 문장을 자극적이고 큰 글씨로 강하게 전달하다 보니 영상을 보고 난 후에는 기억이 잘 나고 이해가 된 것 같지만, 정작 그 지식을 활용하거나 다른 사람에게 설명해야 할 때는 정확하게 기억이 나지 않아 제대로 활용하지 못하는 경우가 많습니다. 영상을 본 것으로 지식을 습득했다고 생각했지만, 습득 과정에서 지식을 얻기 위한 노력이 부족했거나 지식을 습득하고 바로 활용해 보지 않았기 때문입니다. 결과적으로 알고 있지만, 설명하거나 활용하지 못하는 딜레마에 빠지게 됩니다.

그리고 영상 매체에 자주 노출되다 보니, 줄글과 간단한 사진으로 구성된 교과서와 이를 통한 지식 전달 또한, 어렵고 복잡한 과정으로 인식하는 경향이 있습니다. 그래서 수업 중 영상을 볼 때는 집중하지만 영상이 끝나고 본격적인 수업에 들어가면 의욕이 떨어지거나 영상 자체에 몰입하여 수업 자체에 잘 참여하지 못합니다. 특정 영상 매체에 대한 흥미도가 수업으로 바로 연결되지 않기 때문입니다. 그래서 효과적인 학생 활동 중심이 되기 위해서는 긴 영상보다 학습목표에 맞는 짧은 영상이나 교사의 경험, 지식을 안내하는 것이 좋습니다.

학생 활동 중심 수업에서 교사는 학생에게 학습목표에 적합한 수업 내용을 안내하고, 장기 기억으로 전환될 수 있도록 도와주는 역할을 해야 합니다. 그래서 학생 활동 중심 수업이라고 교사의 역할이 줄어드는 것이 아니라, 오히려 지식 전달 위주 수업과 비교하여 더 늘어납니다. 짧은 시간에 핵심 내용을 안내하고, 학생 개개인이 활동할 수 있도록 지원하는 역할 등 더 많은 역할을 수행해야 하기 때문입니다. 수업에서 학생의 활동이 늘어날수록 효과적인 지식 전달과 적절한 활동 안내, 학생 활동 과정 평가 등 교사의 역할은 복잡해지고 더 큰 노력이 필요합니다.

비주얼씽킹은 학생 활동 중심 수업에 어떤 도움을 줄 수 있을까요? 수업 시간에 비주얼씽킹을 활용하면 학생들은 좀 더 수업에 흥미를 갖고 주도적으로 참여할 수 있습니다. 활동 과정에서 자신만의 글과 그림으로 표현하고, 그 내용을 바탕으로 짝과 대화하면서 생각을 더해가는 등 수업 내에서 학생 활동 중심 수업이 가능해집니다. 교사의 일방적인 전달로만 활동이 이루어지는 것이 아니라, 학생 스스로 활동을 만들어가고 배움을 키워갈 수 있습니다. 교사는 활동의 안내자와 촉진자 역할을 할뿐, 수업을 주도적으로 이끌어 가는 것은 학생이 되는 것이죠. 학생 활동 중심 수업이 가능한 비주얼씽킹을 통해 학생의 생각 주머니를 키우고, 그 생각에 날개를 달아 주는 것은 어떨까요?

목차

CONTENTS

I

비주얼씽킹
넌 누구니?

"무미건조한 상상력보다 끔찍한 것은 없다."

- 요한 볼프강 폰 괴테│Johann Wolfgang von Goethe -
독일의 작가

1
왜 비주얼씽킹인가요?

〰〰〰〰〰

"학생들에게 운동장 수업 후 신발 털고 학교 안에 들어오라고 말해도 잘 안 지켜졌는데, 신발 터는 깔판을 새롭게 바꾸니 학생들이 별말 안 해도 신발의 흙을 탈탈 털고 들어왔다."

어느 교장 선생님의 말씀처럼 수업 역시 학생에게 "여기 봐라.", "이거 해봐라."라는 말 보다, 학생이 흥미를 갖고 참여할 수 있도록 구상하고, 효과적인 수업 방법을 사용하는 것이 더 중요합니다.

그렇다면 왜 비주얼씽킹이 효과적일까요?

첫째, 비주얼씽킹 수업은 글과 그림, 대화를 수업의 도구로 이용하기 때문에 학생의 다양한 요구를 수용할 수 있습니다. 어떤 학생은 글로 정리하는 것을 좋아하고, 어떤 학생은 그림 그리는 것을 좋아하고, 어떤 학생은 말로 설명하면서 공부하는 것을 좋아하는 것처럼, 학생들은 저마다 본인이 좋아하고 잘하는 학습 방법이 있습니다. 비주얼씽킹은 수업 안에 글, 그림, 대화가 모두 사용되므로 다양한 학생의 요구를 효과적으로 수용할 수 있습니다.

둘째, 지식의 습득과 활용이 동시에 이뤄집니다. 학생이 수업에 흥미를 갖고, 성취 기준을 달성하는 효과적인 학생 활동 중심 수업이 되려면, 교사의 안내(지식 전달)와 학생의 활동(활용)이 수업 안에서 조화롭게 공존해야 합니다. 즉, 오늘의 학습목표와 관련된 지식을 교사의 안내로 배우고, 다양한 활동을 통해 지식을 기억, 활용하는 과정이 한 수업 중에 이루어져야 한다는 것입니다. 비주얼씽킹 수업은 오늘 배운 내용을 글로 쓰고 그리면서 촉각(손)과 시각(눈)을 활용합니다. 그리고 짝과 핵심 질문으로 대화하면서 청각(귀)과 미각(입)을 사용하여, 오늘 배운 내용을 여러 가지 감각으로 반복하여 지식의 습득과 활용을 동시에 경험할 수 있습니다. 더불어 배운 지식을 시각화하고, 대화하면서 지식에 의미를 부여하고, 구조화를 통해 장기 기억으로 전환하여 학습 효율을 높일 수 있습니다.

셋째, 교사와 학생이 가까워질 수 있습니다. 학생 활동 중심 수업은 학생이 스스로 활동하는 시간이 많다 보니 교사의 동선이 비교적 자유로워집니다. 그래서 학생 한 명 한 명에게 다가가서 어려운 점을 도와주고 격려할 수 있습니다.

교실에서 교사에게 가장 관심을 덜 받는 학생은 누구일까요? 수업 시간에 떠드는 학생? 수업 내용이 어려워서 교사의 도움을 받는 학생? 수업에 열심히 참여해서 항상 칭찬을 받는 학생? 아닙니다. 가장 관심을 덜 받는 학생은 묵묵히 자신의 과제를 수행하는 학생입니다. 본인의 생각을 말이나 행동으로 드러내는 경우가 적다 보니, 수업 시간에 교사와 질문하고 대답할 기회가 적고, 문제 행동이 적어서 교사와 부정적인 방법으로도 대화할 기회가 별로 없습니다. 그러다 보니 안타깝게도 하루에 교사와 한두 번 대화하기도 어려울 때가 많습니다.

비주얼씽킹 수업을 하면 교사의 동선이 자유롭다 보니, 많은 학생과 다양한 피드백으로 상호작용을 할 수 있습니다. 학생에게 "여기서 중요한 부분은 어디일까?", "왜 이렇게 그렸니?", "이렇게 표현할 수 있구나?"라고 말하거나 개별적으로 피드백을 줄 수 있습니다. 시간이 부족해 모든 학생과 대화가 어려울 때는 학생과 비언어적인 신호(예: 엄지 척, 눈인사 등)를 정해, 선생님이 너의 활동을 보고 있다는 신호를 보내는 것도 하나의 방법입니다. 이런 작은 피드백들이 쌓여 학생과의 긍정적인 관계와 신뢰를 형성할 수 있는 기반이 됩니다.

넷째, 과정 평가와 결과 평가의 융합이 가능합니다. 비주얼씽킹은 개인별로 학습지에 생각을 표현하기 때문에 학습 결과를 평가할 수 있습니다. 더불어 수업 중 학습 과정을 보면서 오개념을 고쳐주거나, 배운 내용을 질문으로 형성평가하고, 짝 대화를 통해 상호평가 하는 등 수업의 과정을 평가할 수 있습니다. 그래서 2015 개정 교육과정에서 강조하는 과정 중심평가와 결과 평가를 융합해서 더 효율적인 평가를 할 수 있습니다.

2
비주얼씽킹,
다 아는 것 아닌가요?

～～～～～

비주얼씽킹, 생소하면서도 익숙한 그 이름. 그런데 막상 비주얼씽킹 수업을 처음 접하거나 실제로 적용해 보면 생각보다 수업에 실제로 활용하기 힘들고, 교사의 의도대로 수업이 흘러가지 않는다는 의견이 많습니다. 비주얼씽킹 수업이 어렵다고 생각하는 까닭은 무엇일까요?

😮 "저는 그림을 못 그려서 비주얼씽킹 수업을 못 할 것 같아요."

보통 비주얼씽킹 수업은 수업 중에 교사가 그림을 그려서 학생들에게 보여줘야 하기 때문에, 교사의 그림 실력이 좋아야 한다고 생각하는 경우가 많습니다. 하지만 비주얼씽킹 수업은 학생 활동 중심 수업이므로, 수업 시간에 그림을 그려야 하는 사람은 교사가 아니라 학생입니다. 그래서 교사는 학생에게 그림을 그려 보여주는 것이 아니라 학습할 내용과 지식을 안내하고, 오개념을 찾아 피드백하는 역할을 해야 합니다. 오히려 과도하게 잘 그린 교사의 그림은 학생들의 생각할 기회를 빼앗거나, '내가 아무리 노력해도 선생님보다 잘 그릴 수는 없어.'라는 신념을 갖게 하여 교사의 그림을 무조건 따라 그리는 '씽킹'이 없는 '비주얼 드로잉'이 될 수 있습니다. 학생의 결과물이 교사의 그림으로 채워지는 불상사가 벌어지는 것이죠.

🖋 "중요한 것은 그림 아닌가요?"

비주얼씽킹 수업에서 시각화(그림)는 도구이지 목표가 아닙니다. 왜냐하면 학습목표를 달성하기 위해 시각화라는 도구를 사용하는 것이지 시각화가 수업의 목표가 아니기 때문입니다. 예를 들어, 수업목표나 성취기준이 '오늘 배운 내용을 시각화하여 (그려) 봅시다.'처럼 그림 그리기인 경우는 많지 않습니다. 그런데 수업 시간에 교사의 안내나 배운 내용의 정리 과정(텍스트 활동) 없이, 그림부터 그린다면 학습목표를 달성할 수 있을까요? 시각화가 중심이 되고, 목적이 된다면 학습목표를 달성하기 어려워질 것입니다.

그래서 비주얼씽킹 수업에서 중요한 것은 '시각화 활동'이 아니라, 배운 내용을 정리하는 '텍스트 활동'입니다. 즉, 비주얼씽킹에서 '비주얼'보다 '씽킹'이 더 중요한 것이죠. 그래서 오늘 배운 내용을 텍스트 활동으로 충분히 정리하고 교사에게 확인받은 후, 시각화 활동으로 넘어갈 수 있도록 사전에 약속해야 합니다. 그 이유는 첫째, 수업목표 달성을 위한 텍스트 활동을 먼저 하기 위함입니다. 둘째, 혹시 수업 시간이 부족하더라도 그 수업에서 알아야 할 핵심 내용을 먼저 정리해서, 그림에 빠져서 수업목표를 달성하지 못하는 상황을 방지하기 위함입니다. 셋째, 그림을 먼저 그린 학생은 그림 그리기보다 지루한 텍스트 활동에 흥미를 잃을 수도 있다는 점입니다. 그래서 배운 내용을 글로 정리하는 '텍스트 활동'을 먼저 하고 교사에게 확인을 받은 뒤, '시각화 활동'에 들어가야 함을 학생들에게 안내해야 합니다.

⏰ "학생이 그림을 열심히 그리려고 해서 수업 시간이 부족해요."

실제로 비주얼씽킹 수업을 적용해 보신 분들이 가장 많이 하는 오해이며, 저도 비주얼씽킹 수업을 처음 적용했을 때, 가장 해결하기 어려웠던 문제이기도 합니다. 비슷한 예를 든다면, 수업 때 교과서 빈 곳을 이용해서 낙서를 하면 수업 시간이 빨리 지나가는 경험을 해 보셨을 겁니다. 그만큼 그림은 학생들에게 재미있는 활동이라, 수업 중에 시간 가는 줄 모르고 그리는 상황이 생길 수 있습니다. 하지만 교사에게 주어진 수업 시간은 항상 정해져 있습니다. 그래서 학생들의 생각을 효과적으로 표현할 수 있도록 도와줄 수 있는 시각 언어 연습이 중요합니다. 시각 언어를 연습하지 않고 시작한 비주얼씽킹 수업은 사회, 국어, 도덕 시간이 미술 시간으로 변하게 만들 수 있기 때문입니다.

시각 언어를 연습하지 않고 수업에 들어가면 미술 시간에 그리는 방법으로 그림을 그리거나, 만화 캐릭터를 그리면서 오랜 시간을 사용하기도 합니다. 이 상황은 비주얼씽킹 수업에서 가장 경계하는 전체적인 수업의 흐름이 미술 수업으로 바뀌어 버리는 결과를 초래합니다. 그래서 시각 언어는 간단해야 합니다. 더불어 고학년 같은 경우에는 연필로 그림을 그리도록 안내하면, 그림을 잘 그리기 위해서 지우개로 지우고 그림을 고치는 경우를 종종 볼 수 있습니다. 그래서 고학년에는 연필보다는 볼펜을 쓰도록 안내하는 것이 좋고, 저학년 같은 경우에는 아직 볼펜 사용이 어색하므로 연필을 사용하도록 안내하는 것이 좋습니다. 그리고 주제와 소주제를 쓸 때는 사인펜이나 네임펜을 사용하도록 안내하여 기억에 잘 남도록 도움을 주고, 텍스트 활동과 시각화 활동은 연필이나 볼펜을 사용하도록 안내하여 과도하게 고치다 수업 시간이 부족해지는 상황을 방지해야합니다.

"레이아웃, 다 비슷하게 생겼는데 왜 필요한가요?"

학생들의 생각을 효과적으로 정리하고, 기억하기 위해서는 레이아웃을 활용해 생각을 정리하는 방법을 안내해야 합니다. 예를 들어, 에너지의 종류를 일렬로 나열하는 것보다 에너지라는 주제를 중심으로 원으로 배치하는 것이 한눈에 들어오고, 에너지의 종류를 이해하는 데 도움이 될 수 있습니다. 생각을 체계 없이 정리하는 것보다, 각 상황에 맞는 레이아웃을 활용하면 오늘 배운 내용을 체계적으로 정리하여 장기 기억화에 도움이 됩니다. 그래서 학년 초 다양한 레이아웃의 특징을 재미있고 효과적으로 배울 수 있도록, 학급 운영에 필요한 것을 비주얼씽킹으로 나타내면서 레이아웃을 연습하면 좋습니다.

"마인드맵과 무슨 차이가 있죠?"

마인드맵과 비주얼씽킹이 무슨 차이가 있냐는 질문 역시 자주 듣는 질문입니다. 마인드맵이 한 가지 주제에 대해서 생각 그물을 이용하여 자기 생각을 정리하는 학습 방법이라면, 비주얼씽킹은 다양한 레이아웃으로 생각을 글과 그림으로 정리하는 과정에서 공부한 내용을 더 잘 기억하고 다른 사람에게 더 효과적으로 전달하는 학습 방법입니다. 그리고 마인드맵이 다양한 생각을 끌어내는 확산적인 방법이라면, 비주얼씽킹은 다양한 생각을 끌어내는 확산적인 특성과 더불어 정해진 주제와 관련된 것을 정리하는 학습 방법입니다.

더불어 그림을 보면 이해가 쉽다는 것 또한 비주얼씽킹의 장점입니다. 흔히 보는 도로 표지판은 화살표와 글로 이뤄져 있어서, 화살표와 문자를 그림으로 인식하고 빠르게 반응할 수 있습니다. 이는 화살표와 문자, 즉 그림과 색을 통해서 정보를 전달하는 것이 효과적이라는 것을 보여줍니다. 그래서 비주얼씽킹은 마인드맵과는 달리, 정보를 효과적으로 전달하는 것에 유용한 특징을 갖고 있습니다.

3
비주얼씽킹
수업이란?

〰〰〰

가. 교사는 촉진자이다.

학생 활동 중심 교육에서 교사는 지식을 단순하게 전달하는 전달자가 아닌 학생에게 오늘 배울 내용을 설명하고, 학생 스스로 글과 그림으로 정리할 수 있도록 도와주는 촉진자 역할을 해야 합니다. 학생 활동 중심 수업이라고 해서 학생 스스로 수업 내용을 파악하고, 그 안에서 핵심 내용과 세부 내용을 파악하여 수업을 진행한다고 생각할 수 있는데, 교실 안 모든 학생이 스스로 수업 내용의 핵심과 세부 내용을 파악하기는 매우 어렵습니다. 그래서 효과적인 비주얼씽킹 수업을 위해서는 교사의 촉진 과정이 필요합니다.

초등학교 40분 수업을 예로 들면 다음과 같습니다.

시간	수업의 흐름	교사(촉진자)의 역할
5분	동기유발	전시 학습 확인 및 간단한 클립 영상(1분 내외)으로 동기유발
10분	배울 내용 안내	학습목표를 달성할 수 있도록 오늘 배울 내용을 교사의 주도로 설명
10분	텍스트 활동	주제와 소주제를 제시하고, 교과서나 보조 교재에서 관련 내용을 정리
10분	시각화 활동	정리한 내용을 시각화
5분	핵심 질문으로 정리	핵심 질문을 통해 짝과 대화로 정리

학생이 학습목표에 효과적으로 도달하도록 촉진하기 위해서는 교사 주도로 배울 내용을 설명하는 과정이 중요합니다. 학습을 위해 지식을 습득하는 것이 필요하다면 교사의 자세한 설명으로 진행할 수 있고, 학습목표가 지식 습득이 아니라 학생들의 다양한 생각을 끌어내는 것이 필요하다면 브레인스토밍을 통해 생각을 끌어낸 뒤 함께 유목화하면서 진행할 수 있습니다.

나. 적합한 레이아웃을 준비해야 한다.

비주얼씽킹 수업에서 수업 내용을 효과적으로 정리하고, 기억하기 위해서는 수업 내용에 적합한 레이아웃이 필요합니다. 그래서 비주얼씽킹 수업을 준비할 때, 가장 먼저 해야 할 것은 수업 내용에 적합한 레이아웃을 찾는 것입니다. 그리고 교사가 찾은 레이아웃이 적합한지, 주제와 소주제는 잘 구성되었는지 확인해 보기 위해 교사가 먼저 활동을 해 봐야 합니다.

비주얼씽킹 수업과 잘 어울린다고 생각했던 수업을 실제로 진행해보면 주제와 소주제가 어색하거나, 레이아웃을 잘못 선정했거나, 비주얼씽킹 수업과 어울리지 않는 내용이어서 학생들이 불편함을 느끼기도 하기 때문입니다.

다. 주제, 소주제는 학생과 함께 찾아라.

수업은 학습목표를 달성해야 하는 목적이 있습니다. 가장 이상적인 비주얼씽킹 수업은 학생들이 공부할 내용 안에서 스스로 주제와 소주제를 찾는 것이겠지만, 현실적으로 모든 학생이 학습목표에 맞는 주제와 소주제를 찾는 것은 어렵습니다. 그래서 교사는 원활한 학습목표 달성을 위해 수업 준비 과정에서 주제와 소주제를 생각해 놓고, 질문으로 주제와 소주제를 학생과 함께 찾는 것이 좋습니다. 나아가 진정한 학생 활동 중심 수업을 위해서는 지속적인 연습으로 학생 스스로 주제와 소주제를 찾아낼 수 있도록 질문으로 이끌어줘야 합니다.

질문의 예

학년 6학년
과목 과학
학습목표 비생물 요소가 생물 요소에게 미치는 영향을 설명할 수 있다.

질문
"콩나물에 햇빛과 물을 주거나 주지 않았을 때의 결과를 통해 무엇을 배웠나요?"
- 개념 확인
"오늘 배울 내용 중 핵심 주제는 무엇일까요?" - 주제 확인
"비생물 요소에는 무엇이 있을까요?" - 소주제 확인
"각 비생물 요소가 생물 요소에게 어떤 영향을 미치는지 교과서에서 찾아, 정리해 봅시다."

라. 중요한 부분만 요약하여 적도록 안내하자.

비주얼씽킹 수업에서 오늘 배운 내용을 정리하는 시간은 10분이 채 되지 않고, 교사의 설명이 길어진다면 더 짧아질 수도 있으며, 교과서나 보조 교재에 제공된 내용을 모두 적기에는 시간이 부족합니다. 그래서 각 소주제의 주요 내용을 모두 베껴 적는 것보다, 중요한 단어나 짧은 문장으로 요약하는 과정이 필요합니다. 모든 학생이 처음부터 각 소주제와 관련된 내용을 요약하기 어려우므로, 교사가 먼저 요약하는 법을 보여주면서 평소에 함께 요약하는 연습을 하는 것이 좋습니다.

마. 시각화 시간을 제한하여 정리 시간을 확보하자.

수업에서 정리 과정은 매우 중요합니다. 하지만 비주얼씽킹 수업에서 정리 과정은 시각화 활동 이후에 진행되므로, 시각화 활동에 과도하게 집중하여 시간이 부족해지면 정리 과정 없이 수업이 마무리되는 경우가 종종 있습니다. 그래서 수업 중에 학생에게 "시각화 활동 8분 남았습니다."처럼 각 활동의 시간이 얼마나 남았는지 자주 안내하여, 스스로 활동의 흐름을 조절할 수 있도록 도와줘야 합니다. 그리고 비주얼씽킹 수업에서 시각화 과정은 기억을 돕는 도구이므로 시각화를 다 마치지 못해도, "지금은 오늘 배운 내용을 정리하는 시간입니다. 아직 시각화를 다 마치지 못한 사람은 쉬는 시간에 추가하거나, 그대로 내도 됩니다."라고 말하여 정리 시간을 충분히 확보합니다. 이를 통해 시각화를 정해진 시간 내에 완성하기 위해서는 간단하게 그려야 한다는 메시지를 전달할 수 있습니다.

바. 비주얼씽킹 수업은 글, 그림, 말을 활용해서 생각을 정리하는 수업이다.

일반적으로 우리가 생각하는 비주얼씽킹 수업은 종이에 글과 그림으로 생각을 정리하다 보니, 개인 활동 중심으로 수업이 진행되는 경우가 많습니다. 그래서 모든 학생의 수업 과정을 확인하고, 결과물을 받아 학습 결과까지 평가할 수 있다는 장점이 있지만, 다른 사람과 소통하며 생각을 교환하는 시간이 부족하여 지식을 효과적으로 정리하기 어려운 면도 함께 가지고 있습니다. 그래서 비주얼씽킹 수업의 장점인 글과 그림에 질문으로 대화하는 과정을 추가하여 서로의 생각을 말로 교류하는 시간을 만들어 수업에 다양한 도구(글, 그림, 대화)를 활용할 수 있습니다.

4

비주얼씽킹과
인지 전략, 초인지 전략

〰〰〰〰

가. 인지 전략으로서의 비주얼씽킹

1) 인지 구조와 비주얼씽킹[1]

인지적 구성주의(개인의 인지적 작용을 통해 지식을 습득한다고 보는 입장)에서는 학습을 학습자의 지식 구성 과정과 인지 구조의 변화로 봅니다. 피아제(Piaget)는 '학습은 학습자의 인지 구조(도식)와 주변 환경(사물) 사이의 적응 과정이며, 지식이란 동화(Assimilation)와 조절(Accommodation)이라는 인지적 과정을 통해 구성된다.'라고 말했습니다. '동화'란 주변 자극이나 환경을 학습자 자신이 가지고 있는 인지 구조(도식)에 맞추는 과정이고, '조절'은 반대로 주변 자극이나 환경에 자신의 인지 구조(도식)를 적응시키는 과정을 말합니다. 이때, 동화와 조절이 자연스럽게 이루어지면 개인의 인지 구조는 평형상태에 있습니다. 하지만 불평형 상태가 되면 인지적 갈등을 겪게 되고, 새롭게 인지 구조를 형성하게 되는 평형화 과정이 일어납니다.

예를 들어 '하늘을 나는 것은 새다.'라는 인지 구조(도식)를 가진 학습 자에게 '비행기'라는 외부 자극이 생겼을 때는 다음과 같이 평형화가 일어 납니다.

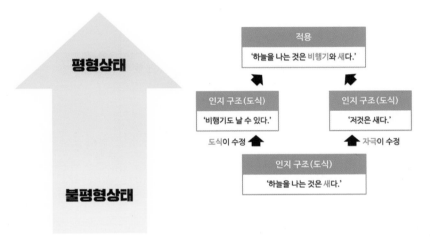

학습자의 인지 구조가 변화한 모습을 말이나 글로 표현할 수 있지만, 비주얼씽킹을 통한다면 쉽게 확인할 수 있습니다. 6학년 과학 '물질을 물 에 빨리 녹이는 방법' 수업 중 인지 과정의 변화를 예로 들어보겠습니다. 기존의 인지 구조인 '물의 온도를 높인다.'에 '젓는 빠르기를 빨리 한다.'와 '물질의 알갱이 크기를 작게 한다.'라는 새로운 지식을 습득했을 때, 서클 형 레이아웃을 활용하면 지식의 구조화가 쉬워집니다. 새로 알게 된 사실 에 별표를 하거나 중요한 부분을 강조면서 지식을 구조화할 수 있고, 학습 자의 인지 구조 변화를 확인할 수 있기 때문입니다.

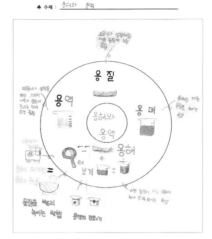

● 인지 과정의 변화의 예 - 6학년 과학 '물질을 물에 빨리 녹이는 방법'

2) 장기 기억과 비주얼씽킹

'인지(認知)'란 '어떠한 사실을 분명하게 인식하여 안다.'라는 의미이며, 이 안의 '분명하게 안다.'라는 것은 언제 어디서든 확실하게 기억한다는 뜻입니다. 나아가 기억은 입력되고 저장되어 인출되는 세 가지 과정을 거치는데, 저장되는 기간에 따라 감각기억과 단기기억, 장기기억으로 나누어집니다. 감각기억은 'sensory memory'로, 어떤 정보가 감각기관에 의해 받아들여진 최초의 순간에 기억되는 것으로, 아주 짧은 시간 동안만 저장됩니다. 단기기억은 'short-term memory'로, 짧은 시간 동안 유지되는 기억입니다. 저장용량이 제한되어 있기 때문에 새로운 정보가 입력되면 기존 기억은 사라집니다. 예를 들어, 오늘 외운 영어 단어를 며칠 지나면 잊어버리는 것은 단기기억에만 저장되었다가 사라졌기 때문입니다.

장기기억은 'long-term memory'로, 단기기억에 비해 상대적으로 길고 비교적 영속적인 기억입니다. 저장용량이 무제한이기 때문에 한 번 장기기억에 저장되면 거의 영구적으로 보관되며, 흔히 '기억력이 좋다'는 말은 '장기기억력이 좋다'는 말입니다. 그리고 단기기억을 장기기억으로 전환하기 위해서는 '부호화(Encoding)'를 해야 합니다. 부호화 전략에는 정교화 전략과 조직화 전략이 있는데, 비주얼씽킹을 활용하면 효과적으로 전략을 사용할 수 있습니다.

정교화 전략[2]은 장기기억에 저장된 정보와 단기기억을 연결해 장기기억으로 전환하는 전략입니다. 정교화 전략 기법 중 '다른 말로 바꾸어 자신의 것으로 만들어 보기'를 말 대신 그림으로 표현하면 기억하기가 쉽습니다. 예를 들어, 다의어의 뜻을 글자로 기억하는 것보다 자유형 레이아웃을 사용하여 그림으로 표현한다면 훨씬 더 오래 기억할 수 있습니다.

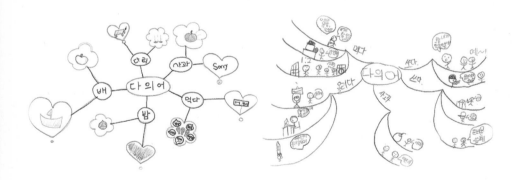

또다른 정교화 전략 기법인 '요약하기'도 효과적입니다. '유관순' 위인전을 글로 적어 요약하는 것보다, 플로우형 레이아웃을 통해 그림으로 요약해서 표현하면 더 오래 기억할 수 있습니다.

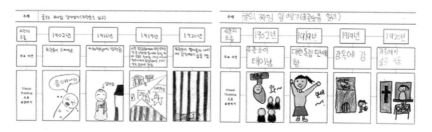

조직화 전략[3]은 학습 내용을 연결하여 논리적으로 구성하고 위계화 시키는 것으로, 복잡한 내용을 단순화하여 이해할 수 있도록 도와주는 전략입니다. 이 전략은 특히 트리형 레이아웃을 통해 쉽게 사용할 수 있습니다. 예를 들어 '후삼국 시대 통일의 의의'를 왕권 강화, 백성 안정, 민족 통합, 정치 세력 변화로 나누어 트리형 레이아웃에 표현하면 쉽게 이해하고 오래 기억할 수 있습니다.

나. 초인지 전략으로서의 비주얼씽킹

1) 초인지와 비주얼씽킹

상위인지, 혹은 메타인지라고도 불리는 '초인지(超認知)'는 인지를 뛰어넘는 인지, '안다는 것을 아는 것'이라는 의미입니다. 즉, 인지 활동을 점검하고 반성하는 활동으로, 자신의 사고 과정을 들여다보고 통제하여 조절하는 것입니다. 더불어 초인지는 내가 무엇을 알고 모르는지에 대해 인지하는 것뿐만 아니라, 자신이 모르는 것을 보완하기 위한 계획과 그 실행과정을 평가하는 것에 이르는 전반적인 과정을 의미합니다.

초인지를 기르기 위한 전략에는 학습 과정에 대한 계획, 점검, 조절이라는 세 가지 구성 요소가 있습니다.

첫째, 계획[4]은 학습의 효과를 높이는 데 필요한 전략을 구상하는 것인데, 이는 비주얼씽킹에서 어떤 레이아웃을 사용할 것인지 결정하는 것과 관련 있습니다. 비주얼씽킹 수업 초반에는 교사가 제시하는 레이아웃을 사용하겠지만, 익숙해지면 학습자가 직접 학습목표를 달성하기에 위한 가장 효과적인 레이아웃을 선택할 수 있습니다.

둘째, 점검[5]은 초인지 전략의 핵심이 되는 활동으로, 활동이나 과제를 수행하는 동안 학습자가 자신의 주의집중과 이해 정도를 계속 확인하는 과정입니다. 비주얼씽킹에서는 레이아웃에 표현할 때 학습자가 자신이 이해한 내용을 어떻게 표현할 것인지를 계속 생각하며 집중해서 활동합니다.

셋째, 조절[6]은 학습자가 현재 사용하고 있는 전략이 적절한지 판단한 후 전략을 수정하거나 조정하는 것입니다. 비주얼씽킹에서는 주변 친구들의 레이아웃을 살펴보거나 교사의 피드백을 통해서 자신이 표현한 내용에 대해 스스로 질문하며 수정합니다.

초인지와 관련해 "세상에는 두 가지 종류의 지식이 있는데, 하나는 내가 알고 있다는 느낌은 있는데 설명할 수 없는 지식이고, 다른 하나는 내가 알고 있다는 느낌뿐만 아니라 다른 사람에게 설명할 수도 있는 지식이다. 후자의 지식이 진짜 지식이며 내가 사용할 수 있는 지식이다."[7]라는 말이 있습니다. 다시 말해 다른 사람에게 설명할 수 있어야 진정한 지식이라는 것이죠. '설명(說明)'이란, '어떤 일이나 대상의 내용을 다른 사람이 잘 이해할 수 있도록 자세하게 말하는 것'입니다. 즉, 상대방이 잘 알 수 있도록 설명하려면 나 스스로 먼저 이해해야 한다는 것입니다. 그래서 자신이 아는 것을 정확하게 파악하고, 상대방이 설명하는 과정에 비주얼씽킹을 활용하면 초인지를 활성화할 수 있습니다. 더불어 주제에 적합한 비주얼씽킹 표현 방법을 떠올리고 표현하는 과정 또한, 초인지와 관련이 있습니다. 예를 들어 '삼국시대부터 조선시대까지 지배층과 피지배층의 공통점과 차이점 알아보기'라는 주제를 더블버블형 비주얼씽킹으로 다양하게 표현할 수 있습니다.

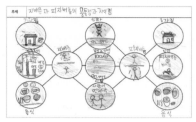 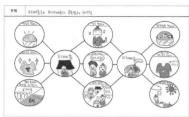

5

비주얼씽킹,
이것만 알고 시작하자

〰〰〰

가. 교사의 동선을 고려하라.(자리 배치)

비주얼씽킹 수업은 학생이 스스로 활동하는 시간이 많아 배운 내용을 글로 정리(텍스트 활동)하고, 시각화하는 것을 어려워하는 경우가 많습니다. 그래서 교사의 적절한 안내와 개별 피드백을 위한 효율적인 자리 배치가 필요합니다. 아래 이미지와 같은 자리 배치는 도움이 필요한 학생에게 빠르게 다가갈 수 있고, 앞 두 학생만 뒤로 돌면 바로 모둠 활동이 가능하다는 장점이 있습니다.

나. 시각 언어를 충분히 연습하라.

저학년의 경우, 아직 동그라미조차 제대로 못 그리는데 생각을 그림으로 표현하려면 큰 부담일 수 있습니다. 더불어 수업에서 다루는 내용이 구체적인 것 보다 추상적인 개념이 많다는 면도 시각화에 부담감을 높입니다. 그래서 학생의 생각을 효과적으로 나타내도록 하기 위해서는 시각화의 재료가 되는 시각 언어를 충분히 연습해야 합니다.

또한, 시각화 활동 중 그림이 맘에 안 들어 고치거나, 틀려서 자주 고치다 보면 시각화 시간이 부족해져 주어진 시간 내에 결과물을 제출하기 어렵습니다. 그래서 시각 언어를 바로 그리는 것보다, 텍스트 활동으로 정리한 내용을 어떻게 시각 언어로 나타낼지 다시 한번 고민하고 난 뒤, 천천히 그리도록 안내합니다.

다. 적절한 도구를 준비하자.

비주얼씽킹 수업에는 다양한 학습 도구가 사용됩니다. 그중에서 가장 자주 사용하는 도구는 볼펜, 사인펜(네임펜), 색연필입니다. 시각화 단계에서 그림을 자주 고치면 활동 시간이 오래 걸리기 때문에, 필기도구는 단색(검은색) 볼펜을 사용하는 것이 좋습니다. 하지만 1~2학년의 경우, 볼펜 사용이 서툴고 틀린 그림을 고치려는 성향이 강해 연필을 사용하도록 안내하는 것도 좋습니다. 고학년이라도 본인이 연필이나 샤프를 사용하기 원한다면, 자주 고치지 않도록 안내한 뒤 사용하게 합니다.

다양한 색을 사용하는 미술 수업과는 달리 비주얼씽킹 수업에서의 색은 다양성보다 생각을 효율적으로 표현하도록 돕는 도구의 역할이 더 중요합니다. 지나치게 다양한 색이 있으면, 수업 중 어떤 색을 사용할지 고민하다 시간이 부족할 때가 많습니다. 그래서 효과적인 수업을 위해서는 최대한 색이 적은(12색) 색연필과 사인펜(네임펜)을 활용해야 합니다.

라. 그림을 그려야 한다는 것을 내려놓을 때 진정한 비주얼씽킹 수업이 시작된다.

일반적으로 비주얼씽킹 수업이라고 생각하면 수업 시간에 꼭 그림을 그려야 한다고 생각하는 경향이 있습니다. 실제로 교사와 학생 모두, 그림을 잘 그린 학생들의 결과물을 더 잘했다고 생각하고, 그림을 잘 그리는 학생들도 본인이 비주얼씽킹 수업을 잘하고 있다고 생각합니다. 그런데 정말 그림을 잘 그리는 것이 학생의 생각을 잘 표현하는 것일까요? 잘 그리지 못한 그림에는 생각이 담겨있지 않은 것일까요?

비주얼씽킹 수업에서 그림은 도구입니다. 예를 들어 농사를 지을 때, 호미, 삽, 낫 등 정말로 많은 도구가 필요하지만, 어떤 일을 하는지에 따라 필요한 도구는 다릅니다. 이처럼 글, 말, 협력, 프로젝트 등 다양한 수업 도구 중 그림은 하나의 도구일 뿐입니다. 그리고 도구는 상황에 따라서 사용할 수도 있고, 사용하지 않을 수도 있습니다. 예를 들어 그림이 아니라 입체적인 찰흙을 이용한다거나, 표정이나 몸짓을 이용하는 등 평면적인 그림을 벗어나 시각적인 사물이나 활동에 생각이 들어간 것도 비주얼씽킹입니다. 또한, 시각적 도구를 사용해야 한다는 것을 벗어나, 글자 자체를 정보로 인식하여 텍스트 활동만으로 마무리 지을 수도 있습니다. 꼭 그림만이 시각적 도구가 아니라, 단어, 문장, 입체, 표정이나 몸짓 모두 시각적 도구가 될 수 있습니다. 또한 비주얼씽킹에서 그림은 수업의 내용을 정리하는 마무리가 아니라, 그 자체가 도구가 되어 다른 활동과 연결할 수 있습니다. 비주얼씽킹 결과물로 토론과 카드게임을 하고, 나아가 전시하여 결과물을 공유하고 감상할 수 있습니다.

<입체 표현의 예>

● 신석기 시대 시각언어 카드　　　　　● 신석기 시대 입체 표현

마. 가장 중요한 것은 교사 역할의 변화이다.

학생 활동 중심 수업의 목적은 학생이 수업 내용을 익히고, 활동을 통해 장기 기억으로 전환하도록 돕는 것입니다. 학생이 활동하고 있는 중, 교사의 역할은 무엇일까요? 교사 위주의 지식 전달 수업에 비해 비주얼씽킹 수업에서 교사는 오늘 배울 내용을 안내한 후 20여 분 동안은 학생 스스로 활동하므로 자연스럽게 다가갈 수 있습니다. 주어진 시간 내에 학생 한 명 한 명에게 다가가 어려운 점을 물어보고, 질문으로 학습 과정을 확인하며, 글과 그림을 보고 오개념을 확인하고, 열심히 하는 학생에게 격려하는 등 학생과 가까운 곳에서 함께 호흡합니다. 교사가 바빠질수록 수업은 풍성해지고, 학생 수준에 맞는 수업을 만들 수 있습니다. 수업을 바라보는 눈이 바뀌면 더욱 재미있는 비주얼씽킹 수업을 할 수 있습니다.

II

비주얼씽킹의
핵심 요소

"작은 생각만큼 성취를 제한하는 것도 없다.
자유로운 생각만큼 가능성을 확장하는 것도 없다."

- 윌리엄 아서 워드 | William Arthur Ward -
미국의 작가 겸 시인

1
시각언어

〰〰〰〰

가. 시각언어란?

1944년 헝가리의 미술가인 케페시는 『시각의 언어』에서 '시각으로서 직접적인 의사를 소통시키는 언어'라고 정의했고[1], 우리나라에서는 주치수 (2017)가 시각언어를 세 가지로 정의했습니다.

> ### 시각언어(주치수 정의)[2]
>
> **첫째, 이미지로만 구성된 형태이다.** 이것은 시각적 요소의 상징 표현만으로 메시지를 전달한다. **둘째, 텍스트로 이루어져 있다.** 타이포그래피를 이미지로 만들어 커뮤니케이션을 한다. **셋째, 텍스트와 이미지가 결합된 형태이다.** 전체적인 시스템을 이미지로 보여주고 각 부분별 요소의 설명을 텍스트로 나타내어 정보를 전달한다. 그 대표적인 사례로써 인포그래픽(Infographics)을 들 수 있다.

앞의 내용을 종합하여 비주얼씽킹 수업의 시각언어는 '생각을 이미지와 텍스트로 구현하는 형태'라고 정의합니다.

나. 시각언어의 종류 및 연습

니시무라 가츠미(2005)[3]는 시각언어를 도형, 화살표, 키워드로 분류하였습니다. 비주얼씽킹 수업에서는 원활한 진행과 시각언어에 익숙해지기 위해 기본선부터 난이도를 높이며 순서대로 연습합니다.

다. 시각언어 연습 실전

1) 기본선 그리기

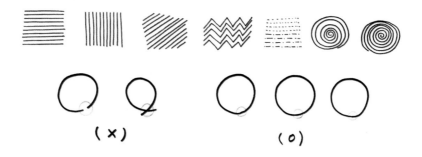

시각언어 연습을 시작할 때는 그리기 쉽도록 얇은 펜보다는 두께가 어느 정도 있는 펜이나 연필로 천천히 그릴 수 있도록 안내합니다. 직선과 곡선 지그재그, 점선, 달팽이 모양 등으로 여러 가지 선을 하나씩 그려보며

선이 깔끔하게 그려질 수 있도록 연습합니다. 그리고 원을 그리거나 도형을 그릴 때는 이음새가 꼭 만날 수 있도록 해 주는 것이 좋고, 비슷한 크기의 원을 여러 번 그리면서 연습하고 크기가 점점 달라지는 원을 단계별로 그릴 수 있도록 지도합니다.

기본선 그리기 활동은 시각언어 연습을 하는 매 단계에서 도입하는 복습 활동으로 수업을 구성하면 학생들의 자신감을 높이는 데 효과적인 방법입니다. 보기에는 단순해 보이지만 소근육 발달이 완벽히 이루어지지 않은 학생들에게는 집중이 필요한 활동이니 잠깐이라도 반복해서 연습하는 시간을 제공해야 합니다.

2) 표정 그리기

표정은 우리가 일상에서 흔히 사용하는 이모티콘과 같이 친숙한 시각언어이기 때문에 비주얼씽킹 수업 초반에 흥미를 끄는 활동으로 사용됩니다. 기본적인 감정인 기쁨, 슬픔, 분노, 두려움에서 파생된 다양한 감정을 예시 그림과 함께 제공하면 다채로운 수업 활동을 진행할 수 있습니다.

3) 사람 및 동작 그리기

표정 연습으로 얼굴의 기본 형태인 원이 익숙해지면 사람을 단순화한 스틱맨, 땅콩맨 그리기를 연습합니다. 먼저 스틱맨, 땅콩맨에서 관절이 꺾이는 부분에 유의하여 다양한 자세를 연습한 후 별사람으로 자연스럽게 넘어가면 부담스럽지 않게 다양한 사람을 그릴 수 있습니다. 특히 손가락 부분을 자세하게 표현하면 시각화 활동에 많은 시간을 사용하게 되므로 타원, 벙어리 장갑 형태로 그리거나 엄지 척 포즈 정도만 추가하도록 안내합니다. 단, 팔 부분은 시작점이 반드시 어깨 부분, 시각언어에서는 몸통의 맨 윗부분에서 시작한다는 점을 유의해서 안내해야 합니다. 그렇지 않으면 목이 아주 길거나 두꺼운 형태의 사람을 그리게 됩니다.

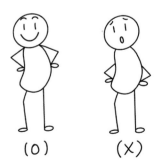

(O)　　　(X)

4) 사물 그리기

　실제 비주얼씽킹 수업에서 가장 많이 사용하는 시각언어는 사물입니다. 일상에서 흔히 사용하는 생활용품이나 각 과목과 관련된 시각언어를 한 번씩 연습한다면 수업에 바로 적용할 수 있습니다. 다양한 사물 시각언어가 필요하다면 검색포털에서 'science icon'과 같이 '~ icon'으로 검색하면 필요한 이미지를 찾을 수 있습니다. 과목별 비주얼씽킹을 시작하기 전 그 과목과 관련된 사물 그리기 연습이나, 학년 초 과목별 시간표 만들기 활동을 통해 수업에 다양한 시각언어를 사용할 수 있게 됩니다.

5) 화살표, 말풍선 그리기

화살표는 주로 순서나 과정을 나타내는 레이아웃에서 사용됩니다. 화살표는 일반적으로 사용하는 ↗ 모양 이외에도 다양한 모양을 사용함으로써 시각적 효과를 높일 수 있습니다. 특히 화살표 기둥의 굵기나 선의 형태가 다음 단계에 미치는 영향의 크기를 짐작할 수 있게 합니다.

말풍선은 대화나 생각에서 주로 사용되는 모양 이외에도 소리를 치거나 강조하는 모양을 사용하여 학생들이 전달하고자 하는 바를 효과적으로 표현할 수 있습니다. 사람이 나오지 않더라도 이어진 말풍선 형태만으로 서로의 의견을 공유하는 상황을 연출할 수도 있고 다양한 모양과 결합한 말풍선은 글을 읽지 않아도 전달하려는 내용의 주제나 분위기를 짐작할 수 있습니다.

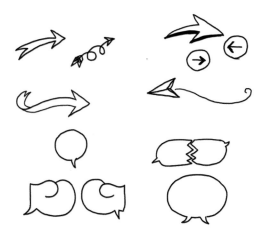

6) 제목 그리기

히사츠네 케이이치는 그림에서 가장 눈에 띄는 것을 제목이라고 말합니다. 제목은 배너라고도 하는데 나타내고자 하는 활동의 주제를 한눈에 알아볼 수 있도록 하는 시각언어입니다. 주로 현수막이나 리본을 많이 사용하며 가랜드나 메모지 형식의 틀을 사용할 수도 있습니다. 제목을 하나하나 짧고 정확하게 바꾸면서 간단하게 표현하는 과정에서 언어 감각을 키울 수 있습니다. 또한, 본질을 한 마디나 하나의 그림으로 축약해서 나타내면서 학생의 사고력 성장을 도울 수 있습니다.

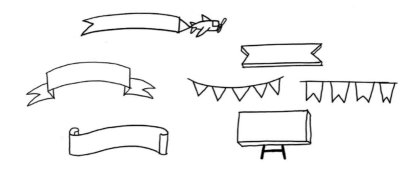

라. 색의 중요성

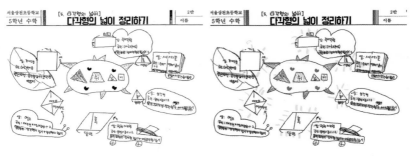

● 색이 칠해지지 않은 작품과 색이 입혀진 작품의 차이

비주얼씽킹 수업에서 색은 학습 내용을 장기기억으로 전환하고, 정보를 빠르고 간단하게 전달하는 데에 필요한 과정입니다. 색은 비주얼씽킹에 어떤 영향을 미칠까요?

첫째, 상징성이 있습니다. 고유의 색이 가지는 감정과 연상되는 이미지가 비주얼씽킹에 큰 작용을 합니다. 그래서 색을 칠하면서 상징을 부여하면 시각언어의 의미를 더 잘 기억할 수 있게 됩니다.

<색의 의미[4]>

 빨강 사랑하다, 강력하다, 힘 있다, 뜨겁다, 잔인하다, 공포스럽다, 정열, 열정, 위험, 경고

 주황 상큼하다. 에너지가 있다. 따뜻하다, 맛있다, 활기참

 노랑 행복하다, 순수하다, 가볍다, 희망적이다, 힘차다, 생동감, 즐거움

 연두 자연적이다, 신선하다, 편안하다

 초록 인내심있다, 여유롭다, 느긋하다, 생명력있다, 안정감있다

 파랑 시원하다, 이성적이다, 냉철하다, 차분하다, 조용하다

 보라 고급스럽다, 우아하다, 화려하다, 예민함, 감수성

 분홍 여성스럽다, 사랑스럽다, 귀엽다, 활기차다

 갈색 편안하다, 자연스럽다, 고급스럽다, 진지하다, 무겁다

 검정 힘이 있다, 고급스럽다, 모던하다, 악하다, 파괴적이다, 우울하다

 하양 순수하다, 가볍다, 청결하다, 냉정하다, 선하다, 단순하다

 회색 중립적이다, 현대적이다, 우유부단하다, 도시적이다

둘째, 정보를 빠르게 전달합니다. 언젠가부터 고속도로 나들목 부근에서 차로 유도선에 색이 칠해져 있는 것을 보신 적 있으실 것입니다. 2012년 한국도로공사에서 사고가 자주 발생하는 나들목, 분기점에 컬러 차량 유도선을 도입한 이후부터 사고율이 31% 감소했다고 합니다.[5] 기존에 이정표만으로 빠르게 정보를 해석하지 못할 정도로 복잡했던 분기점, 나들목에 색(1방향인 경우: 분홍색, 2방향인 경우: 초록색 추가)을 칠하면서부터 운전자들이 정보를 더 빠르고 정확하게 인식할 수 있게 된 것입니다. 한국도로공사 직원이 자녀의 색칠 놀이에서 복잡하게 그려진 선들을 같은 색으로 칠하니 구분이 쉬워지는 것에 착안하여 시작된 변화는 안전 운전에 큰 도움을 주고 있습니다.

구분	계	분기점	나들목
설치 전	301	193	98
설치 후	209	150	59
증감	▲83(31%)	▲43(23%)	▲39(40%)

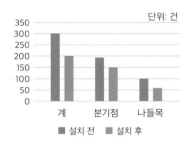

• 내차로 유도선 설치 전·후 사고 분석

• 내비게이션 표출 사례(예시)[6]

• 표지판 표시 사례(예시)

비주얼씽킹 수업에서도 색은 정보를 빠르게 전달하고, 인식할 수 있는 역할을 합니다. 예를 들어 6학년 과학 화재 대피 방법을 익히는 수업에서 불이 나거나 위험한 곳을 빨간색으로 표시한다면, 위험 지역을 더 빠르고 정확하게 기억할 수 있습니다.

셋째, 색의 편안함으로 인해 수업이 즐거워집니다. 컬러테라피는 컬러의 물리적, 심리적 속성을 이용해 심리적 안정과 신체적 건강이 조화를 이룰 수 있도록 관리하는 테라피 방법입니다. 시각언어를, 그리고 그와 맞는 색을 선택하여 칠하면서 자신의 감정을 조절하고 신체적으로 편안한 상태를 만들 수 있습니다.

비주얼씽킹 수업에서 색칠은 시각화가 끝나고 난 후 이뤄지다 보니, 시간이 부족해 소홀해지거나 아예 하지도 못하는 경우가 많습니다. 하지만 색이 가진 힘을 통해 수업이 더 풍성해지기에, 학생들에게 색의 의미와 중요성을 강조해 색칠에 재미와 의미를 부여한다면 더욱 즐거운 수업이 될 수 있습니다.

마. 사용하기 좋은 필기구

• 필기구 예)

더 효과적이고 즐거운 비주얼씽킹 수업을 위해서는 필기구 선택이 중요합니다. 선을 그리는 펜의 경우 두께감이 있는 피그먼트 펜이나 수성펜이 얇은 펜에 비해서 훨씬 깔끔하고 정돈된 인상을 준답니다.

얇은 선의 경우, 선을 매끄럽게 긋기 어려운 초등학생들에게는 삐뚤빼뚤한 실력이 그대로 드러나게 하고 굵은 선은 그런 미운 부분을 가려주며 학생들에게 자신감을 키워줍니다. 그리고 학교에서 일반적으로 사용하는 연필, 싸인펜이나 색연필도 충분히 좋은 도구이나, 두께가 너무 굵은 펜은 크기가 작은 대상을 표현하기에 적합하지 않으니 주의가 필요합니다.

회색 마카와 듀얼 라이너는 그림자를 표현하여, 평면 이미지보다 입체 이미지를 더욱 선호하는 뇌에게 선명한 자극을 줄 수 있습니다. 그러나 그림자 펜은 공간감이 아직 익숙하지 않은 저학년에게는 부담일 수 있으니 학생의 수준에 맞도록 지도합니다.

● 평면 이미지와 입체 이미지

바. 시각언어 이미지 활용 사이트

시각언어 예시 검색으로 유용한 사이트로는 위 두 사이트가 대표적입니다. 그 중에서도 핀터레스트는 전 세계의 다양한 이미지를 검색하고 공유할 수 있는 이미지 사이트로 'Visual thinking', 'Icon', 'Speech bubble', 'Banner Drawing', 'doodle' 과 같은 검색어로 찾으면 시각언어를 연습하기에 유용한 이미지를 손쉽게 획득할 수 있습니다. 구글 이미지 검색창에도 동일한 검색어를 통해 유사한 이미지를 얻을 수 있습니다. 특히 두 사이트는 해당 이미지를 클릭하면 유사 이미지를 함께 찾을 수 있어 더욱 유용합니다.

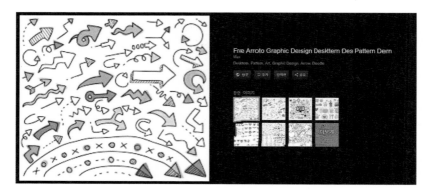

위 화면에서 오른쪽 하단의 '더보기'를 클릭하면 비슷한 유형의 이미지를 한눈에 모아서 볼 수 있습니다. 그림에 자신이 없거나 이미지를 떠올리기 막막한 학생들을 위해 시각언어 연습용으로 사용하거나, 자투리 시간에 다양한 예시를 제공하여 학생의 시각적 사고력 향상을 도울 수 있습니다.

사. 시각언어 안내 수업 시 주의할 점

1) 비주얼씽킹은 미술 그림이 아니다.

비주얼씽킹에서 요구하는 그림은 자세히 사실적으로 그린 그림이 아닌 단순하고 효과적으로 전달할 수 있는 그림입니다. 그래서 단순하고 직관적인 이해가 가능한 그림을 그리는 데 초점을 두어 지도해야 합니다. 만약, 자세히 그림을 그리고 싶어하는 학생이 있다면 실제 수업 활동에서 텍스트 활동과 그림을 그리는 시간을 분리하여 주어진 시간 안에 과제를 완성할 수 있도록 정확한 가이드라인을 제시할 필요가 있습니다.

<좋은 시각언어 예시>

● 환경이 밀접하게 관련되어 있다는 것을 톱니 바퀴가 서로 맞물려 돌아가고 있다는 것으로 표현함

● 신석기 시대부터 가축을 기르기 시작해, 사냥하러 나가지 않아도 된다는 것을 표현함

2) 누적 복습이 필요하다.

단계별로 안내되는 시각언어가 오래 기억에 남을 수 있도록 지난 시간에 연습했던 대상을 누적하여 연습해야 합니다. 예를 들어 화살표, 사물, 제목을 배우기 전 배웠던 감정표현 중 떠오르는 이미지를 다시 그려보게 하여 학생들의 기억에 시각언어가 오래 남을 수 있도록 돕는 데 효과적입니다.

3) 충분한 예시자료를 제공해야 한다.

적절한 예시 없이 모든 학생이 추상적인 개념을 이미지로 창조해서 그리기는 쉽지 않습니다. 그래서 시각언어를 연습하는 단계에서 예시자료를 충분히 제공하여 그리기 활동이 부담스럽지 않도록 해야 합니다. 단, 교과서에 있는 삽화를 그대로 따라 그리는 것은 학생들의 사고력을 제한함과 동시에 그림이 복잡할 수 있어 비주얼씽킹에서 추구하고자 하는 간단한 시각

언어와는 다르다는 것을 안내해야 합니다.

4) 보고 그리기에는 관찰과 그리는 순서가 중요함을 안내해야 한다.

시각언어를 처음 접한 학생들은 이미지를 어디서부터 그려야 할지조차 어려워 망설이는 경우가 있습니다. 그래서 순서를 익히기 전 이미지를 충분히 관찰하는 습관을 가지도록 지도해야 합니다. 그래서 시각언어를 창조적으로 그리기 이전에 기존에 있는 이미지를 충분히 관찰하여 체득할 수 있는 시간을 주어야 합니다. 특히 겹쳐진 이미지가 있는 경우 어떤 것을 먼저 그려야 할지 알려주는 과정이 필요합니다. 오른쪽 예시에서 무엇을 가장 먼저 그렸을까요? 돋보기와 이를 잡은 손을 가장 먼저 그렸답니다!

5) 추상적인 개념은 은유로 표현하도록 안내한다.

눈에 잘 보이지 않는 개념은 메타포 기법을 사용하여 나타낼 수 있습니다. 예를 들어 '자연과 인간은 서로 밀접한 영향을 주고 받는다.'라는 문장을 기호를 활용해 은유적인 표현으로 표현한다면 그리기도 쉽고, 빠르게 이해할 수 있습니다. 또한, 도덕에서의 '정직'과 같은 가치에 관한 내용은 학생들이 생활에서 경험하는 한 장면을 간단한 이미지로 나타낼 수 있도록 지도하면 됩니다.

● 자연과 인간은 서로 밀접한 영향을 주고 받는다.

• 정직이란?

6) 텍스트도 시각언어로 만들 수 있다.

그런데도 개인적인 선호에 따라 그림보다는 텍스트를 사용하는 것이 편한 학생들이 더러 있

습니다. 이 같은 경우에는 타이포그래피의 내용처럼 글자의 굵기나 크기에 효과를 주거나 글씨에 동그라미 하기, 밑줄 긋기, 색칠하기와 같은 기존 수업 시간에 해왔던 활동도 비주얼씽킹으로 넓게 포함하여 인정하는 교사의 열린 지도가 필요합니다.

아. 시각언어 연습 가이드라인

1) 짬짬이 쉬는 시간을 활용하여 따라 그리기

수업이 예상보다 빨리 끝난 자투리 시간! 간단한 비주얼씽킹 활동지로 시각적 사고에 유창성을 불어 넣어줄 수 있답니다. '모방은 창조의 어머니'

라는 말처럼 다양한 시각언어를 따라 그리면서 시각언어 표현 실력을 키울 수 있습니다.

서울 초등 비주얼씽킹 교육 연구회 제공

2) 감정연습 > 빙고게임

㉮ 칠판에 기쁨, 슬픔, 두려움, 화남을 사분면으로 적고, 비슷한 감정을 브레인스토밍 합니다.

😊 기쁨	😔 슬픔
들뜬, 행복한, 즐거운, 신난, 유쾌한, 기대되는, 홀가분한, 상쾌한, 설레는, 충만함, 성취감, 만족스러운, 두근거리는	속상한, 눈물나는, 한숨나오는, 절망, 소외감, 무기력한, 우울함, 낙담, 외로움, 고독한, 섭섭함 아쉬움, 서러움
😣 두려움	😠 화남
무서움, 위압감, 버려진, 걱정되는, 당황스러운, 포기하고 싶은, 절망스러운, 불안함, 막막함	짜증나는, 속상한, 괘씸한, 실망, 배신감, 괴로운, 싫은, 억울함, 답답함, 열받는, 분한, 그만하고 싶은

감정의
4요소

예시를 참고하여 각 감정에서 5가지씩 선택해 감정을 그립니다. 다양한 감정이 생각이 나지 않는다면 처음 제시한 예시 자료를 참고해서 그려도 좋습니다. 이 단계는 시각언어를 익히고 익숙해지는 활동이 목적이기 때문에 반드시 창의적으로 그려야 한다는 제한을 두지 않아도 됩니다. 빙고의 개수는 학생들의 수준이나 시간에 맞게 조절합니다.

TIP!

❶ 감정에 알맞은 이미지가 떠오르지 않는다면 예시 자료를 참고하여 그려도 좋다고 안내합니다.
❷ 빙고의 개수는 학년이나 활동 시간에 따라 조절합니다. (일반적으로 16칸 빙고를 추천합니다.)
❸ 모두가 빙고를 완성하기 위해 되도록 모든 감정이 불릴 수 있게 지도합니다.

 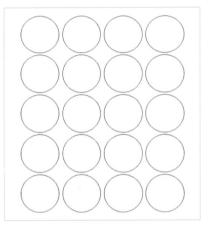

서울 초등 비주얼씽킹 연구회 제공

 감정 빙고 판이 완성되었으면 돌아가면서 감정을 말하며 빙고를 완성합니다. 모두가 재미있게 참여하도록 모든 감정이 나올 때까지 게임을 진행합니다.

3) 사람, 사물연습 > 주제 그림 그리기

사람 그리기는 도형의 이음새, 관절에 주의하며 그리는 순서에 따라 보고 그립니다.

사물 그리기 연습이 끝난 뒤 과목 시간표 만들기 활동을 할 수 있습니다. 각 교과를 생각하면 떠오르는 이미지를 다양하게 그려보고 이를 그림 글자 형식으로 비주얼씽킹하여 나타내 코팅하면 1년간 쓰일 시간표로 활용할 수 있습니다.

4) 그림 스피드 퀴즈

그림 스피드 퀴즈는 비주얼씽킹의 목적과 맞는 단순한 그림을 빠르게 여러 번 연습할 수 있습니다. 특히 시각화 할 때 미술 수업이나 만화에서 그리는 것처럼 자세히 그리는 것을 좋아하는 학생의 비주얼씽킹 시각언어에 대한 관점을 바꿀 수 있습니다. 또한, 비주얼씽킹 수업을 하다 보면 본인도 알아보기 힘든 그림으로 혼란스러워하는 학생이 종종 있습니다. 그림 스피드 퀴즈는 그림을 통해 다른 사람에게 정보를 빠르게 전달해야 하기 때문에 간단하게 의미를 전달하는 시각언어를 연습하는 데에 효과적입니다. 그리고 재미있게 참여하도록 활동의 초반에는 단순한 단어나 감정으로 쉽게 접근한 뒤, 점차 속담과 같은 문장 표현으로 난이도를 높여 갑니다. 문제를 맞히는 학생도 다른 사람의 시각언어를 해석하면서 시각언어에 대한 이해도를 높이고, 다양한 예시를 볼 수 있다는 점에서 모든 학생이 의미 있게 참여할 수 있는 게임입니다.

[활동 방법]

① 모둠에서 1명씩 교사가 제시하는 단어를 확인한다.

② 제시어를 확인한 학생은 그림으로만 단어를 설명한다.

③ 다른 학생들은 그림을 보고 제시어를
　 적는다.

④ 제시어를 모두 쓴 모둠은 손끝 머리로
　 교사에게 알리고 순서대로 점수를
　 차등하여 준다.

 TIP!

❶ 제시어를 동시에 그릴 수 있도록 그리기 시작하는 타이밍을 맞춘다.
❷ 모두가 한 번씩 돌아가며 참여할 수 있도록 한다.
❸ 맞히지 못한 모둠은 다른 모둠의 그림을 지정해서 힌트를 받는 그림 찬스를 쓸
　 수 있다.
❹ 그림을 보여준 모둠은 가산점을 부여한다.

5) 말풍선, 제목, 화살표 > 나의 일상 그리기

　 말풍선과 제목, 화살표는 비주얼 씽킹의 내용을 더욱 풍성하게 합니다.
다양한 예시를 보며 따라 그리는 연습을 하고, 학생들의 하루 일과를 비주
얼씽킹으로 표현해 봅니다.

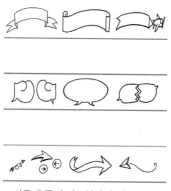

● 서울 초등비 비주얼씽킹 연구회 제공

[활동 방법]

① 제목에 '나의 하루'라고 쓰고, 하루 일과 중 6가지를 골라 비주얼씽킹으로 표현합니다.

② 각 장면 별로 학생이 생각하거나 주로 하는 말을 말풍선에 적습니다.

③ 각 장면을 연결하는 화살표를 그려서 시간의 흐름을 나타냅니다.

 TIP!

학년 초 서로가 익숙하지 않을 때, 1:1로 만나 결과물을 이용해 자기를 소개하며 학급에 소속감을 가질 수 있게 됩니다.

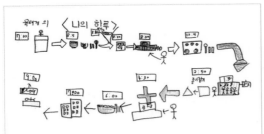
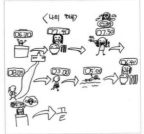

● 나의 일상 그리기 예시

6) 색깔 텔레파시

비주얼씽킹 수업에서 사용한 색의 의미는 명시성, 주목성과 같이 색이 갖는 특성과 유사합니다. 예를 들어 텍스트는 진한색으로 쓰고, 연한색으로 텍스트 배경에 색을 입히는 방식으로 텍스트를 강조할 수 있습니다. 반대의 경우는 가독성이 떨어지고 색의 부조화로 인하여 학생이 전달하고자 하는 내용이 잘 보이지 않습니다.

비주얼 씽킹의 **장점**은 무엇일까요?

비주얼 씽킹의 **장점**은 무엇일까요?

색에 대한 연습은 미술의 조형 요소 영역에서 색이 전하는 느낌과 연계해서 수업을 진행할 수 있습니다. '색깔 텔레파시' 활동은 제시어를 듣고 가장 적합한 색깔을 고르는 놀이입니다. 대상에 대한 상징적인 색깔을 떠올리며 색깔에도 약속(상징성)이 있음을 알게 됩니다.

⚠️ 주의사항

① 다수의 답변과 다른 색깔을 선택한 학생에게 왜 그렇게 생각했는지 질문하고, 다양한 의견을 들어봐야 합니다. 예를 들어 '죽음'이라는 단어를 제시했을 때, 장례식을 떠올려 검정을 선택한 다수의 학생과 달리 빨강을 선택한 학생이 있었습니다. 그래서 선택한 이유를 공유하면서 색깔에 대한 느낌이 다양할 수 있음을 배웠습니다.

② 과도하게 많은 색깔이 있는 색종이나 복잡한 도구를 준비하면, 색깔에 대한 느낌보다 도구 자체에 집중할 수 있으므로 12색 색연필이나 사인펜을 활용하는 것이 좋습니다.

[활동 방법]

① 색연필 또는 사인펜 한 세트를 책상 위에 펼쳐 놓습니다.

② 교사가 제시어를 불러주고 학생은 그에 어울리는 색깔을 마음 속으로 고릅니다.

   (수영장, 장례식, 공원, 더위, 경고 등)

③ 신호에 맞춰 동시에 색깔을 하나 선택합니다.

④ 색깔을 선택한 이유를 공유합니다.

⑤ 색깔이 가지는 약속(상징성)이 있음을 확인합니다.

❶ 일상적으로 상징성이 있는 색깔부터 시작하되 음식이나 꽃과 같이 색깔이 특징적인 제시어는 제외합니다.

❷ 공유하고 싶은 생각이 있다면 학생이 제시어를 말해도 됩니다.

❸ 점수를 부여하기보다는 색깔에 대한 의견을 공유하는 자리로 활용합니다.

온라인 비주얼씽킹 Tip

시각언어 활용, 온라인에서 텔레파시 보내기

1) 온라인 비주얼씽킹 수업을 위한 도구 안내

㉮ 개인 화이트보드, 마카

학생들이 등교하는 날 화이트보드와 마카를 사전에 지급합니다. 온라인에서 종이와 연필로 비주얼씽킹 활동을 하는 경우 웹캠 상으로 학생의 결과물을 알아보기 어렵습니다. 화이트보드의 크기는 작고 마카가 굵을수록 그림의 형태가 단순해져 시각언어를 연습하기 적절합니다. 게다가 화이트보드는 수업 이외의 시간에도 학생들이 자유롭게 연습할 수 있는 환경을 제공해 주는 기능도 합니다. 이렇게 화이트보드와 마카는 비주얼씽킹 수업이 오프라인에서 온라인으로 변환되는 과정에서 중간다리 역할을 합니다.

㉯ 줌 화이트보드

줌(Zoom)의 화면 공유 기능 중 화이트보드 주석 기능을 활용해서 교사와 학생들이 자유롭게 비주얼씽킹 활동을 진행할 수 있습니다.

교사는 사전에 모든 이용자가 주석을 사용할 수 있도록 허용해주셔야 합니다. 단, 컴퓨터가 아닌 휴대폰으로 접속하는 학생은 펜과 화살표 기능만 활용하는 한계점이 있으니 미리 체크해 두시길 바랍니다. 실제 수업에서 휴대폰으로 접속하는 학생들에게는 화면을 더블탭(두번 두드림)으로 확대해서 표현하도록 하거나, 말로서 자신의 생각을 보충할 수 있도록 하여 수업에 함께 참여할 수 있도록 안내합니다.

주석의 텍스트, 그리기, 스탬프, 스포트라이트와 같은 다양한 기능을 통해서 교사 주도의 판서형 수업을 진행하는 방법 이외에 학생들이 직접 주석을 작성하도록 하여 학습자 중심 활동을 할 수 있습니다. 각자의 의견에 대한 반응 살펴보기, 학생이 그림으로 직접 설명하기 등 다양하게 응용 가능합니다.

2) 시각언어 비주얼씽킹 놀이

㉮ 나를 맞혀봐!

첫 번째 활동은 네 명의 학생들에게 비밀 채팅으로 제시어를 알려준 뒤 나머지 학생들이 그 그림이 어떤 것을 나타낸 것인지 알아보도록 하는 놀이입니다. 교사는 줌 화이트보드에서 도형 또는 선으로 학생이 그림을 그릴 칸을 분리시켜준 다음, 출제 학생에게 각 칸을 할당해줍니다. 나머지 학생들은 채팅으로 정답을 유추해보도록 합니다.

몇 가지 팁이 있습니다. 첫째, 음소거 상태에서 채팅으로 정답을 쓰도록 합니다. 정답을 굉장히 빨리 떠올리는 학생들의 발언이 다른 학생들의 생각을 제한하기 때문입니다. 호스트에게만 채팅이 가능한 상태로 답변을 받으면 다양한 답과 생각을 들어볼 수 있었습니다. 둘째, 정답의 큰 범주는 미리 알려줍니다. 전체 학생들에게 '겨울'이라는 주제를 주고 출제 학생들에게 '산타클로스'라는 단어를 제시한다면 다른 학생들이 좀 더 수월하게 접근할 수 있겠지요? 셋째, 지우기 기능에서 '시청자의 드로잉 지우기'만 클릭하면 이미 네 칸으로 나누어진 틀은 그대로 보존된 상태에서 학생의 그림만 삭제가 됩니다. 이 기능을 활용하면 조금 더 빠르게 활동을 진행할 수 있습니다.

변형해볼까요? 비교 개념 그리기 놀이

[과학 4학년 2학기] 2. 물의 상태 변화

• 비교되는 개념을 2:2 팀으로 나누어 그려봅시다.
• '끓음'과 '증발'은 어떻게 다른지 팀으로 나누어 그림을 그려봅시다.
• 출제자는 물론 정답을 맞히는 학생들의 채팅을 보며 어떻게 개념을 이해했는지 확인합니다.

㉯ 그림 릴레이퀴즈

그림 릴레이퀴즈는 문제를 출제하는 네 명의 학생이 하나의 그림을 완성하여 나머지 학생들이 제시어를 맞히는 활동입니다. '나를 맞춰봐' 활동과 마찬가지로 비밀 채팅으로 제시어를 알려준 뒤, 그림을 그리는 순서를 알려주고 완성할 수 있도록 합니다. 이 활동은 간단한 사물에서부터 시작하여 속담, 전래동화, 영화 제목까지 좀 더 복합적인 개념을 설명할 수 있도록 단계별로 난이도를 높여 진행합니다.

이 활동의 팁은 학생들에게 각자 다른 색을 사용하게 하는 것입니다. 각각의 학생들이 어떻게 표현했는지 직관적으로 구분해서 알 수 있습니다. 또 학생들이 그릴 부분이 있도록 교사가 적절한 순간에 끊어서 흐름을 조절해 줍니다.

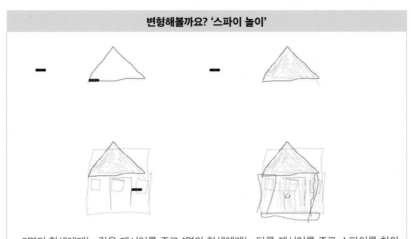

변형해볼까요? '스파이 놀이'

• 3명의 학생에게는 같은 제시어를 주고 1명의 학생에게는 다른 제시어를 주고 스파이를 찾아
보는 게임입니다. 제시어가 무엇이었을지도 유추해볼 수 있습니다. 위 그림은 결과물입니다.
저는 큰 주제로 '의식주'를 알려주고 1명의 학생에게는 '아파트', 3명의 학생에게는 '초가집'을
안내했습니다.

온라인 비주얼씽킹 수업에서 시각언어 학습하기

퀵 드로우(Quick Draw) 활용 방법

1) 퀵 드로우 프로그램 활용하기

퀵 드로우는 머신 러닝 기술을 통해 사용자가 직접 그리는 이미지를 하
나의 도식으로 이해하는 알고리즘으로 그림 퀴즈를 혼자 풀 수 있는 사이
트입니다. 퀵 드로우에 접속한 뒤 '시작하기' 버튼을 누르면 바로 6가지 단
어를 그림으로 설명하는 문제를 풀게 되며, 이때 한 문제당 20초의 시간이
주어집니다. 그림을 그리는 위쪽에는 지우기 기능과 패스 기능으로 그림을
수정하거나 문제를 넘길 수 있습니다. 모든 과정이 끝난 후 마지막 페이지
에서 내가 그린 그림을 클릭하면, 다른 사람은 각각의 단어를 그림으로 어
떻게 표현했는지 확인할 수 있습니다. 그리고 신경망이 인식한 그림이 무엇

인지 비슷한 대상을 보여주기도 합니다. 이 프로그램 사용 시 유의해야 할 것은 개발사가 미국이다보니 번역된 단어의 결과물이 예상과 달리 나타나기도 합니다. 이러한 부분을 사전에 학생들에게 알려주시고 수업에 활용하시기를 바랍니다.

2) 퀵 드로우 수업으로 활용하기

㉮ 선생님을 이겨라!

'선생님을 이겨라!'는 말 그대로 학생이 선생님의 점수만큼, 또는 그 이상으로 문제를 맞히는 활동입니다. 먼저, 화면공유를 통해서 교사가 직접 퀵드로우로 문제를 푸는 모습을 학생들에게 보여주면서, 사이트 활용 방법을 함께 알려줍니다. 선생님의 점수를 공개한 이후 채팅창으로 퀵 드로우 링크를 공유해주고, 학생이 퀵 드로우로 활동한 결과를 캡쳐해서 학급 커뮤니티에 댓글로 올리도록 합니다. 화면 공유 상황으로 학생들의 댓글을 함께 보면 누가 잘했는지 어떤 그림을 그렸는지 한눈에 확인할 수 있겠지요? 특히 오답인 부분에 대해서 학생이 어떤 부분을 그리고 싶었는지 아쉬운 점은 무엇이었는지 이야기 나누거나, 칭찬할 부분을 찾아 발상의 기발함을 칭찬해 주셔도 좋습니다.

㉯ 퀵 드로우 오답노트

이 활동은 교사가 시범적으로 보여주는 문항에 교사의 오답이 있는 것을 전제로 합니다. 교사는 학생에게 '선생님이 틀린 문제를 여러분들이 맞힐 수 있도록 도와줬으면 좋겠다.'라고 이야기하며, 줌에서 화이트보드를 활용해 학생들은 틀린 문제를 어떻게 표현하는지 알아봅니다. 이후 실제 퀵 드로우에서 틀린 그림을 클릭해 다른 사람들이 그린 그림과 일치하는 학생의 그림 수만큼 점수를 얻는 놀이입니다. 같은 단어이지만 다양하게 표현하는 비주얼씽킹 활동을 할 수 있습니다.

💬 오토드로우(Auto Draw) 활용 방법

1) 오토드로우 프로그램 활용하기

오토드로우는 똑똑한 인터넷 그림판이라고 생각하시면 됩니다. 사용자가 그림을 그리면 대략적으로 그 대상을 추측해서 다양한 완성형 보기를 제시해 줍니다. 크롬에서 '오토드로우'를 검색해서 접속하면 화면 좌측의 각종 도구를 활용해서 그림을 그리게 됩니다.

	오토드로우 기능 안내
✛	개체 선택: 이동, 확대, 축소, 회전
⁗	오토드로우: 사용자가 희망하는 그림 보기를 제공
✎	드로우: 일반적인 펜 기능
T	텍스트: 한글은 하나의 폰트만을 지원, 단 글씨 크기는 변경 가능
◈	채우기: 원하는 개체의 색을 바꾸거나 채우기
◫	도형: 원, 사각형, 삼각형을 그리기
●	색: 원하는 색 선택

🔍	줌: 확대
�5	되돌리기: 이전 형태로 그림 되돌리기
🗑	삭제: 개체를 선택하고 이 버튼을 누르면 삭제

완성된 결과물은 캡처나 사진으로 학급 커뮤니티나 실시간 수업 채팅방에 올려서 공유합니다. 또는 사이트의 왼쪽 상단의 가로 세 줄을 클릭하면 'Download'와 'Share' 기능이 있습니다. png 이미지 파일 형태로 다운로드를 할 수도 있고, 'Share'에서 오른쪽 아래 끝의 링크 복사를 통해 결과물을 볼 수 있는 링크를 공유하여 수업에 활용합니다.

2) 오토드로우 수업으로 활용하기

오토드로우를 활용한 수업으로는 온라인 수업의 형태로 과제형 수업과 실시간 수업으로 나누어 생각해볼 수 있습니다. 먼저 과제형 수업에서는 오토드로우를 활용하는 방법을 영상이나 글로 설명한 뒤, 필요한 활동을 비주얼씽킹으로 나타내도록 안내합니다. 학생이 사이트에 대한 설명과 수업 활동에 대한 안내를 스스로 살펴보고, 그것을 결과물로 제출한 후 교사가 피드백을 하는 방식입니다.

다음으로 실시간 수업에서는 화면공유를 통해서 교사가 오토드로우 사이트를 활용하는 방법을 안내합니다. 그리고 비주얼씽킹으로 무엇을 표현해야 하는지 안내한 뒤, 채팅방으로 학생에게 사이트 링크를 공유합니다. 교사는 학생이 결과물을 다시 링크나 png파일로 공유하도록 안내한 뒤, 함께 살펴보는 방식으로 수업을 진행합니다.

2
레이아웃이란?

가. 레이아웃의 의미와 필요성

비주얼씽킹 수업에서 레이아웃은 생각을 효과적으로 표현하기 위한 도구입니다. 줄글로 된 내용 보다 표가, 표 보다 그래프가 이해가 더 쉬운 것처럼, 비주얼씽킹 수업에서도 적절한 레이아웃이 있는 것이 학습자의 생각을 표현하기 쉽고 정보를 전달하기에도 효율적입니다. 그렇다면 레이아웃이란 무엇일까요?

1) 레이아웃의 의미

레이아웃의 사전적 의미는 '책이나 신문, 잡지 등에서 글이나 그림 등을 효과적으로 정리하고 배치하는 일.'입니다. 또한, 영어 숙어로 'lay something out'은 '(보기 쉽게 사용할 수 있도록) ~을 펼치다', '(보기 좋게 설계하여) ~을 배치하다', '(계획·주장 등을 잘 정리하여) 제시하다'라는 의미를 지닙니다. 즉 '레이아웃'이란 '제한된 공간에 알리고자 하는 사진이나 글 등을 효과적으로 배치하여 보는 사람의 주의를 끌고 관심과 흥미가 생길 수 있도록 하는 것', '생각의 효율적인 구성'입니다.

2) 레이아웃의 필요성

❶ 표현에 대한 학습자의 부담을 줄이고 학습자가 자신의 생각을 체계적으로 정리할 수 있습니다. 오늘 수업 내용을 빈 종이에 그림으로 나타내는 것보다, 일정한 형식을 지닌 레이아웃 나타내는 것이 생각을 표현하기 쉽습니다. 예를 들어 '한 현상의 원인과 결과'를 표현할 때, 단순히 빈 종이를 주면 학습자는 무엇을 어떻게 나타낼지 막연함을 느낄 수 있습니다. 하지만 레이아웃을 활용하면 학습자가 주제를 좀 더 명확하게 이해할 뿐만 아니라 어떤 내용을 어떤 형식으로 나타낼지 비교적 수월하게 감을 잡을 수 있어 부담감이 줄어듭니다. 학습 주제에 알맞게 제시된 레이아웃을 통해 학습자는 어떤 내용을 어떻게 나타낼지 스스로 생각하여 수업 내용에 대한 생각을 일목요연하게 정리하여 표현할 수 있습니다.

❷ 교사가 학습자의 이해정도를 즉시 파악하여 피드백할 수 있습니다. 예를 들어 '신석기 시대의 생활 모습'에 대한 수업을 한다면, 학습자에게 "다음 중 신석기 시대의 생활 모습이 아닌 것은 무엇일까요?" 또는 "다음은 어느 시대의 생활 모습일까요?" 등의 문제를 내서 학습자의 이해도를 파악했을 것입니다. 하지만 레이아웃을 활용한다면, 학생들이 레이아웃에 신석기 시대의 생활 모습에 대해 자신이 이해한 내용을 표현하는 동안 교사는 교실을 돌아다니면서 학생 개개인을 관찰하고 얼마만큼 이해하고 있는지,

왜 그렇게 나타냈는지 질문으로 파악할 수 있습니다. 이때, 어떤 점이 잘 됐는지 칭찬을 해 주거나 좀 더 고민해 보면 좋을 것 같다고 격려를 해 주는 등 즉각적인 피드백도 줄 수 있습니다.

❸ 자기 평가 및 상호 평가 도구로 활용할 수 있습니다. 완성된 비주얼씽킹 학습지를 교실 옆면이나 뒷면에 전시하여 자유롭게 살펴보게 하면, 관심과 흥미를 느끼고 친구의 레이아웃을 관찰하여 능동적인 탐색을 할 수 있습니다. 즉, 친구들의 레이아웃을 보면서 내가 잘 한 점, 부족한 점 등을 생각해 보며 자기 평가를 할 수 있고, 칭찬할 점 등을 포스트잇에 써서 붙여 주거나 스티커를 붙여 주며 상호 평가할 수 있습니다. 이런 자기 평가 및 상호 평가는 교사가 억지로 시켜서 하는 게 아니라 학습자 스스로 거부감 없이 이루어지는 것이기 때문에 추후 또 다른 레이아웃을 활용할 때에도 긍정적인 원동력이 되어 조금씩 발전해 나갈 수 있습니다.

❹ 수업에 대한 학습자의 관심과 집중력이 향상될 수 있습니다. 수업 내용을 비주얼씽킹으로 나타내기 위해서는 전체적인 학습 내용을 파악해야 하기 때문에, 이런 활동에 익숙하지 않거나 수업에 집중하지 못하는 학생은 초반에 많은 시행착오를 겪습니다. 또한, 처음 레이아웃을 접하게 되면 자신이 이해한 내용을 레이아웃에 표현하기가 생소하고 낯설어서 시간과 노력이 많이 필요해집니다. 하지만 다양한 레이아웃을 활용하다 보면 학습자는 전체적인 학습 내용을 파악하기 위해 수업에 관심을 갖고 집중하게 됩니다. 더불어 레이아웃에 무엇을 표현해야 할지 스스로 고민하면서 자연스럽게 레이아웃 완성에 골몰하며, 정해진 시간 안에 아이디어를 내기 위해 몰두해 점차 집중력이 향상됩니다.

❺ 학습자의 창의력이 향상됩니다. 다양한 레이아웃을 접하다 보면 고정된 레이아웃에서 벗어나 창의적인 방식으로 표현하고 싶은 생각이 듭니다. 즉, 주어진 레이아웃에서 탈피하여 레이아웃이 없는 빈 종이에 자유롭게 자신만의 레이아웃을 만들어 수업 내용을 나타내고 싶어진다는 것이죠. 또한, 학생마다 배경지식과 경험 등에 개인차가 있기 때문에, 레이아웃 활용법은 학습자마다 달라서 창의적으로 레이아웃을 활용할 수 있습니다.

나. 레이아웃의 종류와 활용 방법[7]

레이아웃은 종류가 다양합니다. 비주얼씽킹 수업의 효과를 높이기 위해서는 수업 주제에 맞는 레이아웃을 선택하는 것이 중요합니다. 똑같은 수업 주제일지라도 교사의 관점에 따라 사용되는 레이아웃이 달라질 수 있으므로 다양한 레이아웃에 대해 알아보고 실제 수업에서 어떻게 활용되었는지 살펴보도록 하겠습니다.

1) 서클형 레이아웃

서클형은 크기가 다른 두 원을 사용하여 나타낸 것으로 작은 원 안에 주제를 쓰고, 그 주변으로 더 큰 원을 그린 후 작은 원과 큰 원 사이에 주제와 관련된 핵심 내용을 그림으로 표현합니다. 그림에 대한 설명이 필요한 경우, 큰 원 바깥에 간단한 단어나 문장으로 보충 설명을 적습니다. 서클형은 수업 흐름상 마지막 단계에서 학습 주제를 정리할 때 활용하면 좋습니다.

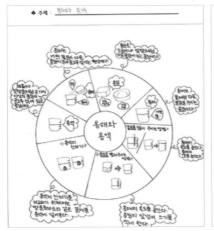

● **5학년 1학기 과학**
4. 용해와 용액

● **6학년 2학기 사회**
2. 통일 한국의 미래와 지구촌의 평화
(2) 지구촌의 평화와 발전

2) 버블형 레이아웃

버블형은 말 그대로 비눗방울 모양을 본 떠서 만든 레이아웃입니다. 가운데 버블 안에 주제를 쓰고, 그 주변 버블에 주제에 대한 특징이나 설명을 그림으로 표현하고, 필요한 경우 글도 함께 적습니다. 버블형은 대상의 특징을 설명할 때나 어떤 문제를 해결해야 하는 수업에서 활용하면 좋습니다.

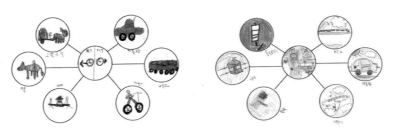

● **3학년 1학기 사회** 3. 교통과 통신 수단의 변화 (1) 교통 수단의 발달과 생활 모습의 변화

3) 더블버블형 레이아웃

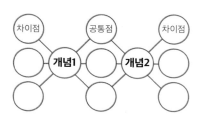

더블버블형은 버블형 두 개가 합쳐진 모양의 레이아웃입니다. 각 버블형 중앙 버블에 각각의 주제 또는 대상을 나타내고, 중앙 버블 사이에 겹치는 버블들에는 두 주제 또는 대상의 공통점을 표현합니다. 중앙 버블 바깥쪽 버블들에는 두 주제 또는 대상의 차이점을 나타냅니다. 이러한 더블버블형은 두 주제 또는 대상의 공통점과 차이점을 찾아 비교·대조하는 활동에 활용하면 좋습니다.

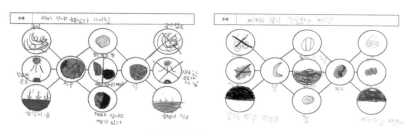

● **3학년 1학기 과학** 5. 지구의 모습

4) 플로우형 레이아웃

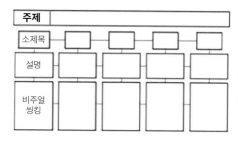

플로우형은 '흐름'을 표현하는 것으로 큰 주제에 대한 작은 주제들이 흘러가는 모양의 레이아웃입니다. 예를 들어 국어 수업 시간에 이야기 글을 읽고 사건의 전개 과정에 따라 글을 요약하는 활동이나 수학 수업에서 여러 가지 사각형 사이의 관계를 표현하는 활동 등에 사용하면 좋습니다. 특히 역사 수업에서 통일 신라나 고려의 건국 과정, 고려 시대의 외침(거란, 여진, 몽골) 등을 시간의 흐름에 따라 표현하는 활동을 할 때 사용하면 좋습니다.

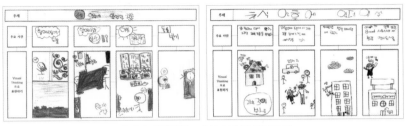

● **창의적 체험 활동** <추석 연휴에 있었던 일>

5) 멀티플로우형 레이아웃

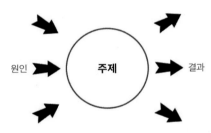

멀티플로우형은 어떤 주제에 대한 원인과 결과를 표현하는 레이아웃으로 가운데에 주제를 표현하고 주제 왼쪽에는 원인을 주제 오른쪽에는 결과를 표현합니다. 예를 들어 '학교폭력'의 원인과 결과에 대해 생각하는 수업을 할 때 레이아웃의 가운데에는 '학교폭력'을 나타내고, 왼쪽에는 원인을 오른쪽에는 결과를 표현할 수 있습니다. 또는 '친구 사귀기'를 주제로 한다면, 왼쪽에는 우리가 실천할 수 있는 일을 오른쪽에는 그러한 실천을 했을 때의 결과를 표현하는 것으로 수정하여 사용할 수도 있습니다.

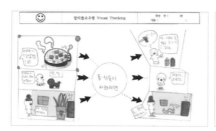

- **5학년 2학기 과학** 2. 생물과 환경

- **6학년 1학기 사회** 2. 우리나라의 경제 발전
  (2) 우리나라의 경제 성장

6) 트리형 레이아웃

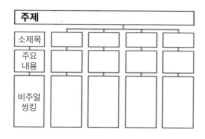

트리형은 나무의 가장 큰 가지에서 뻗어 나온 작은 가지들 모양으로, 큰 주제를 작은 주제들로 나누어 조직화해서 나타내는 레이아웃입니다. 예를 들어 '우리나라의 전통 악기'를 큰 주제로 한다면 관악기, 현악기, 타악기로 세분화하여 각각을 비주얼씽킹으로 표현하는 활동을 할 때 사용하면 좋습니다. 또는 '건강 체력'을 큰 주제로 한다면 유연성, 근력과 근지구력, 심폐 지구력으로 나누고 각각의 의미와 특징을 나타내는 활동에도 사용할 수 있습니다.

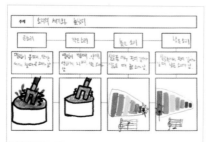

- **3학년 2학기 과학** 5. 소리의 성질

7) 윈도우형 레이아웃

주제			
소주제			
설명			
비주얼 씽킹			

윈도우형은 말 그대로 창문 모양의 레이아웃으로 어떤 주제나 개념에 대한 내용을 창문 모양에 표현하는 것입니다. 예를 들어 '계절별 생활 모습'을 주제로 한다면 봄, 여름, 가을, 겨울을 각각 창문 모양에 비주얼씽킹으로 표현할 수 있습니다. 또한, 이야기에서 어떤 사건에 대한 등장인물의 마음을 표정으로 나타내는 활동에도 사용할 수 있습니다.

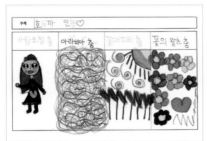 

● **3학년 음악** <호두까기 인형>

8) 자유형 레이아웃

레이아웃은 생각을 구조화하여 표현할 수 있도록 도와준다는 점에서 효과적이지만, 레이아웃의 형태(원, 네모)로 인해서 학생이 생각을 자유롭게 표현하지 못하고 형태 안에 갇혀 버리기도 합니다. 예를 들어 버블형 레이아웃은 원을 활용하기 때문에 학생들의 시각언어가 원이라는 형태를 이용하여 생각을 표현하기도 하지만, 원 안에 갇혀서 생각이 제한되기도 합니다. 그래서 비주얼씽킹 레이아웃의 최종 목표는 레이아웃이 없는 자유형 레이아웃으로 표현하는것입니다. 하지만 레이아웃을 통해 생각을 구조화하는 연습을 통해 익숙해지기 전에 자유형 레이아웃을 제시하게 되면 오히려 생각 표현이 어려워질 수 있습니다. 그래서 수업에 적절한 레이아웃을 하나씩 적용하면서 적응한 후, 자유형 레이아웃을 시도해 보는 것이 좋습니다.

● 원을 활용한 예

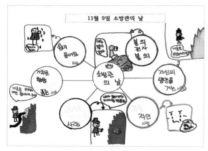

● 원에 그림을 넣은 예

● 원을 벗어난 예

● 자유형 레이아웃

다양한 레이아웃을 연습을 통해 사용 방법을 체득했더라도 아무것도 없는 흰 종이에 바로 생각을 표현하기란 쉬운 일이 아닙니다. 그래서 흰 종이에 바로 표현하게 하는 것 보다, 가운데 원을 하나 제시하는 것이 좋습니다. 핵심 주제를 적은 원이 구심점이 되어 여러 가지 방법으로 생각을 표현할 수 있기 때문입니다. 그래서 아직 자유형 레이아웃이 익숙하지 않은 학생을 위해 학습지 뒷면에는 교사가 계획한 레이아웃을 같이 제시하여 두 가지 중에 선택하도록 하면 능력에 따라 선택해 활동할 수 있습니다.

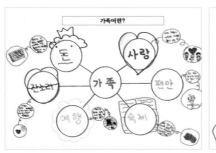

● 버블형 레이아웃   ● 자유형 레이아웃

다. 레이아웃 활용할 시 고려할 점

　학생의 생각을 구조화하고 수업 내용에 따라 다양하게 사용할 수 있는 레이아웃을 활용할 때 어떤 점을 고려해야 할까요?

　첫째, 레이아웃의 형식이 항상 고정적일 필요는 없습니다. 학습자의 수준이나 선호도 등에 따라 융통성 있게 수정하여 사용하면 됩니다. 예를 들어 버블형의 경우 비누방울 개수를 더 늘려도 됩니다.

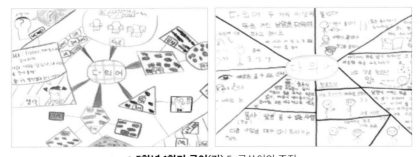

● **5학년 1학기 국어(가)** 5. 글쓴이의 주장

　둘째, 비주얼씽킹 수업에서 어떤 레이아웃을 활용할지는 교사의 관점에 따라 달라질 수 있습니다. 예를 들어, 수학 시간에 '입체 도형'에 대해서 비

주얼씽킹 수업을 한다면 어떤 교사는 '입체 도형'의 개념에 대해서 학생들이 이해할 수 있도록 서클형이나 버블형, 윈도우형을 사용할 수 있습니다. 이와 다르게 어떤 교사는 기존에 배웠던 '평면 도형'과 비교·대조하는 활동을 통해 '입체 도형'의 개념을 이해할 수 있도록 더블버블형을 사용할 수 있습니다. 따라서 교사는 비주얼씽킹 수업에서 어떤 레이아웃이 가장 효과적일지를 항상 고민해봐야 할 것입니다.

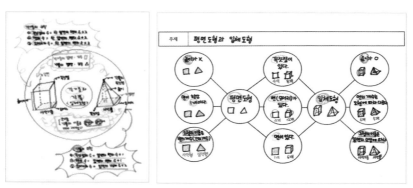

● **6학년 1학기 수학** 2. 각기둥과 각뿔

Ⅱ 비주얼씽킹의 핵심 요소

III
여섯 빛깔
비주얼씽킹

"상상력은 창조의 시발점이다.
당신은 원하는 것을 상상하고 상상하는 것을 행동에 옮길 것이며,
종국에는 행동에 옮길 것을 창조하게 된다."

- 조지 버나드 쇼 | George Bernard Shaw -
아일랜드 출신의 극작가 겸 소설가, 비평가

1
과정 중심 평가와
딱 맞는 비주얼씽킹

〜〜〜〜〜

가. 과정 중심 평가의 의미

2015개정교육과정에서 원하는 인간상은 "창의·융합인재" 육성입니다. '창의'란 새로운 의견을 생각하여 낸다는 뜻이고, '융합'은 다른 것이 녹아서 서로 구별이 없게 하나로 합하여지거나 그렇게 만든다는 뜻입니다. 즉, '창의·융합형' 인재란 서로 다른 것들을 합쳐서 새롭고 가치 있는 것을 만들어 내는 사람을 말합니다. 창의·융합형 인재에게 필요한 것은 인문학적 상상력과 과학기술의 창조력을 갖춰 바른 인성을 겸비하여 새로운 지식을 창조하고 융합하여 새로운 가치를 창조하는 것입니다. 이는 미래 사회에 필요한 인재상을 말하며 하나를 파고들어 탐구하되 다른 관점에서 보고 다르게 생각하는 능력을 갖추고 있어야 하는 것입니다. 학교 교육은 이런 핵심 가치들이 실현될 수 있도록 학생들의 역량을 종합적으로 평가할 수 있는 평가 방법의 변화가 필요합니다.

기존의 평가는 학습자가 얼마나 알고 있는지를 측정하는 '결과'를 중시하고 학생들을 서열화하는 결과 중심 평가 위주였습니다. 그러나 미래 사회 인재를 육성하기 위해서는 학습 과정을 평가하는 패러다임으로의 전환과 학생의 역량을 신장하는 평가가 되어야 합니다.

과정 중심 평가는 교육과정의 성취기준에 기반한 평가 계획에 따라 교수·학습 과정에서 학생의 변화와 성장에 대한 자료를 다각도로 수집하여 적절한 피드백을 제공하는 평가 방법입니다.

과정을 중시하는 수행평가 어떻게 할까요?, 교육부, 경기도교육청, 한국교육과정평가원(2017)에서 발췌

1) 평가 패러다임의 확장

과정 중심 평가는 학생이 학습하는 과정과 학생이 수행하는 과정을 평가의 대상으로 포함시키는 동시에 평가 결과 활용 범위를 확장하고 평가를 학습의 도구로 사용하고자 하는 의도가 강조됩니다.

2) 결과 중심 평가와의 대비[1]

과정 중심 평가는 학생이 지식을 알고 있는지에 대한 여부를 평가하는 결과 중심적인 평가와 대비되어 학생의 해결 과정에 중점을 두는 평가입니다.

3) 교육과정, 교수·학습, 평가의 연계

과정 중심 평가에서는 교육과정의 성취기준을 기반으로 교수·학습과 평가 계획을 세우고, 교수·학습 과정에서 자료를 다각도로 수집하여 적절한 피드백을 제공해야 합니다.[1] 더 자세한 내용은 '라. 교육과정 문해력의 이해와 교육과정 재구성' 부분에서 안내하겠습니다.

나. 과정 중심 평가의 특징

1) 성취기준에 기반을 둔 평가

과정 중심 평가는 교육과정의 성취기준에 기반을 둔 평가 계획에 따라 교수·학습과정에서 학생의 변화와 성장에 대한 자료를 다각적으로 수집하여 적절한 피드백을 제공[2](김성숙, 2017)[3]함으로써 교사와 학생의 상호작용이 이루어지는 평가입니다.

성취기준에 근거하여 타당한 평가를 하려면, 성취기준을 분석하여 이에 도달하기 위한 과정에서 필요한 능력을 평가 요소로 구체화하고, 정해진 성취기준과 평가 요소를 가장 적합하게 평가할 수 있는 평가 방법을 선정해야 합니다. 또한, 모든 성취기준에 대해 학생들의 학습 성과를 확인할 수 있는 평가가 이루어져야 합니다. 다만 각 성취기준을 점검하는 방법이나 결과 활용 방식은 각 성취기준의 특성과 교사의 교수·학습 방법에 따라 달라질 수 있습니다.[4]

<성취기준 예시>

학년	2학년	교과(과목)	봄
영역(대주제)	3. 가족	핵심 개념(소주제)	가족의 형태
과제명	주변에서 볼 수 있는 여러가지 가족 형태를 비주얼씽킹하기		

성취기준 및 평가기준	[6수03-05] 주변에서 볼 수 있는 여러 가족의 형태를 살펴본다.	상	주변에서 볼 수 있는 다양한 가족의 형태를 조사하여 그림이나 글로 제시하고 발표할 수 있다.
		중	자신의 주변에서 볼 수 있는 가족의 형태를 조사할 수 있다.
		하	자신의 가족이나 주변의 가족 형태를 말할 수 있다.

2) 수업 중에 이루어지는 평가

　과정 중심 평가는 교수·학습과 연계된 평가를 지향합니다. 수업과 연계된 평가란 수업 중 가르친 내용을 단순히 점검만 하는 것이 아닙니다. 수업 진행 과정에 투입되는 평가를 통해 학습활동을 적극적으로 유도하고 학습활동을 이해함과 동시에 학생별로 후속적 지도를 다양하게 할 수 있도록 하는 것 [5]을 말합니다. 이런 경우 정확한 평가정보는 교사들의 교육적 의사결정을 도와줄 수 있습니다.

<과정 중심 평가 과정안의 예시>

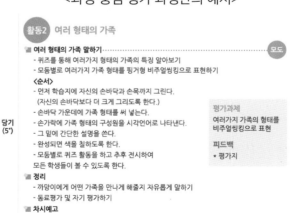

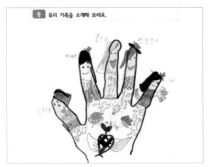

• 과정 중심 평가 과정안의 예시 및 결과물

3) 수행 과정 중의 평가

과정 중심 평가는 학생이 가지고 있는 지식, 기능, 태도 등의 능력을 직접 수행으로 나타내 보이는 방식의 평가 방법을 활용하여 학생에 대한 다양한 측면을 파악합니다.[6] 즉, 지식 및 기능에 대한 습득 여부를 파악하기 위해 학생이 만든 산출물뿐 아니라 실제 수행을 통해 학생의 학습을 평가하므로 교수·학습의 결과 및 과정을 모두 중시합니다. 즉, 과정 중심 평가에서는 지식, 기능, 태도가 학습자에게서 어떻게 발달하고 있는 지를 파악하기 위해 학습자의 수행 과정을 평가 대상으로 합니다.[7]

4) 지식, 기능, 태도를 아우르는 종합적인 평가

과정 중심 평가는 인지적 영역 중심에서 벗어나 인지적·정의적 영역을 모두 강조합니다. 국제학업성취도 비교 연구에 의하면, '우리나라 학생들은 학업성취도는 매우 높으나 학업 관련 흥미 또는 자신감은 매우 낮다.'[8]고 합니다. 이러한 인지적 영역과 정의적 영역 성취 간의 괴리를 극복하기 위해 정의적 영역의 평가에 관심이 필요합니다. 정의적 영역의 평가란, 학생의 전인적 발달을 도모하는 전인교육의 관점에서 학생들의 자아개념, 가치관, 흥미, 책임, 협력, 동기, 자신감, 자기효능감 등 학습자의 정의적 요소를 평가하고 성취 정도를 살펴보는 평가입니다.

<정의적 영역 평가 도구의 예>

종류	내용
질문지	자유 반응형, 선택형, 체크리스트형, 평정 척도, 등위형, 유목분류형, 조합비교형, 의미 분석
관찰	일화 기록, 체크리스트, 추인, 평정 척도
면접	학생에게 적절한 교육적 조치를 취하기 위해 대화를 통해 학생의 학습 상황, 특성, 사고 과정과 학습수준을 진단

정의적 영역 평가를 수업 전에 실시하면, 학생의 흥미도와 효능감 등을 파악하여 수업에 반영할 수 있습니다. 수업 중에 실시하면, 학습자의 상황을 이해하고 이를 바탕으로 교사가 교수·학습 방법을 설정하고 개선할 수 있습니다.

정의적 영역 평가 결과는 인성교육, 진로교육의 활용 자료로 사용할 수 있으며 학생의 발달에 유의미한 도움을 줄 수 있는 내용을 중심으로 학생생활기록부의 교과학습발달의 세부능력 및 특기 사항에 기록할 수 있습니다.[9] 정의적 영역은 해당 교과의 성취기준 및 교수·학습 과정과 긴밀히 연계하여 평가해야 합니다. 또한, 성취기준에 인지적·정의적 영역의 성취기준이 없더라도, 실험이나 실습에 참여하는 자세, 책임감, 협동심 등의 정의적 요인을 평가하는 것도 필요합니다. 이 경우 학교 단위에서 성취기준을 마련할 때, 정의적 측면에 대한 성취기준을 추가하고 평가 요소와 채점 기준을 명확하게 마련하여 평가해야 합니다.[10] 그래서 정의적 영역의 채점 기준은 평가 요소를 신뢰할 수 있도록 구체적으로 개발해야 합니다.

5) 다양한 평가 도구의 활용

과정 중심 평가는 수업과 연계되어 수업 활동의 특성에 따라 논술, 구술, 토의·토론, 프로젝트, 실험·실습 등 다양한 유형을 활용할 수 있습니다. 또한 교사가 평가의 주체가 될 뿐 아니라, 학생도 평가의 주체가 되어 자기 평가, 동료 평가 등 다양한 평가 방법을 활용합니다.[11] 평가의 목적이나 내용을 고려하고 다양한 평가 방법을 활용하여 학생에 대한 다양한 측면을 파악하는 것이 중요합니다.

<다양한 평가 도구의 활용>

종류	방법
논술	특정 주제에 대한 자신의 생각이나 주장을 다양한 지식과 함께 논리적으로 설득력 있게 작성하는 평가
구술	말하는 능력(의사소통 능력)이나 제시된 주제에 대해 개인의 의견을 발표할 수 있는 능력을 직접 평가
토의·토론	특정 주제에 대해 학생이 서로 토의·토론하는 것을 관찰하고 평가
실기	예체능 교과에서 가장 많이 활용하는 과정 평가 중 하나로서 학생의 지식이나 기능을 직접 행동으로 나타내도록 하여 평가
실험 실습	어떤 과제에 대해서 학생이 직접 실험·실습을 하게 한 후 그 결과 보고서를 제출하게 하는 평가
면접	평가자와 학생이 대화를 통해서 얻고자 하는 자료나 정보를 수집하여 평가
관찰	교사가 관찰하여 지식, 기능, 태도 영역의 바람직한 변화가 이루어졌는지 학습 성과를 평가
보고서	여러 가지 연구 주제 중에서 학생의 능력이나 흥미에 적합한 주제를 선택하여, 학생 스스로 자료를 수집하고 분석·종합하여 연구보고서를 작성하는 평가
포트폴리오	학생이 작성한 글이나 과제물, 작품 등을 지속해서 모아 둔 개인별 서류철 또는 작품집을 이용한 평가
프로젝트	교과목별 또는 범교과적인 주제 중 자신의 능력이나 흥미에 맞는 주제를 선택해서 자료를 수집하고, 분석·종합하여 연구보고서로 제출하는 평가 방법
자기·동료	자기 평가는 학습을 통해 얻은 기능과 지식을 학습자가 스스로 평가, 동료 평가는 학생이 상대방을 서로 평가한 결과를 평가, 이를 통해 평가의 주체가 교사뿐 아니라 학생에게 있다는 것을 알 수 있음.

<자기 평가, 동료 평가 예시>

수업 활동을 점검해 보고 이를 바탕으로 앞으로의 다짐을 써봅시다.

오늘 수업을 점검해 봅시다.	자기 평가	동료 평가
1. 짝 토론 시, 다른 의견도 말하고 친구의 의견도 경청했다.	♡ ♡ ♡ ♡ ♡	**칭찬할 친구** 김○○
2. 여러 가족의 형태 퀴즈에 적극적으로 참여했다.	♡ ♡ ♡ ♡ ♡	**그 이유**
3. 비주얼씽킹으로 나타내기 활동에 적극 참여하였다.	♡ ♡ ♡ ♡ ♡	

6) 학습자의 발달을 위한 평가 결과의 활용

과정 중심 평가는 평가의 결과를 학생에게 제공하고 함께 의사소통하는 피드백을 중시합니다. 이러한 피드백을 통해 평가 결과와 학습이 연결될 수 있습니다. 학생의 수행 과정에 대한 상시 관찰 및 누가기록을 바탕으로 학생의 성장을 지원하는 방향으로 피드백이 제공되어야 하며 학생의 긍정적인 학습 동기를 향상시킬 수 있어야 합니다. 학습자의 성장과 발달 과정을 관찰함으로써 학습자의 부족한 점을 채워 주고, 우수한 점을 심화·발전시킬 수 있도록 돕는 데 기여합니다.[12]

아래 제시된 표는 2학년 [수학] 도형 영역에서의 과정 평가를 기록한 표입니다. 김○○의 경우를 보면 1차에서는 노력 요함(△)을 받았고 2차와 3차에서 보통(○)을 받았습니다. 하지만, 3차에서는 잘함(◎)을 받았기 때문에 김○○의 2단원 평가는 잘함(◎)으로 기록됩니다. 이렇듯 과정 중심 평가는 일회성 평가로 끝나는 것이 아니라 학생이 성장할 수 있도록 지원해 주는 평가입니다.

교과	수학								
평가 요소	2. 여러 가지 도형			3. 덧셈과 뺄셈			4. 길이재기		
	사각형, 삼각형, 원의 모양을 이용하여 여러 가지 모양을 꾸미기			두 자리 수의 범위에서 받아올림이 있는 덧셈의 계산 원리를 이해하고 계산할 수 있다.			1cm의 단위를 알고 길이를 잴 수 있다.		
	1차	2차	3차	1차	2차	3차	1차	2차	3차
김○○	△	○	◎	○	○	◎	○	○	○
박○○	○	○		○	○		○	○	

평가 기록의 예)   성취 수준: 잘함(◎) 보통(○) 노력 요함(△)

다. 과정 중심 평가 운영 절차

1) 교육과정 성취기준 분석하기

교육과정-교수·학습-평가의 일관성을 갖추기 위해 성취기준의 분석이 중요합니다. 성취기준은 교과별로 학생들이 성취해야 할 지식, 기능, 태도 등을 기술한 것으로 교육과정 내용, 성취 수준과 연계성을 가지므로 평가 계획을 수립하기 전에 분석할 필요가 있습니다.[13]

2) 교수·학습 및 평가 계획 수립하기

성취기준 분석을 통해 교육과정을 재구성하고, 평가 영역, 방법, 횟수, 기준, 반영 비율 등과 성적처리 방법 및 결과의 활용 등을 계획합니다. 평가 계획은 국가수준 교육과정 및 서울특별시교육청 학업성적관리 시행 지침, 학교 단위의 학업성적관리 규정 등을 반영하여 학교 상황이나 학생 특성에 적합하게 수립합니다.[14] 또한 평가 계획(성취기준, 해당 평가 영역 및 평가 기준 포함)을 학생 및 학부모에게 반드시 안내하도록 합니다.

3) 평가 과제 개발하기

　토의·토론 수업, 협동학습, 프로젝트 수업 등의 교수·학습 방법을 고려하여, 과제를 수행하는 데 필요한 시간, 참여 방법, 산출물의 형태 등 세부 과제를 개발합니다. 개발된 과제는 학습 결과뿐 아니라 과정에 중점을 두었는지, 평가 과제가 수업과 연계될 수 있는지 검토하고, 학생 개인의 사회·경제적 맥락이나 조건들의 영향을 최소화하여 공정하게 이루어질 수 있도록 수업 시간 중에 해결하는 것을 원칙으로 합니다.[15]

4) 평가 실시 및 피드백

　과정 중심 평가를 실시하기 전, 교사는 사전에 학생들에게 수업의 흐름과 내용, 평가 과제, 채점 기준 등을 안내합니다.[16] 교수·학습과 연계된 평가를 실시하면서 교사는 학생의 학습 과정을 관찰하고 평가하도록 합니다. 또한, 교사뿐 아니라, 학생도 자기 평가나 동료 평가를 할 수 있습니다. 평가결과는 상시적인 피드백을 통해 학생의 성장을 돕도록 합니다. 학생의 현재 수준과 도달해야 할 수행 수준 간의 차이를 자세하게 알려줌으로써, 학생의 학습과 성장을 지원하고 교사의 수업과 평가의 질을 개선하도록 합니다.[17]

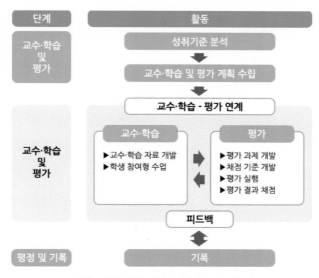

<과정 중심 평가 운영 절차>

*출처: 교육부, 한국교육과정평가원(2017) 재구성

5) 과정 중심 평가 운영 시 고려할 점[18]

㉮ 학기 초에 성취기준 및 평가 기준을 분석해야 합니다.

㉯ 소속 교육청의 수행평가 및 서·논술형 반영 기준 등이 포함된 학업성적 관리지침 준수 여부를 검토해야 합니다.

㉰ 교사의 자율적인 연구 분위기를 조성(교과 연구회 및 교사 동아리 등)해야 합니다.

㉱ 교사별 과정 중심 평가를 실시하는 경우, 교사별로 교수·학습 및 평가 계획을 수립하고 평가 과제와 채점 기준을 개발해야 합니다.

㉲ 과정 중심 평가에서는 평가의 공정성 및 신뢰도 제고를 위해 교과(학년)협회를 통해 동료 교사들과 평가 계획 및 과제 등의 타당성을 검토해야 합니다.

㉳ 학기 초 수립한 평가 계획을 학기 중에 변경할 경우, 학교의 학업성적관리위원회심의를 거친 후 '정보 공시' 및 학교 홈페이지 공지 자료 수정과 학생·학부모에 변경사항을 안내해야 합니다.

Ⓢⓢ 학생 및 학부모의 평가 결과에 대한 이의 및 민원이 증가될 수 있어, 채점 결과의 세분화 및 사전 공지가 필요합니다.
Ⓞⓞ 학생 및 학부모의 평가에 대한 인식제고를 위한 홍보 및 소통 확대가 필요합니다.

라. 교육과정 문해력의 이해와 교육과정 재구성

우리는 수업의 전문성을 신장시키기 위해 많은 노력을 합니다. 그러한 노력은 지금도 이어지고 있는데, 먼저 교사 자신이 교육과정에 대하여 이해하는 것이 필요합니다. 교육과정을 이해하기 위해서는 무엇이 필요할까요? 교사는 교육과정의 일관성과 다양성을 어떻게 동시에 추구할 수 있을까요? 이를 해결하기 위해서는 교사가 교육과정의 전문성을 갖추어야 합니다.

1) 교육과정 문해력의 이해

학생들을 지도할 때 중요한 것은 교육과정에서 요구하는 것이 무엇인지 알아차리는 것입니다. 학생이 한글을 익힐 때 자음과 모음이 합쳐져 하나의 음절이 된다는 것을 깨닫듯, 교사도 교육과정 문서(법령에 의해 작성된 문서로서 교사 수준에서 수정 불가)의 내용이 무엇으로 되어있고 어떻게 구성되어 있는지를 알아야 합니다. 학생이 한글을 익히면 자기의 생각을 자유롭게 글로 나타낼 수 있듯이, 교사도 교육과정에서 원하는 것이 무엇인지를 알게 된다면 교육과정을 기초로 수업 설계, 학습 자료 개발, 평가를 실행할 수 있는 자신감이 생깁니다. 교과서에 의지하던 교사가 교육과정을 자유자재로 다루기 위해 교육과정 문해력이 필요합니다.

교육과정 문해력이란, 교육과정 문서를 읽고 해석하여 다양한 조망도를 갖추는 것을 의미합니다.[19] 그러기 위해서 교사는 첫째, 단순히 교육과정 문서를 읽는 것에서 멈추는 것이 아니라, 문서의 내용과 의미를 파악하고 이해하는 것을 말합니다. 둘째, 성취기준을 중심으로 교육과정 문서를 읽고 해석하여, 교육과정 재구성과 학생 중심 수업, 과정 중심 평가를 실행하는 교육과정 상용능력입니다. 셋째, 국가 수준 교육과정에 대한 자율권(교사가 할 수 있는 범위와 해서는 안 되는 범위)을 행사하기 위해 갖추어야 할 능력(정광순, 2012)[20]이며, 주어진 교육과정을 해석하여 기준에 부합하는 수업을 설계하고 평가하는 능력(김세영, 2014)[21]입니다.[22] 교육과정 문해력을 높이기 위해서는 교과서만을 의지하는 것이 아니라, 교육과정을 재구성하여 수업과 평가까지 볼 수 있는 안목을 넓혀야 합니다. 이와 더불어 교사가 지속해서 교육과정 문서를 읽고 이해, 해석하려는 노력이 필요합니다.

교육과정 문해력을 키우기 위해서는 교사의 교육과정 상용능력 즉, 교육과정 문서와 자료를 구별하고, 문서를 찾아 읽기 시작하는 단계부터 교육과정 상용이 시작되어야 합니다. 교사가 좁은 의미의 교육과정 문해력을 갖추게 되면, 교육과정 상용(재구성, 수업, 평가) 능력이 향상되어 교육과정 문해력을 더 넓고 깊게 갖출 수 있게 합니다. 교육과정 상용능력은 교육과정을 재구성하여 배움 중심(학생참여 중심) 수업을 하고 수업하는 중에 과정 중심 평가가 이뤄지도록 하는 것을 의미합니다.

2) 교육과정 재구성

교사의 교육과정 상용을 위한 배움 중심 수업과 과정 중심 평가를 효율적으로 연계·운영하기 위해서는 교사 수준의 교육과정 재구성이 필요합니다. 교육과정 재구성은 교사가 교육과정 문서를 읽고 해석하여 배움 중심 수업과 과정 중심 평가를 계획하고 실천하기 위한 일련의 작업이며, 수업 방법 혁신과 함께 교사들에게 필요한 능력입니다. 교육과정의 본뜻은 국가 교육과정 문서를 비롯한 지시적 문서를 지칭하는 것이 아니라, 교육적 삶의 형성 과정을 가리키는 말입니다. 그래서 교육과정은 개별 학생이 자신의 의미와 목적을 형성하고 살아가도록 교과와 환경을 '더불어 배움'의 공동체로 형성하기 위한 삶입니다. 학생들이 가진 기질, 성격, 능력, 관심, 선행지식, 환경은 저마다 독특하기 때문에, 교사의 교육 활동은 학생의 생활환경과 독특성을 바탕으로 이루어져야 합니다. 교사는 문서로서 고시된 국가 교육과정과 학생 각자의 삶(기질, 성격, 능력, 관심, 선행지식, 발달성, 환경)을 절충하며, 교육을 실천하는 교육의 궁극적 주체입니다. 학생에 대한 온전한 이해와 그 이해에 기초한 교육 활동의 계획과 수행은 아무도 대신할 수 없는 교사만의 몫이기 때문입니다.

교육과정 재구성을 위해 교사는 국가 교육과정의 편성·체계·운영과 교사 자신에게 주어진 재구성 권한이 어디까지인지 알고 있어야 합니다.

<2학년 1학기 통합교과 <봄> 교육과정 재구성 예시>

재구성 의도

봄이 되어 달라진 날씨와 이에 어울리는 생활 모습을 학생의 생활 주변에서 탐색하고, 봄의 모습과 느낌, 분위기를 표현하며 봄에 어울리는 생활을 할 수 있도록 구성하였습니다. 그래서 국어과에서 봄과 연결하여 일기예보를 준비할 때 바르고 정확한 낱말을 사용하는 부분과 통합교과 '봄' 에서 '봄 산책'과 '봄나들이'를 통합하였습니다. 계절의 변화에 따라 달라진 자연 경관을 봄나들이를 통해 경험할 수 있기 때문입니다.

🍃 주요 내용

흐름	단계	내용	핵심 역량
이해	주제표상	• 봄 날씨의 특징 • 동시 표현 • 여러 가지 도형	자기관리 역량
체험 (탐구표현)	주제표상	• 봄의 느낌 탐색 • 날씨에 알맞은 옷차림 • 놀이 및 노래 • 마음을 전하는 글	자기관리 역량
실천	상징화	• 일기예보 하기 • 봄 동시 표현 • 봄에 사용하는 생활 도구를 도형을 사용하여 만들기	의사소통 역량 공동체 역량
발표	내면화	• 배운 내용을 실천하고 내면화하기	협력적 문제해결 역량
평가		• 차시마다 다양한 평가 • 도구를 사용하여 평가 실기	

🍃 전개 과정

주제	봄을 노래해요!		
교과	바른생활, 즐거운생활, 슬기로운생활	국어	수학

단원	2. 봄이 오면	1. 시를 즐겨요	2. 여러 가지 도형
배움 내용 및 활용	• 주제 관련 책을 읽고 주제에 대하여 이야기한다. • 학교 주변을 산책하며 봄의 느낌을 자유롭게 탐색한다. • 봄과 관련된 노래를 몸으로 표현하며 부른다. • 봄이 되어 달라진 모습을 날씨와 관련지어 이야기한다. • 곡의 느낌을 살려 봄노래를 부르고 악기로 표현한다. • 날씨에 알맞은 옷차림이 필요한 까닭을 알아보고 일기예보 놀이를 한다.	• 내가 좋아하는 동시를 이야기한다. • 봄 날씨와 관련된 동시를 듣고 느낌이나 생각을 이야기한다. • 봄의 모습과 느낌을 창의적으로 표현한다. • 봄 날씨와 관련된 경험을 생각하고 기억에 남는 일을 경험 카드로 만들고 전시한다.	• 봄철에 사용하는 생활 도구 중 여러 가지 도형을 찾아본다. • 여러 가지 도형으로 봄 풍경을 꾸민다.
평가	알맞은 평가 도구를 사용함		

교육과정 재구성 후의 자체 평가 내용

주제 (수업시기)	봄을 노래해요!(3~4월)		
관련 교과	국어	통합	수학
관련 단원	1. 시를 즐겨요	2. 봄이 오면	2. 여러 가지 도형
내용·성과 (▶) 한계 및 대안 (▷)	학교 뜰 둘러보고 봄과 관련된 브레인스토밍을 통해 봄의 특징 알기 1. 교실을 봄 동산으로 구상한 후 상상 속의 풀 밭을 걸어보고 느낌 말하기 2. 봄 풍경 떠올리며 '풀밭을 걸을 땐' 낭송한 후 떠오르는 장면 그리기 3. 여러가지 도형으로 봄 풍경 꾸미기 ▶봄의 특징을 학습한 후 봄과 관련된 시를 익혀 시의 장면을 생생하게 떠올릴 수 있었고 풀밭 걷기, 장면 그리기에서 보다 느낌을 살려 표현할 수 있었음. ▷통합 1단원 주제가 '나', 2단원 주제가 '봄'이라 시기를 맞추기 위해 2단원을 앞부분을 먼저 지도하는 것이 실제 봄 환경, 날씨를 살펴보기에 적절함. 학교에 있는 나무, 꽃 등 식물에 이름표가 붙어 있으면 자연 관련 내용 지도 시 효과적일 것이라 생각됨.		

3) 교육과정·수업·평가 일체화의 이해

　교육과정 수업·평가 일체화란 첫째, 교육과정, 수업, 평가를 하나의 연속된 교육 활동으로 바라보고, 이를 유기적이고 통합적으로 운영하여 세 요소의 불일치 요소를 최소화하고 학생을 교육과정, 수업, 평가의 중심에두어 삶의 주체로 성장시키는 교육 활동입니다.[23] 둘째, 교사가 재구성한 교육과정을 기반으로 배움 중심의 철학과 가치를 반영한 학생 중심의 수업과 과정 중심의 평가를 통해 학생의 전인적 성장을 돕는 일련의 과정입니다. 셋째, 국가수준의 교육과정(성취기준)을 재구성하여 수업에 적용하고 이에 근거한 평가를 실시하는 것입니다. 넷째, 교사가 교육에 대한 진지한 성찰과 사유에 입각하여 교육과정에 대한 이해를 구체화하는 수업을 설계하며, 학생들이 배운 내용을 가장 적절하게 평가할 수 있는 방안을 구안하는 것입니다.[24]

용어의 조작적 정의	
교육과정 교사가 재구성한 교육과정	교육과정은 국가 교육과정에서 선정한 내용을 가지고 효과적인 수업을 어떻게 수행할 것인가를 위한 계획이며, 어떻게 학생들에게 배움이 일어나도록 할 것인지에 대한 구체적인 청사진입니다.
수업 학생 중심의 철학과 가치를 반영한 배움 중심 수업	교사가 효과적인 교수 전략을 세워 진정한 배움이 일어나도록 학생들의 다양한 학습 필요에 맞추는 것입니다. 이는 교사가 학생이 중요한 아이디어와 기능을 이해하였음을 드러내는 방식, 그리고 복잡한 학습 환경을 조정하여 배움 중심의 수업을 하는 것을 의미합니다.
평가 학생의 전인적 성장을 돕는 과정 중심의 평가	모든 학생이 인지적, 정의적, 심동적 영역 모두에서 가치있는 교육의 목적에 도달하도록 교육과정과 수업이 일관된 것을 의미합니다.

<교육과정·수업·평가 일체화를 적용한 수업 예시>

학년			2학년 1학기
교과 및 단원			슬기로운 생활: 초록이의 여름 여행/ 수학: 3. 길이재기
성취기준	[슬04-03] 여름에 볼 수 있는 동식물을 살펴보고 그 특징을 탐구한다.	상	동물의 특징을 구체적으로 설명하고 길이를 어림할 수 있다.
		중	동물의 특징을 설명하고 길이를 어림할 수 있다.
		하	도움을 받아 동물의 특징과 길이를 어림할 수 있다.
	[평가준거 성취기준 ②] 1cm의 단위를 알고, 길이를 측정할 수 있다.	상	1cm의 단위로 여러 가지 물건의 길이를 측정하여 비교할 수 있다.
		중	1cm의 단위로 물건의 길이를 측정하여 그 길이를 나타낼 수 있다.
		하	안내된 절차에 따라 1cm의 단위로 길이를 측정할 수 있다.
채점기준	지식 정보처리	상	동물의 특징을 구체적으로 설명하고 길이를 어림으로 나타내었다.
		중	동물의 특징을 2가지 정도 설명하고 길이를 어림으로 나타내었다.
		하	동물의 특징을 1가지 정도 설명하고 길이를 어림으로 나타내었다.
	의사소통	상	합리적으로 역할을 분배하고 모둠의 협력이 어느 정도 이루어져 수행 과제를 해결할 수 있다.
		중	합리적으로 역할을 분배하고 모둠의 협력이 이루어져 모둠 안에서 수행 과제를 해결할 수 있다.
		하	모둠 안에서 수행 과제를 해결하려고 노력하였다.

교육과정재구성의도	여름에 주로 볼 수 있는 동물을 사진을 통해 살펴보는 내용으로 동물의 길이를 어림으로 재어 결과를 확인하는 활동이 필요하였습니다. 수학 '길이 재기' 단원과 함께 교과 간 재구성을 하여 어림과 자를 사용한 길이를 재어보는 활동을 통해 어림하기의 중요성을 알도록 하였습니다. 평가는 동물의 특징 말하기, 어림재기하는 과정과 모둠 내에서 협력하는지에 대하여 관찰 기록을 하였습니다. 학생들도 루브릭을 통해 자기 평가를 하도록 하였습니다. 이번 차시를 통해 정보 활용 능력과 의사소통 역량을 함양하도록 하였습니다.

목표	비주얼씽킹을 활용하여 보고서 만들기
교과 역량	지식정보처리 능력, 의사소통 능력
기능	모둠 보고서 만들기, 비주얼씽킹으로 동물 표현하기

단계	활동 내용
도입	활동 내용 및 수행 과제와 평가의 내용을 안내하였습니다.
배움1	모둠 보고서를 만들기 위해 모둠별로 동물 사진을 선택하고 특징을 포스트잇에 쓰도록 하였습니다. 특징을 쓸 때 각자 관찰할 부분을 맡았는데 어떻게 하는지 잘 모르거나 관찰하기 어려워하는 학생에게 교사는 순시를 하면서 개인적인 피드백을 실시하여 과제를 수행할 수 있도록 도와주었습니다. 여러 차례의 피드백을 통해서 잘 하지 못했던 학생이 점차 잘 하게 되는 모습을 보게 됩니다. 그래서 피드백은 과정 중심 평가에서 가장 중요합니다. 배움이 일어나도록 해야 하기 때문입니다.
	[과정 평가] - 동물의 특징에 대해 말하며 정리하는가? - 모둠원 내에서 다른 사람을 배려하며 의견을 잘 듣고 있는가? 관찰 평가
배움1 결과물	모둠원 4명이 각자의 색 펜을 갖고 미리 조사한 동물의 특징을 정리합니다. 결과물에서 색이 모두 다른 펜으로 먹이, 특징(생김새, 모양), 사는 곳 등을 보물맵을 활용하여 비주얼씽킹으로 표현하였습니다.

107
Ⅲ 여섯 빛깔 비주얼씽킹

배움2	시각언어를 활용하여 비주얼씽킹으로 표현하도록 하였습니다. 동물의 사진을 보고 생각나는 것을 비주얼씽킹으로 나타내도록 하였습니다. 또한 자를 사용하지 않고 어림으로 길이를 측정하는 활동을 하도록 하였습니다. 이때도 교사는 순회 지도를 하면서 학생이 무엇을 모르는지 도와주는 피드백을 실시하였습니다. 그 결과 많은 학생들이 눈금과 일치하지 않은 길이를 어림으로 나타낼 수 있었고 그림을 자로 잴 때 주의점을 알아 배움이 일어나는 활동이 되었습니다.
배움2 결과물	결과물은 잠자리와 사슴벌레를 관찰하여 나타낸 것으로 각 동물의 색깔, 크기, 날개에 대해 설명하였으며 길이를 잰 것을 어림한 후 기록하여 비주얼씽킹으로 나타내었습니다. 
정리	비주얼씽킹으로 나타낸 것 설명하기 잠자리(사슴벌레)의 색, 크기, 날개의 모양, 색과 어림한 길이와 잰 길이 말하기 [과정 평가] - 동물의 특징에 대해 말하며 정리하는가? - 모둠원 내에서 다른 사람을 배려하며 의견을 잘 듣고 있는가?

<평가지>

	여름에 볼 수 있는 동물의 특징을 알고 비주얼씽킹으로 표현하여 발표하기		
상	동물의 특징을 구체적으로 설명하고 길이를 어림으로 나타내었다.	동물의 특징이 잘 드러나게 비주얼씽킹으로 표현하였다.	합리적으로 역할을 분배하고 모둠의 협력이 어느 정도 이루어져 수행 과제를 해결할 수 있다.
	교사　　　　　학생	교사　　　　　학생	교사　　　　　학생
중	동물의 특징을 2가지 정도 설명하고 길이를 어림으로 나타내었다.	동물의 특징을 비주얼씽킹으로 표현하였다.	합리적으로 역할을 분배하고 모둠의 협력이 이루어져 모둠 안에서 수행 과제를 해결할 수 있다.
	교사　　　　　학생	교사　　　　　학생	교사　　　　　학생
하	동물의 특징을 1가지 정도 설명하고 길이를 어림으로 나타내었다.	동물을 표현하려고 노력하였다.	모둠 안에서 수행 과제를 해결하려고 노력하였다.
	교사　　　　　학생	교사　　　　　학생	교사　　　　　학생

마. 과정 중심 평가의 수업 설계

　과정 중심 평가는 교육과정-수업-평가의 일체화를 지향하는 평가 패러다임을 잘 나타낼 수 있는 수업 설계로 백워드 수업 설계 방식이 있습니다. 백워드 설계의 핵심 아이디어는 첫째, 교육과정은 학생들이 학습 상황 속에서 무엇을 할 것인가에 관심을 두는 것이 아니라 학생들이 그것을 하는 결과로써 무엇을 배울 것인가에 있습니다.[25] 둘째, 이해를 위한 교수와 평가는 학습을 향상시킵니다. 이해를 위한 교수와 평가는 교과서에 담긴 정보와 공식을 암기하고 기억해 내는 과정이 아니라 학습자들이 핵심 개념이나 원리를 설명하고 여러 다양한 상황에 적용하도록 도움으로써 학습의 전이를 도모합니다. 셋째, 기존의 훌륭한 교육과정도 백워드 설계를 통해 보다 유의미하고 효과적인 수업으로 유도할 수 있습니다. 즉, 백워드 설계는 학생의 심층적인 이해에 목적을 두고 있습니다.

백워드 수업 설계 방식은 전통적인 타일러의 모형을 근간으로 하면서도 Bruner의 지식의 구조 이론을 교수·학습의 궁극적인 목적으로 삼으며, 학문의 기본적인 아이디어, 개념 혹은 원리에 학습자들이 심층적인 이해에 도달하도록 하는 데 주안점을 둡니다. 그래서 학습자가 단순한 사실을 암송하는 것보다 고등사고능력을 배양하도록 강조하며, 학문 혹은 교과에 대한 학습자의 심층적인 이해나 고등사고력 기능을 평가 계획과 접목하려는 목적이 있습니다.

1) 백워드 설계(Backward Design)

백워드 설계는 이해 중심 교육과정을 설계하기 위한 실제적인 아이디어로, '활동 중심 수업'과 '진도 나가기 식 수업'이 피상적이라는 문제를 제기하며 시작됐습니다. 첫 번째 문제로 활동 중심 수업에서 학생의 흥미나 요구를 교육 목표의 성취로 인식하여, 수업의 목적이 전도됩니다. 이로 인해 학습자가 명확한 목표를 인식하지 못하고, 활동에 참여하고 작품을 완성하는 것이 학습목표를 성취한 것으로 생각하게 만드는 것이 활동 중심 수업의 오류입니다.[26] 또 한 가지 문제인 진도 나가기 식 수업은 교육과정을 교수 요목, 다시 말해 학생들이 배워야 할 내용의 목록으로 일축해 생각하는 오류입니다. 이 두 가지의 문제는 학습목표와 평가를 분리해 교육 목표 면에서 무의미하거나, 목적이 전도된 학생 평가를 초래할 수 있습니다. 백워드 설계는 이러한 문제를 보완할 수 있으며 설계 방법은 다음과 같습니다.

첫째, 교수·학습 계획에 앞서 평가를 먼저 설계합니다. 그래서 백워드 설계로 인해 교육과정, 수업, 평가의 일관성을 부여하고, 교사가 성취기준이나 교육과정에 대해 무관심하거나 외면하는 현상을 해결할 수 있습니다.

둘째, 평가를 강조하고, 학습목표의 내용을 지식의 구조로 설정하여 심층적인 이해를 추구합니다. 그래서 백워드 방식은 기존(교육과정-수업 설계-평가)의 절차를 바꾸어, 교육과정-평가-수업 설계 방식을 채택하고 있습니다.

셋째, 주어진 교과서를 바탕으로 교과 내용을 나열하는 식의 설계가 아닌, 국가 수준의 성취기준을 교사가 분석하여 목표를 설정하도록 합니다. 이때, 학생의 이해를 돕기 위해 이해의 여섯 측면을 활용하여 목표를 설정하고 질문합니다.

<이해의 여섯 가지 측면[27]>

측면	정의
설명	사실이나 사건, 행위에 대해 타당한 근거를 제공하는 능력
해석	숨겨진 의미를 도출하는 능력
적용	지식을 다양한 상황이나 실제적인 맥락에서 효과적으로 사용하는 능력
관점	비판적인 시각으로 바라보는 능력
공감	타인의 입장에서 감정과 세계관을 수용하는 능력
자기 지식	자신의 무지를 알고 사고와 행위를 반성할 수 있는 메타 인지 능력

넷째, 학습목표를 고려하여 평가 계획을 세우고 수행 과제와 평가 과제를 결정합니다.

다섯째, 학습경험을 목표와 평가 계획에 일치하도록 설정하여 무의미한 활동을 제외합니다.

백워드 설계에서 교사의 역할은 교과의 진정한 이해를 도와주는 전문성과 자율성을 지닌 교육과정의 설계자이며, 실행자입니다. 수업을 잘하는 교사가 되기 위해서는 효과적으로 단원을 설계하고, 교과서나 단순한 활동만을 가지고 수업을 하던 것에서 성취기준을 가르치는 방향으로 수업에 대한 인식을 바꾸어야 합니다. 그리고 단순 암기가 아닌 고등정신기능을 배양하기 위한 성취기준 중심의 단원 설계 및 교수·학습 지도안 개발에 관심을 가져야 합니다.

바. 비주얼씽킹을 활용한 과정 중심 평가

비주얼씽킹은 사물, 생각, 개념의 의미가 담긴 상징적 이미지와 간단한 글로 생각을 정리하고 정보를 요약해서 공유하는 것입니다. 여기에서 상징적 이미지는 실제 사물이나 개념의 특징을 잘 살리면서 이해할 수 있도록 합니다. 그림으로 생각하고 정리하는 습관을 가진다면 새로운 아이디어와 영감을 쉽게 얻을 수 있으며, 어렵고 복잡한 것에 대한 이해가 수월해집니다. 이로 인해 이야기나 주장을 할 때 설득력을 높일 수 있으며, 공감대를 쉽게 형성할 수 있습니다.[28]

비주얼씽킹은 과정평가 도구로써 학생들이 수행하는 과정을 평가를 할 수 있으며 다음과 같은 장점이 있습니다.

첫째, 자신의 생각을 시각언어로 나타내면서 학습 내용을 이해하고 구조화할 수 있습니다. 둘째, 창의적 사고력으로 학습 내용을 그림으로 정리하면서 학습 내용을 구조화할 수 있습니다. 셋째, 문자만을 강조했던 학습에서 벗어나 상징적 이미지(시각언어)를 이용하기 때문에, 학생들의 흥미와 참여를 높일 수 있습니다. 넷째, 정보를 바탕으로 한 중요 내용을 중심으로 시각언어를 사용하기 때문에 전체 구조를 알 수 있습니다. 다섯째, 모둠 활동에서 동시에 수행할 수 있어 친구들과 소통하며 자기의 생각을 나눌 수 있습니다. 생각을 함께 정리하는 과정은 협력학습에 매우 유리합니다.

이와 같이 비주얼씽킹을 평가 도구로 활용하면 학생의 창의적 사고와 확산적 사고력을 신장시키며 말로 표현하기 어려워 자신감이 없던 학생들에게 학습에 대한 자신감을 주고, 수집된 자료들로 피드백을 할 수 있어 학생들의 학습 상태를 점검할 수 있습니다.

<비주얼씽킹을 활용한 과정 중심 평가 설계안1>

교과	수학	일시	...	학년	2	지도교사	...
학습 주제	비주얼씽킹으로 곱셈구구 나타내기						
성취기준	[2수01-11] 곱셈구구를 이해하고, 문제를 해결할 수 있다.						
평가 기준	상	곱셈구구를 여러 가지 방법으로 표현하고 해결한다.					
	중	곱셈구구를 표현하고 문제를 해결한다.					
	하	곱셈구구를 표현하고 문제해결에 참여한다.					
평가 과제	비주얼씽킹으로 곱셈구구 나타내기						
채점 기준	문제 해결력	상	자기의 생각을 시각언어로 나타내어 곱셈구구를 해결하였다.				
		중	여러 가지 시각언어로 곱셈구구를 해결하였다.				
		하	문제해결에 자신감은 없으나 도움을 받아 참여한다.				
	의사 소통	상	다른 사람을 배려하며 나와 다른 의견을 존중한다.				
		중	다른 사람의 의견이 나와 다름을 알고 듣는다.				
		하	다른 사람의 의견을 듣고자 노력한다.				
학습목표	여러 가지 방법으로 곱셈 문제를 해결할 수 있다.						
교과 역량	⊘ 의사소통 역량 ⊘ 문제해결력						
평가 방법	⊘ 관찰 평가 ⊘ 자기 평가 ⊘ 동료 평가						

단계	내용	시간	자료(■)/유의점(※)
도입	■ 마음열기 ■ 1인 연극 보고 학습목표 알아보기	5분	■ 학습목표 카드
전개	■ 놀이로 구구단 외우기 ■ 비주얼씽킹으로 곱셈문제 해결하기 　- 모둠별로 비주얼씽킹 용지에 각자 색 싸인펜으로 　　곱셈문제 쓰기 　- 단계별로 시계방향으로 용지를 돌리며 문제 　　해결하기 　- 자기의 이름을 쓰고 돌려가며 맞는지 확인하기 [학생 반응 예상하기] 　- 시각언어로 자신의 생각을 나타내기를 주저하는 　　경우 간단한 시각언어를 찾도록 한다. 　- 곱셈구구 속도가 느린 경우 천천히 생각할 수 있 　　는 시간을 주도록 한다. [과정 평가] 　- 비주얼씽킹으로 곱셈문제를 해결하는가? 　- 다른 사람을 배려하며 의견을 잘 듣고 있는가? ■ 비주얼씽킹으로 곱셈문제 해결하기 　- 모둠별로 나와서 발표한다.	30분	■ 4절지, 싸인펜 ※ 학생들 스스로 질문을 　통하여 수행 과제를 　알도록 한다. ※ 학생의 반응을 보고 　개인 피드백을 　실시한다. ■ 4절지, 싸인펜
정리	■ 이야기하기 　- 오늘 학습만 내용 중 중요하다고 생각하는 점 　　말하기 　- 비주얼씽킹 활동지 중 잘된 점을 찾아 말하기	5분	※ 문제해결한 학습지는 　일주일 동안 게시한다.

<관찰 평가 기록표>

순	이름	수행 과제 1차			수행 과제 2차			순	이름	수행 과제 1차			수행 과제 2차		
1		A	B	C	A	B	C	1		A	B	C	A	B	C
2		A	B	C	A	B	C	2		A	B	C	A	B	C
3		A	B	C	A	B	C	3		A	B	C	A	B	C
4		A	B	C	A	B	C	4		A	B	C	A	B	C
5		A	B	C	A	B	C	5		A	B	C	A	B	C
6		A	B	C	A	B	C	6		A	B	C	A	B	C
7		A	B	C	A	B	C	7		A	B	C	A	B	C
8		A	B	C	A	B	C	8		A	B	C	A	B	C

<자기 및 동료 평가 기록표>

평가 관점	자기 평가	동료 평가
비주얼씽킹으로 곱셈문제를 해결하는가?	♡ ♡ ♡ ♡ ♡	**칭찬할 친구** 김○○
다른 사람을 배려하며 의견을 잘 듣고 있는가?	♡ ♡ ♡ ♡ ♡	**그 이유** 비주얼씽킹으로 곱셈문제를 해결했다.

<수업의 실제>

도입 부분에 노래를 부르며 마음을 여는 활동을 한 후, 1인극으로 곱셈 나라에 관해 들려줍니다. 손에 든 종이를 펼쳐서 오늘 배울 과제를 말하면 학생들은 학습할 내용을 확인하고 교사는 수업시간에 수행할 과제가 곧 평가라는 것을 안내합니다.

● 마음 열기 및 배움 주제 확인 및 수행 과제 안내 수업 장면

전개

✎ 배움 1 놀이로 곱셈구구 해결하기

성취기준 '[2수01-11] 곱셈구구를 이해하고, 문제를 해결할 수 있다.'에 도달하기 위해 전 차시까지 학습한 곱셈구구를 유창하게 할 수 있도록 눈치 게임을 하였습니다. 교실바닥에 둥그렇게 앉아 교사가 구구단 중 하나 (예를 들어 2단!)를 제시하면 2×1 ~ 2×9까지 순서대로 말하며 일어나는 놀이입니다. 이때, 둘이 동시에 일어나서 같은 순서를 말하면 둘 다 탈락합니다. 서로 눈치를 보며 일어나지 않는 것을 방지하기 위해 3초 안에 이어 말하기를 하도록 하였습니다. 해당되는 곱셈구구단의 □×9까지 틀리지 않고 이어지면 학급 전체가 승리하는 놀이입니다. 눈치 게임은 다른 사람의 말

을 잘 들어야 하고 곱셈구구를 잘 알고 있어야만 할 수 있습니다. 이를 통해 문제해결역량과 의사소통 역량을 기를 수 있습니다.

● 눈치 게임으로 곱셈구구하기 수업 장면

✎ 배움 2 비주얼씽킹으로 곱셈구구 해결하기(과정 중심 평가)

비주얼씽킹을 활용한 보물맵에 학생의 생각을 숫자와 시각언어로 표현하도록 하고, 관찰 평가를 하였습니다. 보물맵은 4명이 모둠을 구성하여 보물 모양으로 접은 4절지에 각기 다른 색의 싸인펜으로 문제를 해결하는 것입니다. 자신의 생각을 시각언어로 표현하고 다른 사람이 수행할 때까지 기다려 주고 배려하며 나와 다른 의견을 존중하는 태도를 평가하였습니다.

[비주얼씽킹으로 곱셈구구 해결하는 순서]
① 4절지 용지 가운데 사각형에 모둠원들 각자가 동시에 한 자릿수 곱셈식을 씁니다.
② 시계방향으로 돌려 다음 줄에 답을 씁니다.
③ 다시 시계방향으로 돌려 처음의 곱셈식에 맞는 문장제 문제를 만듭니다.
④ 다시 시계방향으로 돌려 문장제 문제에 맞는 내용을 시각언어로 나타냅니다.

학생이 과제를 수행하는 동안 교사는 순회하며 개인적인 피드백을 지속적으로 실시하여, 배움이 일어나도록 도와주어야 합니다. 이때 교사는 관찰 평가를 함께 실시합니다.

• 비주얼씽킹으로 곱셈구구 해결하기 수업 장면

　평가 과제 수행 후 모둠원이 돌아가면서 문제를 해결한 후 모둠원의 활동과 결과물에 대한 동료 평가를 합니다.

• 곱셈구구로 문제해결하기 결과물

비주얼씽킹으로 나타낸 이유를 친구들에게 설명하고 오늘 학습한 내용 중 가장 중요한 것을 발표합니다. 또한, 잘된 점을 말하도록 하여 서로 칭찬하는 시간을 갖습니다.

● 배움정리 수업 장면

<비주얼씽킹을 활용한 과정 중심 평가 설계안2>

교과	과학, 국어 (STEAM)	일시	...	학년	3 ,4	지도 교사	...
학습 주제	비주얼씽킹으로 계획서 만들기						
성취기준	**[4국05-04]** 작품을 듣거나 읽거나 보고 떠오른 느낌과 생각을 다양하게 표현한다. **[4과01-01]** 서로 다른 물질로 만들어진 물체들을 비교하여 물체의 기능과 물질의 성질을 관련지을 수 있다.						
평가 기준	상	작품을 읽고 물체의 기능과 물질의 성질을 관련지어 칠판지우개를 만든다.					
	중	작품을 읽고 물질의 성질을 이용하여 칠판지우개를 만든다.					
	하	작품을 읽고 물질을 이용하여 칠판지우개를 만든다.					
평가 과제	비주얼씽킹으로 칠판 지우개 만드는 계획서 만들기						
채점 기준	과학적 문제 해결력	상	계획서에 자신의 생각을 시각언어와 간단한 글로 잘 표현하였다.				
		중	계획서에 자신의 생각을 시각언어로 잘 표현하였다.				
		하	문제해결에 자신감은 없으나 도움을 받아 표현하였다.				
	과학적 의사 소통	상	다른 사람을 배려하며 나와 다른 의견을 존중한다.				
		중	다른 사람의 의견이 나와 다름을 알고 듣는다.				
		하	다른 사람의 의견을 듣고자 노력한다.				
학습목표	나만의 계획서를 비주얼씽킹으로 나타낼 수 있다.						
교과 역량	⊘ 과학적 의사소통 역량 ⊘ 과학적 문제해결력						
평가 방법	⊘ 구술 발표 ⊘ 관찰 평가 ⊘ 자기 평가						

단계	내용	시간	자료(■)/유의점(※)
도입	**동화책 읽기** ■ 이야기를 읽고 궁금한 내용 질문하기	5분	■ 동화책
전개	■ **우리가 해야 할 과제는 무엇인지 말하기** - '비주얼씽킹으로 계획서 만들기' ■ **비주얼씽킹의 레이아웃을 생각하고 계획서 만들기** - 모양, 색, 재료 등을 시각언어와 간단한 글로 나타 내기 [학생 반응 예상하기] - 다양한 학생 반응에 따른 피드백을 미리 생각하여 즉각적인 피드백이 이루어지도록 한다. ■ **계획서 발표하기** - 모둠별로 작성한 계획서를 발표한다. [과정 평가] - 계획서에 들어갈 내용을 비주얼씽킹으로 잘 표현했는가? - 다른 사람을 배려하며 의견을 잘 듣고 있는가?	30분	■ **설계 계획서** ※ 학생들 스스로 질문 을 통하여 수행 과제 를 알도록 한다. ※ 학생의 반응을 보고 개인 피드백을 실시한다. ■ **계획서** ■ **실물화상기** ■ **관찰 평가**
정리	■ **계획서 이야기하기** - 오늘 학습한 내용 중 중요하다고 생각하는 점 말하기 - 부족한 부분과 수정할 부분을 의논해서 정리하기	5분	■ **계획서** ■ **자기 평가** ■ **동료 평가**

<관찰 평가 기록표>

순	이름	수행 과제 1차			수행 과제 2차			순	이름	수행 과제 1차			수행 과제 2차		
		1차			2차					1차			2차		
1		A	B	C	A	B	C	1		A	B	C	A	B	C
2		A	B	C	A	B	C	2		A	B	C	A	B	C
3		A	B	C	A	B	C	3		A	B	C	A	B	C
4		A	B	C	A	B	C	4		A	B	C	A	B	C
5		A	B	C	A	B	C	5		A	B	C	A	B	C
6		A	B	C	A	B	C	6		A	B	C	A	B	C
7		A	B	C	A	B	C	7		A	B	C	A	B	C
8		A	B	C	A	B	C	8		A	B	C	A	B	C

<자기 및 동료 평가 기록표>

평가 관점	자기 평가	동료 평가
계획서에 자신의 생각을 시각언어와 간단한 글로 표현하였는가?	♡ ♡ ♡ ♡ ♡	**칭찬할 친구** 김○○
다른 사람을 배려하며 의견을 잘 듣고 있는가?	♡ ♡ ♡ ♡ ♡	**그 이유** 시각언어를 사용하여 표현하였다.

<수업의 실제>

도입

▣ 마음열기

이번 시간에 계획된 분량의 동화책 읽기를 합니다. 이야기를 읽고 궁금한 내용 질문하기를 통해 내용을 이해하고 여기에서 수업시간에 할 학습문제를 발견하도록 합니다.

▣ 배움 주제 확인 및 수행 과제 안내
- 우리가 해야 할 과제는 무엇인지 이야기를 나눕니다.
- '비주얼씽킹으로 계획서 만들기'

전개

배움 1 책을 읽고 내용 알기

학생들에게 일이 일어난 원인을 물어보고 해결하는 방법을 이야기하는 과정에서 칠판지우개를 만들자는 의견이 나왔습니다. 칠판지우개를 만들기 위해 필요한 것이 무엇인지 모둠별로 이야기를 나누고 계획서를 만들어 보기로 하였습니다.

배움 2 비주얼씽킹으로 계획서 만들기

기존의 계획서를 보여주고 비주얼씽킹과 다른 점을 이야기하였습니다. 모둠별로 어떤 모양의 지우개를 만들 것인지 의논하고 필요한 재료를 포스잇에 쓰도록 합니다. 계획서에 들어가야 할 내용을 협의한 후 시각언어를 사용하여 모둠 계획서를 만듭니다. 무임승차하는 사람이 없도록 포스트잇에 각자의 이름을 쓰고 생각을 유목화하여 계획서를 완성합니다.

교사는 순회를 하면서 모둠별로 잘 협력하여 문제를 해결하도록 지원하는 피드백을 하며 과제 수행에 대한 관찰 평가를 실시하였습니다.

[과정 평가]
- 계획서에 들어갈 내용을 비주얼씽킹으로 잘 표현했는가?
- 모둠원 내에서 다른 사람을 배려하며 의견을 잘 듣고 있는가?

관찰 평가

정리

비주얼씽킹 계획서를 발표하면서 특히 중요한 내용과 느낀 점을 말하고 자기 평가와 동료 평가를 실시하였습니다.

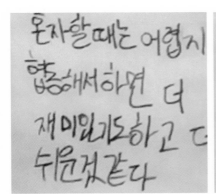 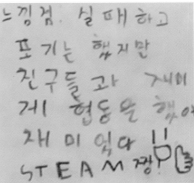

● 수업 후 느낀 점

📖 차시 예고

<비주얼씽킹을 활용한 과정 중심 평가 설계안3>

교과		슬기로운 생활	일시	...	학년	2	지도 교사	...
학습 주제		내가 알고 싶은 나라 소개하기						
성취기준		[2슬07-03] 내가 알고 싶은 나라를 조사하여 발표한다. [2슬07-04] 다른 나라의 노래, 춤, 놀이를 조사한다.						
평가 기준		상	내가 알고 싶은 나라를 선택하여 그 나라를 대표하는 것과 자랑거리에 대하여 조사하고 발표할 수 있다.					
		중	내가 알고 싶은 나라를 선택하여 그 나라의 자랑거리에 대하여 발표할 수 있다.					
		하	내가 알고 싶은 나라를 선택할 수 있고, 알고 있는 점을 말할 수있다.					
평가 과제		내가 알고 싶은 나라를 비주얼씽킹으로 나타내기						
채점 기준	지식 정보 처리	상	나라를 대표하는 자랑거리를 3가지 이상 비주얼씽킹으로 나타내었다.					
		중	나라를 대표하는 자랑거리를 2가지를 비주얼씽킹으로 나타내었다.					
		하	나라를 대표하는 자랑거리를 1가지를 비주얼씽킹으로 나타내었다.					
	의사 소통	상	모둠 협의 시 다른 사람의 의견을 잘 듣고 적극적으로 참여한다.					
		중	모둠 협의에 열심히 참여한다.					
		하	모둠 협의에 참여는 하지만 지속적이지 않다.					
학습목표		비주얼씽킹으로 나라를 소개할 수 있다.						
교과 역량		⊘ 지식정보처리 역량 ⊘ 의사소통 역량						
평가 방법		⊘ 관찰 평가 ⊘ 자기 평가 ⊘ 동료 평가						

단계	내용	시간	자료(■)/유의점(※)
도입	**4박자 게임** ■ **나라 이름 대기**	5분	■ **동화책**
전개	■ **내가 알고 싶은 나라 이야기하기** - 모둠원이 돌아가면서 내가 알고 싶은 나라 이야기하기 ■ **알고 싶은 나라가 같은 사람끼리 모둠 만들기** - 각자 소개할 내용을 중심으로 비주얼씽킹으로 표현하기 [학생 반응 예상하기] - 모둠원들이 서로 협의할 수 있도록 즉각적인 피드백이 이루어지도록 한다. [과정평가] - 내용에 들어갈 항목을 비주얼씽킹으로 잘 표현했는가? - 모둠원 내에서 다른 사람을 배려하며 의견을 잘 듣고 있는가? ■ **결과물 발표하기**	30분	■ **4절기** ※ 학생들 스스로 질문을 통하여 수행 과제를 알도록 한다. ※ 학생의 반응을 보고 개인 피드백을 실시한다. ■ **관찰 평가** ■ **계획서** ■ **실물화상기**
정리	■ **학습한 내용 이야기하기** - 오늘 학습한 내용 중 중요하다고 생각하는 점 말하기 - 부족한 부분과 수정할 부분을 의논해서 정리하기	5분	■ **계획서**

<h1 style="text-align:center;"><수업의 실제></h1>

도입

◾ 마음열기

노래를 부르고 4박자 게임으로 오늘 학습할 내용과 관련 있는 '나라 이름 대기'를 합니다. 게임이 끝난 후 오늘 할 내용에 대하여 이야기를 주고받습니다.

◾ 배움 주제 확인 및 수행 과제 안내
- 우리가 해야 할 과제는 무엇인지 말하기
- '비주얼씽킹으로 나라 소개하기'

전개

✎ 배움 1 내가 알고 싶은 나라 이야기하기

현재 모둠에서 내가 알고 싶은 나라를 돌아가며 말한 후, 알고 싶은 나라가 같은 학생끼리 새로운 모둠을 구성하였습니다. (가정학습으로 자기가 알고 싶은 나라의 자랑거리 한 가지를 미리 조사해 오도록 합니다)

✎ 배움 2 비주얼씽킹으로 나라 소개하기

새로 조직된 모둠에서 가정학습으로 미리 조사해 온 나라의 자랑거리 중 음식, 춤, 건물 등을 한 가지씩 소개합니다. A4용지를 1/8 정도로 잘라 나누어 주고 소개할 내용을 시각언어와 간단한 글로 나타냅니다. 활동을 끝낸 사람은 4절지에 붙이고 주변을 꾸며 줍니다. 이때, 자기 것을 빨리 끝낸 사람이 먼저 전체 디자인을 꾸밀 수 있도록 합니다.

[과정 평가]
- 계획서에 들어갈 내용을 비주얼씽킹으로 잘 표현했는가?
- 모둠원 내에서 다른 사람을 배려하며 의견을 잘 듣고 있는가?

관찰
평가

정리 - 내가 소개할 나라의 자랑거리 말하기

학습한 내용을 정리하면서 자기가 소개하고 싶은 나라의 자랑거리를 말합니다. 활동 결과물은 벽에 게시하여 학생들이 볼 수 있도록 합니다.

차시 예고

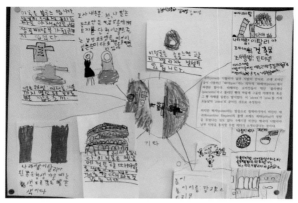

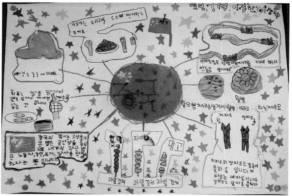

\<비주얼씽킹을 활용한 과정 중심 평가 설계안4\>

교과	국어		학년	1, 2
학습 주제	이야기 내용 간추리기			
성취기준	**읽기 [2국02-03]** 글을 읽고 주요 내용을 확인한다.			
평가 기준	상	상대의 이야기에서 일이 일어난 순서를 고려하여 듣고 전체 순서에 맞게 구체적으로 말할 수 있다.		
	중	상대의 이야기에서 일이 일어난 순서를 고려하여 듣고 순서가 드러나게 말할 수 있다.		
	하	상대의 이야기에서 일이 일어난 순서를 부분적으로 고려하여 듣고 이를 말할 수 있다.		
평가 과제	일이 일어난 순서가 드러나도록 비주얼씽킹으로 표현하기			
채점 기준	자료 정보 활용	상	일이 일어난 순서를 정확히 알고 비주얼씽킹으로 표현한다.	
		중	일이 일어난 순서가 정확하지 않지만 비주얼씽킹으로 표현한다.	
		하	도움을 받아 비주얼씽킹으로 표현한다.	
	의사 소통	상	결과물을 정확하게 발표한다.	
		중	결과물을 표현하지만 정확하게 설명하지 못한다.	
		하	결과물을 정확하게 설명하지 못한다.	
학습목표	비주얼씽킹으로 이야기의 주요 내용을 나타낼 수 있다.			
교과 역량	⊘ 자료정보 활용 ⊘ 의사소통 역량			
평가 방법	⊘ 구술 발표 ⊘ 관찰 평가			

단계	내용	시간	자료(■)/유의점(※)
도입	■ 노래하기 ■ "종이봉지 공주 이야기" 읽기	5분	■ 교과서
전개	■ "종이 봉지 공주"의 이야기를 다시 읽고 장면별로 색연필로 묶기 ■ 이야기의 순서에 맞게 정리하기 ■ 색종이로 문단 만들기 ■ 1단계: 주요 낱말 2단계: 주요 사건 3단계: 사건에 알맞은 내용을 　　　　비주얼씽킹으로 나타내기 [학생 반응 예상하기] - 다양한 학생 반응에 따른 피드백을 미리 생각하여 즉각적인 피드백이 이루어지도록 한다. [과정평가] - 글의 주요 내용이 들어가도록 비주얼씽킹으로 잘 표현했는가? - 다른 사람을 배려하며 의견을 잘 듣고 있는가? ■ 결과물 발표하기	25분	■ 교과서 ※ 학생들 스스로 질문 을 통하여 수행 과제 를 알도록 한다. ※ 학생의 반응을 보고 개인 피드백을 실시한다. ※ 색종이를 사용하므로 접는 법과 사용하는 방법을 개별지도한다. ■ 관찰 평가 ■ 실물화상기
정리	- 비주얼씽킹으로 표현한 것 중 중요하다고 생각하 는 점 말하기 - 부족한 부분과 수정할 부분을 의논해서 정리하기	5분	

<수업의 실제>

도입

🖋 마음열기

- 함께 노래 부르며 마음의 문을 열기
  - "종이봉지 공주" 이야기를 돌아가며 읽습니다.

🖋 배움 주제 확인 및 수행 과제 안내

- "종이봉지 공주" 이야기를 읽고 우리가 오늘 학습할 내용을 이야기
  합니다.

전개

📝 배움 1 "종이봉지 공주" 내용 알기

- 교과서에 나온 이야기를 돌아가며 읽기와 짝끼리 책읽기를 합니다.

- 교과서를 읽고 장면에 따라 어떤 내용이 나오는지 발표합니다.

- 이번에는 시간이 나오는 부분을 살펴보고 이야기의 내용을 말합니다.

📝 배움 2 비주얼씽킹으로 글의 내용 나타내기

- 내용을 이해하기 위해 색연필로 단락을 나누도록 합니다. 단락에 대한
  이해가 부족하기 때문에 단락에 대한 이야기를 한 후, 교사와 함께 교
  과서에 단락을 나눠봅니다. 단락을 나누면서 색연필로 나눈 단락마다
  자동차를 그리도록 합니다. 단락 1개가 자동차 1대라는 사실을 알려줍
  니다.

• 자동차 단락 나누기-2학년 2학기 예시 ²⁹

• 색종이 단락은 다음과 같은 순서로 만듭니다.

[개인 준비물]
-색종이 2장, 가위, 풀, 네임펜

[순서]
① 일반크기의 색종이를 1/2로 접어 자른다.
② 자른 색종이 가로의 길이를 1cm 접고 접은 부분을 풀로 붙인다.(3장을 만든다.)
③ 만든 색종이에 교과서에 나눴던 단락의 수만큼 세로로 접거나 선을 긋는다.
④ 각 단락을 다시 읽고 중요한 낱말을 쓰거나 시각언어로 나타낸다.
⑤ 같은 방법으로 교과서에 나누어진 단락의 수만큼 색종이에 낱말을 나타낸다.
⑥ 두 번째 색종이에는 처음 적은 낱말이 들어가도록 이야기의 내용을 글로 쓴다.
⑦ 세 번째 색종이에 두 번째 쓴 글의 내용이 들어가도록 시각언어로 나타낸다.
⑧ 접은 부분끼리 풀로 붙이고 맨 위에 접은 선에는 제목과 학생의 이름을 쓴다.

• 교사는 시간, 장면에 따른 이야기의 내용이 바르게 표현되었는지 관찰 기록을 합니다.

[과정 평가]
- 이야기에 알맞은 내용을 비주얼씽킹으로 잘 표현했는가?
- 모둠원 내에서 다른 사람을 배려하며 의견을 잘 듣고 있는가?

관찰 평가

☞ **시간과 장소에 따라 중요한 내용을 말합니다.**

• 비주얼씽킹으로 나타냈을 때 좋았던 점, 힘들었던 점, 부족한 점을 말합니다.

• 만든 작품은 교실 한쪽에 전시하여 학생들이 수업 후에도 결과물을 볼 수 있도록 합니다.

☞ **차시 예고**

학습 결과물

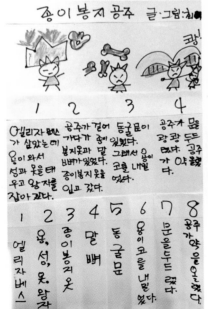

<기타 사례>

글을 읽고 일이 일어난 차례를 비주얼씽킹으로 나타내기

■ 수업 계획

교과	3학년 2학기 국어		
단원	8. 글의 흐름을 생각해요.		
학습목표	글을 읽고 일이 일어난 차례를 비주얼씽킹으로 나타낼 수 있다.		
성취기준	평가 기준		
[4국03-02] 시간의 흐름에 따라 사건이나 행동이 드 러나게 글을 쓴다.	상	시간의 흐름에 따라 사건이나 행동의 변화가 구체적으로 드러 나도록 글을 쓸 수 있다.	
	중	시간의 흐름에 따라 사건이나 행동의 변화가 드러나도록 글 을 쓸 수 있다.	
	하	시간의 흐름에 따라 사건이나 행동의 변화가 일부 드러나도 록 글을 쓴다.	

■ 학습과정안 예시

교과	국어	학년	3, 4
학습 주제	시간의 흐름에 따라 비주얼씽킹으로 내용 정리하기		
성취기준	[4국03-02] 시간의 흐름에 따라 사건이나 행동이 드러나게 글을 쓴다.		
평가 기준	상	시간의 흐름에 따라 사건이나 행동의 변화가 구체적으로 드러나 도록 글을 쓸 수 있다.	
	중	시간의 흐름에 따라 사건이나 행동의 변화가 드러나도록 글을 쓸 수 있다.	
	하	시간의 흐름에 따라 사건이나 행동의 변화가 일부 드러나도록 글 을 쓸 수 있다.	
평가 과제	일이 일어난 순서가 드러나도록 비주얼씽킹으로 표현하기		

채점 기준	자료 정보 활용	상	장소와 시간을 정확하게 나타내고 비주얼씽킹으로 나타낸다.
		중	장소는 잘 나타내고 시간이 정확하지 않지만 비주얼씽킹으로 나타낸다.
		하	장소와 시간이 정확하지 않으나 비주얼씽킹으로 나타낸다.
	의사 소통	상	장소와 시간에 흐름에 맞게 정확하게 발표한다.
		중	장소와 시간의 흐름이 다소 미약하지만 발표한다.
		하	장소와 시간의 흐름이 매우 미약하고 발표하기를 어려워한다.

학습목표	시간의 흐름에 따라 비주얼씽킹으로 내용을 정리할 수 있다.
교과 역량	⊘ 자료정보 활용 　 ⊘ 의사소통 역량
평가 방법	⊘ 구술 발표 　 ⊘ 관찰 평가

단계	내용	시간	자료(■)/유의점(※)
도입	■ "직업체험관" 사진 보고 이야기하기 ■ 궁금한 내용 질문하기	5분	■ 국어 교과서
전개	■ "직업체험관"을 다시 읽고 장면별로 색연필로 묶기 ■ 장소와 시간이 맞는지 확인하기 ■ A4용지 접기(가로 세로 6칸씩 접기) ■ 지은이가 체험한 장소와 시간 나타내기 ■ 싸인펜으로 비주얼씽킹으로 나타내기 첫째줄 — 장소 쓰기 둘째줄 — 시간 쓰기 셋째줄 — 비주얼씽킹으로 나타내기 [학생 반응 예상하기] - 다른 학생 반응에 따른 피드백을 미리 생각하여 즉각적인 피드백이 이루어지도록 한다. [과정 평가] - 이야기에 알맞은 내용을 비주얼씽킹으로 잘 표현했는가? - 다른 사람을 배려하며 의견을 잘 듣고 있는가? ■ 결과물 발표하기	25분	■ 교과서 ※ 학생들 스스로 질문을 통하여 수행 과제를 알도록 한다. ※ 학생의 반응을 보고 개인 피드백을 실시한다. ※ 색종이를 사용하므로 접는 법과 사용하는 방법을 개별지도한다. ■ 관찰 평가 ■ 실물화상기
정리	- 비주얼씽킹으로 표현한 것 중 중요하다고 생각하는 점 말하기 - 부족한 부분과 수정할 부분을 의논해서 정리하기	5분	

📑 수업 결과물

● 자동차 문단 그리기 [30]

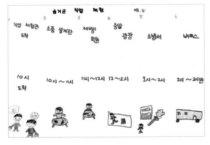

● 비주얼씽킹으로 나타내기

📑 비주얼씽킹 수업 활동 순서

① 본문에 장소와 시간에 따라 문단을 나누고 색연필로 자동차를 그려 묶는다.

② A4용지를 가로 세로 6번씩 접어 선을 긋는다. (미리 선을 만들어도 좋음)

③ 주인공이 체험한 장소를 첫째줄에 적고, 둘째 줄에는 시간을 적고, 마지막 줄에
는 주인공이 한 일을 비주얼씽킹으로 나타낸다. (플라스틱 뚜껑을 사용하여 주
인공의 표정을 나타내도록 하면 주인공의 감정까지 나타낼 수 있음)

😀 온오프라인에서 하는 기초 국어 수업

1) 질문으로 일기 쓰기

일기 쓰기를 지도할 때, 어떤 내용을 써야 할지 막막해하는 학생을 위해 온라인에서 비주얼씽킹을 활용한 수업을 만들어 봤습니다. 이 수업은 경험했던 일을 스스로 생각하기 힘들어하는 학생을 위해 함께 생각하는 질문 기반의 일기 쓰기 방법입니다.

㉮ 줌을 활용한 쌍방향 수업(등교 수업)

- 준비물: A4용지, 포스트잇, 싸인펜
- 포스트잇 한 장에 경험했던 일 한 가지만 간단하게 그립니다.
- 그림에 대한 설명을 간단한 낱말로 씁니다.
- 등교 수업 시에는 모둠원(4인 1조)이 각기 다른 색으로 궁금한 내용을 한 가지씩 쓰고, 줌을 활용할 시에는 자기가 질문을 4개 정도 만들어 씁니다.
- 미리 만들어 놓은 질문을 확인하여 중복된 질문이 없도록 합니다.
- 모둠원들의 질문 쓰기가 완료되면 자기 그림에 있는 질문을 보고 답글을 씁니다.
- 질문에 대한 답으로 글의 내용을 정리하되 더 쓰고 싶은 내용을 첨가할 수 있습니다.

• 질문 만들기

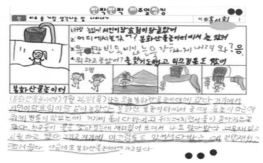

• 질문 기반으로 일기 쓰기

㉯ 패들렛을 활용한 질문으로 일기 쓰기

- 패들렛 형태 중 [셀프]를 선택하여 학생의 이름대로 컬럼을 미리 만들어 놓습니다.
- 학생은 자기 이름이 있는 컬럼에 경험했던 일을 그림으로 그리거나 이미지를 찾아 넣습니다.
- 그림을 삽입한 학생은 친구가 삽입한 그림을 보고 컬럼 아래 ⊕단추를 클릭하여 궁금한 내용을 질문합니다. 이때, 질문하는 사람의 이름을 적도록 하면 참여한 학생을 확인할 수 있습니다.
- 맨 마지막 칸에 친구의 질문을 기반으로 경험했던 일과 자기의 생각을 함께 씁니다.
- 시간이 부족한 경우는 과제로 내주고 교사가 피드백합니다.
- 학생이 완성한 것을 다음 차시에 공유하여 나누고, 댓글이나 별표 등을 입력하여 동료 평가로도 활용합니다.

● 질문 만들기

● 패들렛으로 질문 만들기

2) 끝말잇기

공책이나 줌 기능 중 화이트보드를 활용하여, 학생의 어휘력 신장과 말의 재미를 느낄 수 있는 활동입니다. 저학년은 줌을 활용하기가 어려우니 공책을 활용하고, 3학년 이상은 줌 기능을 활용하면 효과적입니다. 줌의 화이트보드를 활용할 경우 교사가 1~2명의 학생과 함께 하는 방법을 시범으로 보여준 뒤, 소회의실을 만들어 활동합니다. 소회의실을 사용할 경우 학생들이 돌아가면서 제시어를 불러 주도록 하여, 스스로 참여할 수 있는 분위기를 만듭니다.

[줌을 활용한 끝말잇기 지도]

- 줌의 화이트보드를 실행합니다.
- 끝말잇기의 예시를 보여주기 위해 화이트보드 칸을 2개로 나눠 위쪽에 참가 학생의 이름을 적습니다.
- 교사가 제시하는 낱말을 말로 제시하거나 화이트보드에 그림으로 그립니다.
- 먼저 공책에 그려서 제출하여 교사가 학생들이 활동을 이해했다는 것을 확인한 후, 소회의실에서 활동하면 더 효과적입니다.
- 소회의실에 들어가서 활동 과정을 평가합니다.

● 줌의 화이트보드를 활용한 예　　　　● 공책을 활용한 예

온오프라인에서 하는 기초 수학 수업

1) 등호의 개념 알기

    등호는 로버트 레코드가 1557년에 〈지혜의 숫돌〉에서 처음 선보였습니다. 로버트 레코드는 "~는 ~와 같다."라는 말을 지루하게 반복하지 않도록 서로 평행한 두 선을 사용했습니다. 그가 등호를 사용한 이유는 "세상에서 그 두 선만큼 똑같은 것은 없다."라고 생각했기 때문입니다. 이후 등호란 용어는 현재까지 사용하고 있습니다. 학생 대부분은 등호라는 개념을 대부분 학생은 '~는 ~와 같다.'라고 읽고, 이것을 등호로 표현한다고 말하였습니다. 학생의 생각 중 등호 뒤에는 하나의 정답만 있다고 생각하는 학생이 많아 등호의 개념 정리가 필요했습니다. 예를 들어 2+3=5를 그림으로 나타내도록 하면 대부분 '○○+○○○=○○○○○' 한 가지로 나타내는 경우가 많습니다. 그래서 2+3=5의 덧셈식에 대한 답은 한 가지가 아니라 여러 가지가 있다는것을 알도록 등호의 개념을 설명했습니다.

    • 등호, 너 누구야?   • 등호의 개념

[줌을 활용한 등호 개념 지도]

- 줌을 통해 미리 만든 등호 비주얼씽킹 학습지를 공유하여 방법을 설명합니다.
- 공유한 학습지에 칸을 나누어 한 모둠 학생의 이름을 씁니다.
- 자기 이름이 적힌 칸에서 주석을 이용하여 문제를 해결합니다.
- 이때, 모든 학생이 함께 참여하기 위해서는 학습지 파일을 채팅창에 공유하여 스스로 해결하면 좋습니다.

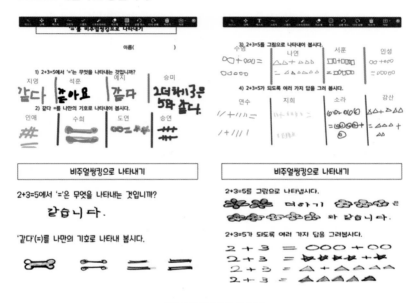

● 등호 비주얼씽킹 학습지

2) 수직선에서 계산하기

수학에서 중요한 것은 개념적 지식과 절차적 지식을 갖는 것입니다. 기초적인 수 세기, 수의 크기 비교, 연산 활동 등을 할 때 수직선만큼 좋은 모델은 없습니다. 수직선을 이용한 연산 활동은 10씩 점프하기, 10씩 돌아가기 이외 여러 가지 방법이 있으며, 색연필로 표시하면 시각적으로 더 인식이 잘 됩니다. 수직선으로 연산 활동을 하면 형식화된 계산 문제보다 더 쉽게 접근하며 흥미를 느낄 수 있습니다.

[줌을 활용한 덧셈 지도]

- 줌의 화이트보드로 학습지를 공유합니다.
- 먼저 교사가 활동 방법을 설명합니다. 이때 마우스보다 타블렛을 활용하면 더 자연스러운 선을 보여줄 수 있습니다.
- 등교 수업에서는 학생들의 풀이 과정을 볼 수 있어 즉각적인 피드백을 할 수 있지만, 줌을 활용할 때는 미리 배부한 학습지를 활용하는 것이 피드백하기 좋습니다.

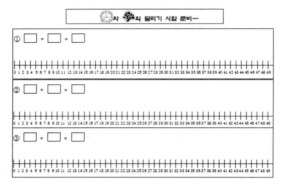

● 수직선 학습지

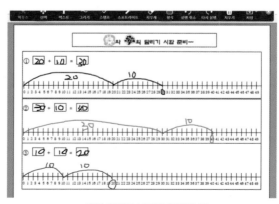

● 줌의 화이트보드를 활용한 예

2

저학년은
비주얼씽킹을 어려워해요

〰〰〰〰〰

가. 비주얼씽킹으로 마음 열기

배운 내용을 학습장에 정리하는 활동이 아직 서툰 저학년에게 비주얼씽킹을 바로 적용하기에는 무리가 있습니다. 먼저 비주얼씽킹에 대한 부담을 줄이고 교사와 학생 모두 비주얼씽킹 활동에 익숙해지는 시간이 필요합니다. 비주얼씽킹을 활용한 수업에 앞서, 비주얼씽킹으로 마음을 열어보는 활동에 대해 함께 알아볼까요?

1) 해보면 돼요, 비주얼씽킹

❶ 그리기 연습: 미니북 만들기

저학년의 경우 기본 선긋기나 간단한 도형 그리기조차 어려워하는 경우가 있습니다. 이때, 기본 그리기 활동으로 구성된 미니북을 만들어 활용하면 도움이 됩니다. 미니북을 만들어 활용하면 학생들이 각자 자신의 속도에 맞춰 연습할 수 있고 누적되는 자신의 결과물을 보면서 성취감도 맛볼 수 있습니다. 학생들에게 제공하는 미니북에 기본 그리기 방법을 예시로 주고, 학생이 보고 따라 그릴 수 있도록 안내합니다. 이때 잘 그리는 학생을 칭찬하기보다는 성실하게 연습하는 학생을 칭찬하면 학생들의 비주얼씽킹에 대한 거부감을 줄일 수 있습니다.

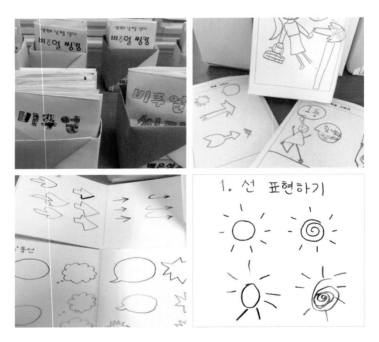

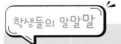

"선생님이 알려주시는 방법대로 따라 그리니까 이제는 자신감이 생겼어요."
"내가 연습한 미니북이 쑥쑥 쌓이니 실력도 쑥쑥 올라가는 거 같아요."

❷ 그리기 연습: 그림 카드 만들기

생각한 것을 바로 그림으로 표현하는 것은 훈련된 고학년에게도 쉬운 것이 아닙니다. 그래서 학생들이 손 쉽게 보고 따라 그릴 수 있는 그림 카드를 준비하면 비주얼씽킹 수업을 친근하게 시작할 수 있습니다. 그림 카드를 준비하여 간단하게 활용할 수 있는 예로 학생들이 그림 카드를 보고 따라 그리거나, 그림 카드를 이용해 친구들과 함께 이야기를 나누는 방법이 있습니다.

비주얼씽킹 활동에 활용할 수 있는 그림 카드는 시중에 나와 있는 것을 구입해도 교사가 직접 우리반 상황에 맞게 제작할 수도 있습니다. A4용지를 8등분(필요에 따라 크기는 조절 가능)하여 각각의 칸에 그림을 그린 후, 두꺼운 도화지에 필요한 장 수만큼 복사하고, 카드를 잘라 사용하면 됩니다. 어떤 그림을 그려야 할지 막막하면 시중에 나온 그림 카드를 참고거나 구글 등 포털 사이트의 그림들을 참고합니다. 그리고 그림 카드를 모둠의 수만큼 준비하여 한 세트씩 바구니에 넣어 교실에 비치해 두면 유용하게 활용할 수 있습니다. 실수하는 것을 두려워하는 저학년을 위해 연필로 그림 카드의 그림을 따라 그리게 한 뒤, 두꺼운 색연필로 그 위에 따라 그린 후 음영을 주면 학생들이 더 쉽고 즐겁게 진행합니다.

[그림 카드 활용법: 3그림 1글]

① 그림 카드 바구니를 모둠별로 가져갑니다.

② 제시된 주제에 어울리는 카드를 3장씩 골라 이야기가 이어질 수 있도록 그림과 글로 표현합니다. 그림 카드를 먼저 나열하고 이야기를 만들도록 하면 학생들이 좀 더 쉽게 활동을 할 수 있습니다.

③ 그림은 카드의 그림을 그대로 따라 그리거나, 변형, 창조해서 그려도 됩니다. 3그림

1글 활동을 통해 학생들이 자신의 생각과 의도를 표현하는 능력을 향상시키고, 창의성을 신장시킬 수 있습니다.

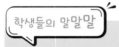

"그림 카드가 있으니까 비주얼씽킹 표현이 두렵지 않아요."
"카드를 따라 그리기도 재미있지만 제 생각을 넣어 새롭게 그리니까 더 재미있어요!"

나. 친근한 교실, 비주얼씽킹

좋은 수업은 교사와 학생의 활발한 상호작용이 이루어지는 수업입니다. 그러기 위해서는 무엇보다 교사와 학생, 학생과 학생간의 친밀한 관계와 활발한 소통, 그리고 학생들의 주도적인 수업 참여가 필요합니다. 교사와 학생, 학생과 학생과의 거리를 좁혀주는 비주얼씽킹 활동들을 알아볼까요?

1) 아침 열기: 비주얼씽킹 아침 인사

비주얼씽킹을 활용하여 아침 열기 활동을 하기 위해서, 교실 한쪽 벽면에 자유롭게 그릴 수 있는 그림판을 만들면 좋습니다. 자유롭게 지우고 쓸수 있는 화이트보드나 전지를 활용하면 좋습니다. 모두 함께하는 활동을위해 '친구 그림을 지우지 않기', '주제에 맞는 표현 그리기' 등 함께 지켜야할 규칙을 정하는 것이 필요합니다. 아침 등교 후, 오늘 나의 기분을 비주얼씽킹으로 표현하면 자연스럽게 비주얼씽킹과 친해질 수 있고, 서로의 안부묻기, 관심 표현하기 등을 통해 활발한 대화로 이어갈 수 있습니다. 더불어비주얼씽킹에 대한 자신감 또한 향상됩니다.

학생들의 말말말

"아침에 나의 마음을 그림으로 표현하니까 마음이 편해져요."
"학교에 올 때 마음이 무거웠는데... 그림으로 표현해보고 이야기를 나누니 기분이 풀어졌어요."

2) 나 캐릭터 만들기

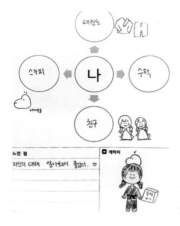

비주얼씽킹을 활용해 학생 각자의 캐릭터를 만들어 수업에 활용할 수 있습니다. '나 캐릭터'를 만들기 전에 '나'에 대해 좀 더 자세하게 살펴볼 수 있도록 버블형 레이아웃을 제시하여 '나'(주제)에 대해 좀 더 자세히 정리해 봅니다. 막연하게 '나에 관해 생각해 보세요'라고 안내하기 보다는 내가 잘 하는 것, 좋아하는 말, 좋아하는 물건, 좋아하는 시간, 나의 꿈 등을 소주제로 제시합니다. 글로 먼저 쓰고, 그림으로 표현하면 내용을 쉽게 정리할 수 있습니다.

학습지에 '나'에 대해 정리한 내용을 바탕으로 두꺼운 도화지에 캐릭터를 그려 코팅한 후 뒷면에 자석을 붙이면 칠판에도 쉽게 부착하여 다양하게 활용할 수 있습니다. '나' 캐릭터 결과물을 게시하여 나를 소개하고 다른 친구를 이해하는 자료로 활용할 수 있습니다. 예를 들어 (캐릭터를 가리키며) "○○에 관심이 많은 □□의 생각을 들어볼까요?" 또는 "역시 ○○를 좋아하는 □□답구나." 라는 식으로 피드백하면 학생들을 수업에 더 적극적으로 참여 시킬 수 있습니다. 그래서 평소 수업에 소극적이거나 참여율이 저조한 학생들을 수업에 초대하는 기회가 됩니다.

3) 이모티콘 대화

비주얼씽킹과 친해지기 위해 모형 핸드폰을 만들어 이모티콘 대화를 시도해 보는 것은 어떨까요? 모형 핸드폰은 핸드폰 도안을 A4 반정도 크기로 출력하여 뒷면에 두꺼운 도화지를 부착하고, 앞면에는 손코팅지를 부착하여 만듭니다.

[활동 방법]
① 미리 마련된 상황 카드를 뽑습니다.
> 예 "우리 ○○친구가 선생님한테 혼났잖아.
> 그 친구 기분은 어떨까? 선생님 기분이 어땠을까?",
> "○○이와 □□이가 싸웠는데 아직 화해를 안했나봐
> ○○이의 기분이 어떨까?"

② 상황을 듣고 그 사람 입장에서 기분이 어떨지 이모티콘으로 표현하고, 친구의 표현을 본 후 하고 싶은 말을 댓글로 답니다.

핸드폰을 활용하면 더욱 흥미있게 참여해서 상대방의 기분과 상황을 공감할 수 있습니다. 또한, 자연스럽게 비주얼씽킹 표정 그리기 연습을 할 수 있어 시각언어 연습에 도움이 됩니다.

다. 친절한 교사, 비주얼씽킹

저학년의 경우, 교사 판단에 '이 정도는 당연히 알고 있겠지' 하고 무심코 지나치는 부분이 있을 수 있습니다. 학생의 눈높이에 맞추어 친절한 교사가 되는 비법! 이와 관련된 비주얼씽킹 활동들을 알아볼까요?

1) 학습목표 제시부터 수업 정리까지 활용

학습목표는 학생들에게 해당 차시 학습의 방향이 됩니다. 저학년은 학습목표에 쓰인 단어의 의미를 정확히 이해하지 못해 수업에 적극적으로 참여하기 어려운 경우가 있습니다. 이때 학습목표의 어려운 단어를 비주얼씽킹으로 제시하면 학습목표가 명확하게 전달되고, 이해하기 쉬워집니다. 수업에 대한 흥미를 유발해 학습의 동기유발로 이어지게 합니다. 예를 들어 <알찬 방학 계획을 세워봅시다>에서 '알찬'이라는 단어 대신 '속이 꽉 찬 만두 속 사진'을 보여주는 것은 어떨까요? 간단한 사진 하나를 추가로 제시하는 것만으로도 효과적인 학습목표 제시가 될 수 있습니다.

여름 생활을 알차고 건강하게
보낼 수 있는 계획을 세워봅시다.

수업 전개 단계에서는 칠판 전체를 비주얼씽킹 레이아웃으로 활용할 수 있습니다. 학습 주제와 내용에 맞도록 레이아웃을 선정하여 칠판 전체에 그린 후, 레이아웃에 학습하는 내용을 적어가는 방법은 학습에 대한 학생들의 이해도를 높이며 흥미와 참여도를 높일 수 있습니다.

수업 정리단계에서는 오늘 배운 내용을 글과 그림으로 표현하면 효과적으로 정리할 수 있습니다. 단순히 글로 정리한 내용 보다는 비주얼씽킹으로 표현한 내용을 활용하면 학생의 이해 정도와 오개념을 파악하는 데 도움이 됩니다. 학생 입장에서도 비주얼씽킹으로 정리하게 되면 내용을 더 오래 기억할 수 있습니다.

2) 알림장 쓰기에 활용

비주얼씽킹은 알림장 쓰기에도 활용할 수 있습니다. 일반적인 알림장 쓰기보다 시간이 더 걸릴 수 있지만, 학생이 알림장의 내용을 얼마나 이해하고 있는지 확인할 수 있어 효과적입니다. 시간이 오래 걸릴 수 있으므로 매일 쓰는 알림장 보다는 주말 알림장에 활용하면 좋습니다. 더불어 알림장 끝에 교사가 간단한 이모티콘으로 답장을 하면 학생과 더 친해지는 기회가 될 수 있습니다.

3) 비주얼씽킹을 활용한 세심한 평가, 피드백

　학생들이 배운 내용 또는 알고 있는 내용을 비주얼씽킹으로 정리하게 하면 교사는 좀 더 세밀하게 학생의 이해 정도를 파악할 수 있습니다. 정보가 한눈에 보인다는 장점 때문에 효과적인 피드백을 해줄 수 있습니다. 예를 들어 수학 시간에 문장제 문제 해결의 과정과 답을 비주얼씽킹으로 표현한다면 문제 해결이 어려운 이유가 단순하게 연산능력의 부족인지 문장제 문제의 의도를 정확히 파악하지 못해서인지 알 수 있어 적절한 피드백을 제공할 수 있습니다.

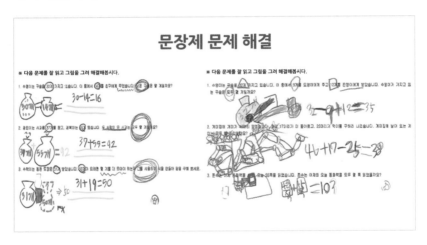

라. 학생이 수업의 주인공이 되는 비주얼씽킹

　학생들이 주인공이 되는 수업 교사라면 늘 고민하는 부분입니다. 활동에 대한 재미와 흥미 요소를 가미하여 학생들이 주도적으로 활동할 수 있게 도와주면 어떨까요? 학생인 내가 주인공이 되는 교실 수업의 비법! 이와 관련된 비주얼씽킹 활동들을 알아볼까요?

1) 질문 더하기 활동

그림으로 시작하는 글쓰기는 학생들의 생각을 확장하는 데 도움을 주어 글밥을 보다 풍성하게 합니다. 각자가 자신이 쓸 글의 개요를 먼저 비주얼씽킹으로 표현하게 되면, 글로만 표현할 때보다 생각을 더 깊게 하게 되고 자기 생각에 대한 정리가 잘 이루어집니다. 그리고 그 개요를 모둠 안에서 돌려 읽기를 하면, 그림이 있으므로 질문이 많아지고, 그 질문에 대한 대답을 준비하며 자신이 쓴 개요가 더욱 탄탄해집니다. 예를 들어, 방학 중 계획을 세울 때 간단하게 먼저 자신의 계획을 비주얼씽킹으로 표현하게 합니다. 친구들과 돌려 읽으면서 비주얼씽킹으로 표현한 것에 질문을 주고받는 활동을 추가하면서 자신의 계획을 보완하면, 구체적인 방학 중 계획을 세우는 데 도움이 됩니다.

[활동 방법]
① 주말에 있었던 일을 포스트잇에 표현합니다.
② 공책에 주말에 있었던 일을 표현한 포스트잇을 붙이고 옆 친구에게 전달합니다.
③ 옆 친구는 친구의 표현을 보고, 궁금한 점을 1~2가지 적습니다.
④ 모둠 안에서 돌려 읽으면서 친구의 공책에 질문을 적습니다. 자기 공책을 받으면 친구의 질문을 살펴보고 답을 준비합니다. 질문에 답을 달면서 자기 생각을 정리하므로, 소개하는 내용이 더 풍성해집니다.

2) 그림 경매 활동(그림 나누기 활동)

그림 경매 활동은 흐름이 있는 긴 글의 내용을 파악해야 하는 수업에서 활용할 수 있습니다. 특히 저학년의 경우 지문이 긴 글을 이해하기 어려워 하므로 국어 시간 등 지문이 긴 글을 파악해야 할 때 비주얼씽킹을 활용 하면 좋습니다.

[활동 방법]

① 국어 교과서에 나오는 해당 지문을 의미 문단으로 나누고 번호를 매깁니다. 활동의 이해를 돕기 위하여 의미 문단으로 나누어 번호를 매긴 것을 여기서는 <의미 덩어리>라고 표현하겠습니다. 하나의 (기차)레이아웃에 전체 지문을 표현해야 하기 때문에, 해당 지문을 8개 이내의 <의미 덩어리>로 나누는 것이 좋습니다.

② 보통 <의미 덩어리> 1개가 학생 1명에게 돌아가도록 모둠의 인원을 정합니다. 지문이 길어 8개보다 더 많은 <의미 덩어리>가 만들어졌을 경우에는 한 학생에게 2개 이상의 <의미 덩어리>를 주면 됩니다. 학생은 자신의 <의미 덩어리>를 읽고 이해한 내용을 비주얼씽킹으로 표현하여 (기차)레이아웃의 해당 칸에 표현합니다. 자신에게 주어진 <의미 덩어리>가 번호 1이였다면, (기차)레이아웃의 1번 칸에 표현하면 되는 것입니다.

③ 나머지 빈 칸들은 모둠에서 다른 <의미 덩어리>를 표현한 친구에게 그 친구의 <의미 덩어리>에 대한 설명을 듣고 표현을 받아 자신의 (기차)레이아웃 전체를 완성합니다. 이 방법은 고학년 사회, 역사 학습에도 유용하게 활용될 수 있습니다.

3) 한눈에 보이는 배움 내용 정리

비주얼씽킹으로 한 차시 또는 한 단원에서 배운 내용을 정리하면 어떨까요? 정리하는 입장에서도 한눈에 보이게 정리하면서 배운 내용을 요약하고 중요한 내용을 한 번 더 학습할 수 있습니다. 또한, 피드백을 주는 입장에서도 한눈에 보이는 정리를 보면 해당 학생이 무엇을 알고 모르는지 파악하는데 도움을 받습니다.이때 내용에 따라 적절한 레이아웃을 선정하고 주제와 소주제는 교사가 제시해 주는 것이 좋습니다. 주제나 소주제를 제시하면 학생이 배운 내용을 핵심이 드러나게 효율적으로 정리하는 데 도움을 줄 수 있습니다.

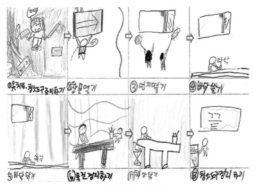

● 청소하는 방법

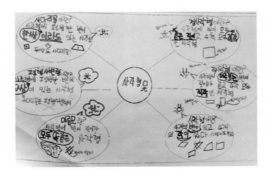

● 사각형의 특징

마. 즐거운 수업, 비주얼씽킹

학생들이 비주얼씽킹으로 표현할 때에는 다소 복잡한 내용이라 할지라도 자신이 이해한 선에서 단순화하여 표현하게 됩니다. 같은 주제라 하더라도 학생 개개인이 더 인상 깊게 느낀 점, 다짐한 점들이 다양하게 드러나게 됩니다.

1) 안전차차

안전차차는 기억력 보드게임을 응용한 것으로 안전한 생활시간에 활용한 놀이입니다. 안전한 생활에서 뿐만 아니라, 개념을 익히거나 단순한 내용을 반복해야 하는 학습에서도 활용하면 좋습니다. 안전차차에 사용되는 카드를 학생이 비주얼씽킹으로 직접 제작하면, 애착을 가질 수 있어 좀 더 놀이에 주도적으로 참여할 수 있습니다. 안전차차를 통해 카드에 있는 표현을 반복해 읽으면 자연스럽게 내용을 익힐 수 있습니다. 또한, 주어진 상황에서 지켜야 할 안전수칙을 진지하게 고민해 보고 직접 표현하면서 안전수칙을 내면화하는데 도움이 됩니다.

[안전차차 놀이 방법]

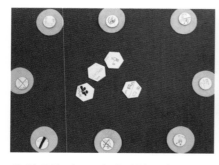

① 원 모양 카드 2장, 육각형 모양 카드 1장이 한 세트가 되며, 한 사람당 한 세트(빈

종이)씩 준비합니다. 이때 카드의 모양은 꼭 원이나 육각형으로 맞출 필요는 없습니다.

② 학생별로 주제에 맞게 모양 카드에 비주얼씽킹으로 표현합니다. 예를 들어 <대중교통을 안전하게 이용하는 방법>이 주제라고 하면, 육각형 모양 카드 1장에는 '지하철'이라고 쓰고(표현하고), 원 모양 카드 2장에는 각각 지하철을 안전하게 이용하는 방법을 표현합니다. 예를 들어 1장에는 '손잡이를 잡아요'라는 의미로 '손잡이'를 표현할 수 있겠고, 또 다른 1장에는 '지하철을 기다릴 때 기다리는 선을 넘지 않아요'라는 의미로 '선과 (사람의) 발'정도를 표현할 수 있습니다.

③ 카드를 모아 놀이를 진행할 때 4명이 한 모둠이 되어 진행하는 것이 좋습니다. 카드 모양이나 개수는 학급 실정이나 주제에 따라 다양하게 바꾸어도 상관없습니다.

활용TIP!

처음에는 카드를 기성품을 사서 활용했는데, 교사가 어느 정도 익숙해지면 학생들이 직접 A4 종이에 카드를 도안하여 활용해도 됩니다. 놀이에 필요한 놀이판을 부직포 등으로 모둠 수에 맞게 만들어 놓으면 활동을 준비하는 시간을 단축시킬 수 있습니다.

④ 4명이 한 모둠일 경우에는 원 모양 카드는 모두 8장이 되고, 육각형 모양의 카드는 모두 4장이 되겠지요? 각 모둠원이 준비한 원 모양 카드 8장은 표현한 내용이 보이도록 활동판 가장자리 적절한 자리에 빙 둘러놓습니다. 그리고, 육각형 모양 4장의 카드는 표현한 내용이 보이지 않게 뒤집어서 활동판 중앙 부분(원 모양 카드가 빙 둘러진 안 쪽)에 놓습니다.

⑤ 학생별로 색깔 공기나 지우개 등 작은 학용품을 이용해서 자신의 (활동)말을 정합니다. 시작점을 같은 곳으로 정하지 않고, 각각 원하는 곳으로 해도 됩니다. 시작점에 모둠원 각각의 말을 올려놓고 놀이를 시작합니다.

⑥ 시작점에서 앞으로 한 칸씩 이동하는데 가장 많이 앞으로 이동하는 말이 이기게 됩니다. 앞으로 이동하기 위해서는 자신의 말 앞에 놓인 원 모양 카드의 표현에 해당하는 내용의 육각형 모양 카드를 찾아야 앞으로 진행할 수 있습니다.

⑦ 한 사람이 한 바퀴를 돌아 자신의 시작점에 돌아오면 1점이 올라가는 식으로 놀이를
진행하면, 끝나는 속도의 차이 없이 주어진 시간 동안 충분히 놀이할 수 있습니다.

2) 말판놀이

배운 내용을 비주얼씽킹으로 표현한 뒤 말판놀이를 하면 반복이 필요
한 학습에 효과적입니다. 교사는 학생들이 비주얼씽킹으로 표현한 내용을
보면, 학생이 배운 내용을 정확하게 이해하고 있는지 관찰 평가도 가능합
니다.

① 모둠별로 포스트잇(개인별 2~3장)과 미니 보드판, 주사위를 준비합니다.
　※ 미니 보드판은 포스트잇 탈부착이 쉬운 화이트보드를 사용하면 좋습니다

② 포스트잇에 주어진 주제에 맞는 내용을 쓰고, 비주얼씽킹으로 표현합니다.

③ 모둠별로 모아서 미니 보드판에 부착하고 말판을 구성합니다.
　※ 원활한 놀이 진행을 위하여 말판을 구성하면서 각자 포스트잇에 표현한 내용을
　　설명합니다.

④ 주사위를 던져 나온 수만큼 칸을 이동하며 그 칸에 있는 표현을 한 번씩 읽습니다.

3) 비주얼씽킹으로 하는 끝말잇기

　저학년이 끝말잇기를 하면 서툰 맞춤법 때문에 금세 흥미를 잃는 경우가 있습니다. 끝말잇기에 비주얼씽킹을 활용하게 되면 말의 재미와 흥미를 느낄 수 있습니다. 그림을 통한 끝말잇기는 글자로 쓰는 것보다 표현한 그림을 보면서 '이 그림이 무엇을 의미하지?' 등 생각을 좀 더 확장시켜 많은 단어를 떠올리게 할 수 있고, 맞춤법이 서툴러도 막힘없이 재미있게 놀이할 수 있습니다.

[활동 방법]
① 단어를 그림으로 표현하여 끝말잇기 합니다.
② 팀별로 제한된 시간에 얼마나 많은 낱말을 비주얼씽킹으로 표현했는지 비교합니다.

3
비주얼씽킹으로
책과 친해지기

~~~~~~~~~

가. 온작품읽기와 비주얼씽킹

1) 온작품읽기란?

국어 교과서를 펼친다. 학생들 중 몇 명이 교과서 지문을 읽고, 교사는 내용 확인을 위한 질문을 던진다. 학생들은 교과서 지문 속에서 교사의 질문에 알맞은 답을 찾아 이야기한다. 교사는 이번 차시 학습목표 달성을 위한 다음 활동으로 이어간다.[31]   - 『이야기 넘치는 교실 온작품읽기』 中

교실에서 일상적으로 볼 수 있는 수업 장면으로 수업 목표 달성을 위해 교과서의 지문을 읽고 내용을 확인한 후 다음 활동으로 넘어가는 장면입니다. 현재 교과서로 진행하는 수업은 수업 목표를 달성하기 위해 온작품의 일부를 싣고, 학생은 그 해당 부분을 읽고 수업 목표와 관련된 성취기준을 습득하는 방식으로 진행됩니다. 이런 구성은 하나, 하나가 모여 총합을 이룰 수 있다는 기능주의적인 관점에서 이루어지는 수업 방식입니다. 하지만 이러한 기존 방식의 수업은 학생이 작품을 전체적인 관점에서 깊이 있게 이해하지 못하여, 마음속에 깊은 울림과 감동을 줄 수 없다는 단점이 있습니다.[32]

　　그래서 대안으로 '온작품읽기', '온책 읽기', '슬로 리딩', '한 학기 한 책 읽기' 등의 형태의 독서 교육이 등장했습니다. 그리고 2015 개정 교육과정에는 정규수업 시간에 온작품읽기를 활용할 수 있는 독서 단원의 설정 근거가 마련되었습니다. 그 근거는 다음과 같습니다.

<2015 개정 국어과 교육과정 3, 4학년군 독서 단원의 설정 근거>

4. 교수·학습 및 평가의 방향 [33]
가. 교수·학습 방향
2) 국어 활동의 총체성을 고려하여 통합형 교수·학습을 계획하고 운용한다.
　⑥ 한 학기에 한 권, 학년(군) 수준과 학습자 개인의 특성에 맞는 책을 긴 호흡으로 읽을 수 있도록 도서 준비와 독서 시간 확보 등의 물리적 여건을 조성하고, 읽고, 생각을 나누고, 쓰는 통합적인 독서 활동을 학습자가 경험할 수 있도록 한다.

　※ '읽고, 생각을 나누고, 쓰는' 통합적인 수업 설계 시 다양한 성취기준을 연계할 수 있음

- 2015 개정 국어과 교과용 도서 편찬상의 유의점 -

　(7) 매 학기 한 권, 교과서 밖의 책을 수업 시간에 완독하고, 타인과 생각을 나눈 후
　　　자기 생각을 쓰는 데 도움이 되도록 통합적인 수업 활동을 개발한다.

온작품읽기는 온작품 통째를 읽는 과정이며, 교육과정과 교과서의 분절된 구성 방식에서 벗어나서 통합적인 교육과정으로 학습할 수 있도록 해 줍니다. 따라서 학생은 온작품읽기를 통해 부분적인 지식의 합이 아닌 더 넓고 깊은 통찰력으로 작품을 바라볼 수 있게 됐습니다. 공장에서 물건을 만들 때 각자가 분업하여 자신의 부분을 잘 만들었다고 하여 전체 물건에 대해 잘 알고 있다고 말할 수 없듯이, 교과서에 실린 단편적인 부분의 성취기준 중심의 수업으로 학생이 작품의 전체를 이해했다고 보긴 어렵습니다. 그래서 작품 중 일부를 떼어낸 것을 배우는 지엽적인 수업으로는 사고의 폭을 넓혀줄 수 없습니다. 이에 교사는 학생의 삶과 관련된 '작품'을 선정하여 그들의 삶에 울림을 주고, 학생 자신 삶에 대한 이야기를 나눌 수 있는 장을 마련해야 합니다. 이 과정에 '온작품읽기'를 활용한 교육과정 재구성이 중요한 역할을 할 수 있습니다.

2) 온작품읽기의 출발, 교육과정 재구성

온작품읽기를 실천할 때, 교과서 수업과 온작품읽기 함께 하려다 보니 두 가지를 다 해야 한다는 부담을 느끼게 됩니다. 기존에는 교과서 내용을 배우는 것을 중심으로 수업을 진행했다면, 온작품읽기는 학생, 학교 등의 사정을 고려하여 가르칠 작품을 선정하고, 수업 진행 방법을 고민해 교육과정을 재구성해야 합니다. 그래서 교사는 교육과정 성취수준을 분석하고 적절한 내용, 소재, 작품을 선택하여, 단위 학교나 학급교육과정 속에 재구성해야 합니다. 교육과정의 재구성은 온작품을 활용하여 관련 지식을 가르치거나, 작품 속 표현이나 작가와 관련된 내용을 제시하는 등 다양한 방법을 사용할 수 있습니다. 온작품읽기 교육과정 재구성을 통해 학생들은 분절적인 지식을 습득하는 것이 아니라 전체적인 관계 속에서 지식을 습득할 수 있게 됩니다.

온작품읽기를 위한 교육과정은 교과 내, 교과 간 또는 주제 중심으로 재구성할 수 있으며 교사, 학생, 학부모로 이루어진 교육 3주체의 요구와 학교 현실을 반영해야 합니다. 2학년 주제 중심의 교육과정 재구성 및 그와 관련된 온작품읽기 계획으로 예를 들어보겠습니다. 주제 중심으로 재구성한 교육과정의 1학기 첫 번째 주제는 '나, 너, 우리의 이야기'입니다. 3월 새 학기에 맞이하는 이 주제는 '나와 너의 두근거리는 만남', '나의 꿈, 우리의 꿈', '몸 튼튼 마음 튼튼'이라는 소주제로 나눠집니다. 이러한 3가지 소주제를 중심으로 학년 초 학급 세우기 활동과 자기 이해를 바탕으로 한 진로 활동, 자신감을 가지고 발표하는 방법, 몸과 마음을 튼튼하기 위한 방법 등 다양한 하위 학습 주제로 재구성합니다. 이를 통해 새로운 친구, 선생님, 학급에 적응하고, 공동체에 대해 생각해 보며, 서로 함께 잘 지내는 방법를 생각하고 표현하는 과정을 배울 수 있도록 계획했습니다. 큰 주제를 중심으로 교과 내, 교과 간 재구성이 자연스럽게 이루어지고, 주제와 관련된 온작품읽기를 적절하게 배치하여 학생들의 삶 속에 스며들어 갈 수 있도록 계획했습니다.

<주제 중심의 교육과정 재구성 및 그와 관련된 온작품읽기 계획 예시>

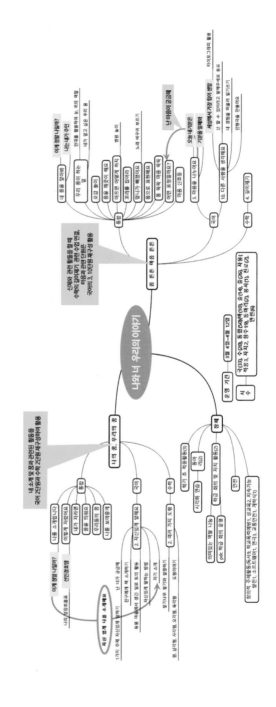

교육과정 재구성 시 온작품읽기는 작품의 내용, 그림, 작가 등에 관해 이야기 나누기, 질문을 만들어 주고받기, 줄거리 간추리기, 인물, 배경, 사건에 대해 알아보기, 주제와 관련된 토론하기, 내가 주인공이라면 어떻게 했을지 생각 해보기 등의 다양한 방법으로 수업에 활용할 수 있습니다. 온작품읽기 활용 방법에 대한 정답은 없으며, 학교의 상황과 교사, 학생의 요구에 따라 교사가 융통성을 가지고 교육과정을 재구성하여 실천하려는 노력이 필요합니다.

3) 온작품읽기에서의 비주얼씽킹 활용 효과

교사가 온작품읽기를 활용한 교육과정 재구성을 통해 수업을 진행할 때 비주얼씽킹은 어떠한 효과가 있을까요?

첫째, 비주얼씽킹은 시각 언어로 표현되어 있어 정보를 직관적으로 전달합니다. 특히, 그림책을 활용한 수업에서 그림은 그 자체로도 작가의 생각을 읽어낼 수 있는 중요한 단서가 됩니다. 학생은 시각적인 그림을 통해 직관적으로 작가의 의도를 상상하고, 주인공의 입장을 떠올립니다. 그리고 비주얼씽킹으로 표현하는 과정을 통해 자신의 생각을 나타내고, 그 생각을 다른 사람과 쉽게 공유할 수 있습니다.

둘째, 작품에 드러난 인물의 성격, 줄거리, 뒷이야기 등을 비주얼씽킹으로 표현하여 생각을 체계적으로 정리할 수 있습니다. 생각을 비주얼씽킹으로 표현하기 위해서는 학습한 내용이 잘 드러날 수 있도록 구조화하고, 표현하는 과정을 거쳐야 합니다. 이 과정에서 학생은 시각화를 통해 수업의 내용을 정리하고, 학습의 요점에 다다를 수 있게 됩니다.

셋째, 비주얼씽킹은 정보를 기억하고 재생하는 데 도움을 줍니다. 스탠퍼드 대학의 로버트 혼(Robert Horn) 교수의 연구 결과에 따르면 '들어서 기억된 정보는 15%정도만 기억에 남지만 이미지와 함께 기억된 정보는 89% 정도 기억에 남는다.'[34]고 합니다. 이처럼 비주얼씽킹으로 작품의 내용과 주제 등을 표현하면 작품을 읽고 받은 감동을 장기 기억으로 저장할 수 있습니다.

넷째, 온작품읽기를 비주얼씽킹으로 표현함으로써 학생과 학생, 학생과 교사 간의 상호작용이 활발해집니다. 학생의 가치와 생각이 담긴 그림, 시각적 몸짓, UCC 등으로 대화를 주고 받는 과정에서 다른 사람의 생각을 알수 있기때문입니다. 나아가 작품에 담긴 가치와 전달하는 의미를 비주얼씽킹으로 표현하고, 토론하는 것은 작품을 자기 삶과 연결 지어 생각하는 온작품읽기 본연의 목적 달성에도 도움이 됩니다.

나. 동화에서 비주얼씽킹으로 놀아봅시다!

4학년 2학기 '우리는 서로 달라요'를 중심으로 재구성한 교육과정 중 책 『젓가락 달인』, 『재판장에 선 비둘기』을 활용한 온작품읽기 활동 내용입니다. 이 주제를 통해 우리가 살아가는 세상은 무척 다양하다는 것을 알고 학생들이 다양한 생각과 의견을 제시할 수 있도록 단원을 재구성하였습니다. 그리고 관련된 온작품을 선정하여 서로 다른 구성원과 그들의 문화에 대한 이해를 도모하고 내가 가진 편견에 대해 생각해 봄으로써, 시각의 변화를 꾀하고 다양성을 즐길 수 있는 태도를 기르는 것에 목적을 두었습니다.

1) 『젓가락 달인』(유타루, 김윤주.바람의 아이들.2014)

■ 책 소개

초등학교 2학년 학급에서 '젓가락 달인 대회'를 앞두고 주인공이 젓가락 달인에 도전을 하면서 자신의 과제에 도전하고 그것을 성취해 나가는 과정의 내용을 담고 있습니다. 처음에는 젓가락질을 잘하는 것에 관심도 없고 잘 하지 못하던 주인공은 할아버지의 젓가락질 실력과 같은 반 친구들이 과제에 도전하는 과정을 보며 자신도 젓가락 달인이 되기 위해 노력합니다. 젓가락 달인 대회의 날, 자신이 관심을 가지고 있던 여자 친구와 결승전에 오르게 되고 그 친구와의 결승전에서 달인이 되어야 하는지 망설입니다.

🐟 교육과정 관련 성취기준

성취기준	【4국01-05】 내용을 요약하며 듣는다. 【4국01-06】 예의를 지키며 듣고 말하는 태도를 지닌다. 【4국02-02】 글의 유형을 고려하여 대강의 내용을 간추린다. 【4국05-02】 인물, 사건, 배경에 주목하며 작품을 이해한다. 【4국05-03】 이야기의 흐름을 파악하여 이어질 내용을 상상하고 표현한다. 【4국05-05】 재미나 감동을 느끼며 작품을 즐겨 감상하는 태도를 지닌다.

🐟 온작품읽기 활용 수업의 흐름

단계	주요 활동
읽기 전	■ **배경으로 이야기 나누기** - 그림 보고 내용 예상하기 (v) - 제목 알아맞히기 - 나의 젓가락질에 대해 이야기 나누기
읽기 중	■ **이야기 흐름 파악하기, 요약하며 듣기** - 인물의 성격을 알 수 있는 말과 행동 찾아보기 (v) - 인물, 사건, 배경을 정리하기 (v)
읽기 후	■ **작품에 대한 생각과 느낌 표현하기** - 『젓가락 달인』을 읽고 인상 깊은 장면 나타내기 (v) - 기억에 남는 문장 이야기 나누기 (v) - 뒷이야기 상상하기 (v) - 젓가락 달인은 ○○○이다. 나에게 ○○○이란? (v)
(v) 부분(비주얼씽킹으로 활용 가능한 활동)	

읽기 전 활동으로 책의 표지에서 제목을 제외한 부분을 보여주고 책에 대한 호기심을 불러일으킵니다. 콩을 옮기고 있는 장면을 보고 자산의 경험과 연관 지어 글의 내용을 예상하며, 제목을 추측해 봅니다. 『젓가락 달인』이란 제목을 공개한 후에는 '자신이 언제부터 젓가락을 사용하였는지', '실력은 어떤지' 등 학생의 경험과 관련된 대화를 나눕니다.

첫 번째 읽기 중 활동으로 작품을 함께 읽거나 돌아가며 소리 내어 읽으면서 이야기의 흐름을 파악하고, 요약합니다. 먼저 책을 읽으면서 인물, 사건, 배경을 중심으로 이야기의 내용에 대해 학생들과 대화합니다. 다음으로 대화를 통해 이해한 이야기의 흐름을 비주얼씽킹로 요약할 수 있도록 안내합니다. 이때, 이야기의 큰 줄기를 이해할 수 있도록 흐름을 몇 단계로 나누어 칠판에 미리 제시하면 인물, 배경을 바탕으로 사건의 흐름을 재구조화하여 시각화하는 데 도움이 됩니다.

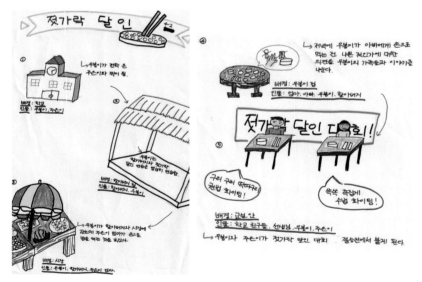

● 『젓가락 달인』 속 사건의 흐름 정리 예시

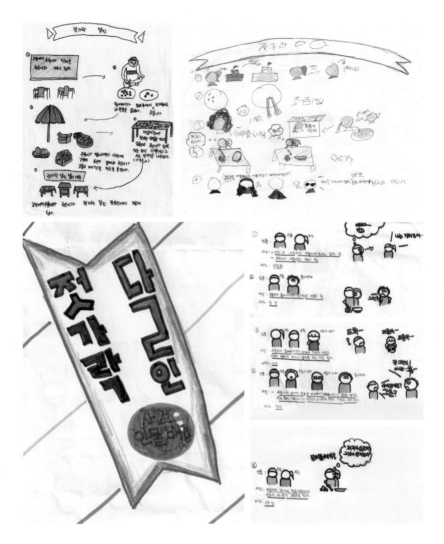

두 번째 읽기 중 활동으로 주인공 우봉, 주은, 할아버지, 주은 엄마의 성격을 알 수 있는 말과 행동을 찾아봅니다. 주인공의 말과 행동을 찾아보며 각 인물의 성격이 어떤지 말할 수 있도록 가장 대표적인 행동과 말을 시각화할 수 있게 안내합니다. 만약 몸을 활용하여 시각적으로 표현하는 것을 좋아한다면 성격을 나타내는 대표적인 행동과 말을 역할극으로 표현해도 좋습니다. 인물이 왜 이런 행동과 말을 하였는지 생각하며 그 인물에 대한 감상을 발표합니다. 또한, 인물에 관해 이야기 나누는 것과 더불어 다양한 전통과 문화에 대한 생각을 나누며, 다양한 문화에 대한 이해와 편견과 마주 보는 의미 있는 시간으로 확장하는 것도 좋습니다.

인물의 성격을 파악하기 활동 수업 진행 예시

T - 여러분, 현재 자기 옆의 친구 성격 말할 수 있나요?

S - 네. 친절해요. 재미있어요. 등

T - 그럼 옆 친구의 성격이 친절하다는 것을 무엇으로 판단하나요?

S - 친구의 말이나 나랑 있었던 행동을 생각했어요.

T - 그래요. 어떤 사람의 성격을 말하기 위해서는 그 인물이 했던 말이나 행동을 떠올려 보아야 합니다. 우리가 읽은 『젓가락 달인』은 어떤 인물들이 나오나요?

S - 우봉이, 할아버지, 주은이, 주은 엄마, 우봉 엄마, 우봉 아빠.

T - 오늘은 책의 인물 중 우봉이, 할아버지, 주은이, 주은이 엄마의 성격에 대해 알아보겠어요. 여러분, 인물의 성격을 알기 위해서는 무엇을 찾아야 하나요?

S - 인물의 말과 행동을 찾아야 합니다.

T - 이제부터 여러분은 각 인물을 종이에 간단하게 그리고, 그 인물의 성격을 말해주는 말과 행동을 찾아 비주얼씽킹으로 나타내어 보겠습니다.

S - (학생들은 종이에 비주얼씽킹으로 나타낸다.)

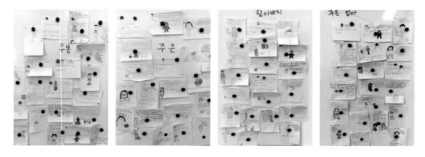

● 인물의 성격을 알 수 있는 말과 행동 찾기 예시

● 인물의 성격을 알 수 있는 말과 행동 찾기 예시

읽기 후 활동으로 인상 깊었던 장면 나타내기, 기억에 남는 문장 이야기 나누기, 뒷이야기 상상하기, 메타포 활동(젓가락 달인은 …이다. 나에게 … 이란?)으로 작품에 대한 생각과 느낌을 표현합니다. 그중에서 '뒷이야기 상상하기'는 개인 과제나, 개인적인 의견을 나눈 후 모둠 의견으로 협의하는 '창문 열기' 활동으로 이야기를 완성하고 각 장면을 비주얼씽킹으로 표현할 수 있습니다.

 TIP!
개인 과제보다 팀 활동으로 진행하면 뒷이야기의 내용이 더 풍부해질 수 있습니다.

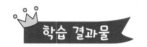

저는 주은이가 이길 것 같습니다.

왜냐하면 우봉이의 성격은 다른 사람의 눈치를 많이 보며 수줍어 해서 소심한 성격인 것 같습니다. 그래서 우봉이는 뒷통수를 긁으며 고민하는 사이, 상품권을 꼭 갖겠다는 생각을 가지며 집중을 한 주은이는 우봉이보다 바둑알을 더 많이 옮겨서 젓가락 달인이 되어 상품권을 받게 되는 결말일 것 같습니다.

● 뒷이야기 상상하기(개인) 예시

창문 열기로 의견을 모으는 과정은 다음과 같습니다.

['창문 열기'로 의견을 모아 뒷이야기 만드는 방법]

① 위와 같은 창문 그림을 그린 후 가운데 칸
(◎)을 중심으로 1, 2, 3, 4 숫자(모둠 1번 친
구 1번 자리, 2번 친구 2번 자리, 3번 친구
3번 자리, 4번 친구 4번 자리)를 적습니다.

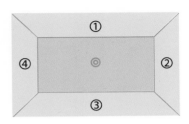

② 각 모둠원은 맡은 자리에 자신이 상상하는
뒷이야기를 간단하게 그리거나 글로 표현
합니다.

③ 모둠원의 이야기 중 아이디어가 좋은 부분에 줄을 긋습니다.

④ 모둠 의견을 뒷이야기를 완성하여 가운데 칸(◎)에 줄거리를 적습니다.

⑤ 각 모둠원은 이야기의 부분을 나누어 비주얼씽킹으로 표현합니다. (비주얼씽킹은
그림을 그려서 표현하는 방법 이외에 사진을 찍거나 행동으로 표현하여 시각화하
는 방법을 활용하면 실재감을 높일 수 있습니다.)

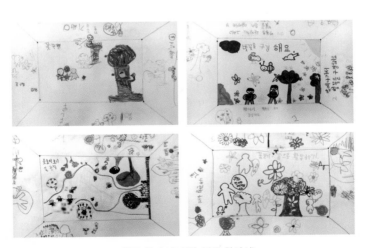

● 창문 열기 예시(예: 봄을 찾아서)

● 뒷이야기 상상하기
  결과물 예시(팀)

● 뒷이야기 상상하기 결과물 예시(팀)

● 뒷이야기 상상하기 결과물 예시(팀)

2) 『재판정에 선 비둘기와 풀빵할머니』(강무지, 양정아.비룡소.2009)

☐ 책 소개

비둘기에게 먹이를 주었다는 이유로 고발당한 풀빵 할머니의 소송 재판 과정을 통해 인간과 비둘기의 공존 문제를 풀어낸 동화입니다. '비둘기에게 먹이를 주는 행동이 나쁜 걸까?', '도시에서 비둘기를 쫓아내야만 할까?', '비둘기와 인간이 평화롭게 함께 살 수 있는 다른 방법은 없을까?', '비둘기는 어떤 생각을 하고 있을까?'에 관해 고민하면서 사회 문제에 관심을 갖고 논리적인 사고의 힘을 키울 수 있는 책입니다.

☐ 교육과정 관련 성취기준

성취기준	【4국01-01】 대화의 즐거움을 알고 대화를 나눈다. 【4국01-05】 내용을 요약하며 듣는다. 【4국01-06】 예의를 지키며 듣고 말하는 태도를 지닌다. 【4국02-02】 글의 유형을 고려하여 대강의 내용을 간추린다. 【4국03-03】 관심 있는 주제에 대해 자신의 의견이 드러나게 글을 쓴다. 【4국05-03】 이야기의 흐름을 파악하여 이어질 내용을 상상하고 표현한다.

☐ 온작품읽기 활용 수업의 흐름

단계	주요 활동
읽기 전	■ **배경으로 이야기 나누기** - 그림 보고 내용 예상하기 (v) - 제목 알아맞히기
읽기 중	■ **이야기 흐름 파악하기, 두 마음 토론(재판 결과 전까지 읽기)** - 이야기의 내용 파악하기(풀빵 할머니가 비둘기에게 풀빵을 나눠주는 것에 대한 찬반 내용 확인) (v) - 질문 만들기 - 두 마음 토론 - 나의 결말 비주얼씽킹으로 표현하기 (v)

읽기 후	■ 작품에 대한 생각과 느낌 표현하기 - 생각과 느낌 나누기 - 실제 결말과 나의 결말 비교하기 (v) - 이야기의 주제 생각하기 (v)
	(v) 부분 (비주얼씽킹으로 활용 가능한 활동)

읽기 전 활동으로 책 표지나 책 속의 그림을 보며, 책에 어떤 내용이 나올지 이야기 나눕니다. 미리 제목을 가리고 제시하면 '제목 알아맞히기'를 함께 진행할 수 있습니다.

> **이야기의 내용 예상하기 활동 수업 진행 예시**
>
> **T** - 여러분, 이 책의 표지를 보고 이 책에 대해 떠오르는 것이나 예상되는 이야기를 해 볼까요?
> **S** - 네. 표지에 할머니와 새가 있습니다. 그리고 위에 검은 옷을 입은 사람이 종이를 던지면서 이야기 하고 있습니다.
> **T** - 표정은 어떠하나요?
> **S** - 할머니와 새들은 당황하는 것 같고 검은 옷을 입은 사람은 화를 내고 있는 것 같습니다.
> **T** - 그래요. 이 표지의 배경은 무슨 색으로 되어 있나요?
> **S** - 핑크색으로 되어 있습니다.
> **T** - 맞아요. 왜 그 색이 사용되었을까요?
> **S** - 핑크색은 여성을 상징하는 것 같습니다. 할머니가 여성이라 그럴까요?
> **T** - 이제부터 표지의 그림을 보고 이 책에서 어떤 일이 벌어질지 상상해서 말해 볼까요?
> **S** - (학생들은 자신의 경험에 비추어 내용을 발표한다.)

첫 번째 읽기 중 활동으로 함께 소리 내어 정해진 분량(판결이 나기 전 34쪽까지)을 함께 읽으며, 이야기의 내용을 파악합니다. 이 작품은 대립하는 두 의견에 대해 자기 생각이나 의견을 제시하기 좋은 내용으로 되어있습니다. 따라서 자신의 의견을 제시하기 위해 대립하는 양쪽의 입장을 파악해야 합니다. 대립하는 양쪽의 의견을 비주씽킹으로 정리하면 내용 이해에 도움이 됩니다.

T - 여러분 『재판정에 선 비둘기와 풀빵 할머니』 재판정에서 판결이 나긴 전 부분(34쪽)까지 잘 읽으셨죠?

S - 네. 끝 내용을 빨리 보고 싶어요.

T - 풀 빵할머니에게 어떤 일이 생겼나요?

S - 풀 빵할머니께서 비둘기들에게 풀빵을 나눠주었는데 은행 앞이 혼잡해져서 사람들이 불편하다고 경찰이 왔어요. 사람들이 고발을 했어요.

T - 화가 난 풀 빵할머니와 비둘기는 어떻게 하였나요?

S - 풀 빵할머니와 비둘기도 고발을 하였어요.

T - 맞아요. 재판에서 풀빵 할머니의 반대편에 선 사람들은 어떤 이야기를 하였나요?

S - 은행장은 은행 앞이 비둘기 떼 때문에 많이 혼잡하여 고객들이 불편하니 비둘기가 들이나 산으로 가야 한다고 합니다. 애완견은 비둘기가 더러워서 같이 살기가 싫다고 했어요. 시청 공무원은 비둘기가 도시에 벗어나 살 수 있는 집을 마련하였어요.

T - 맞아요. 재판에서 풀빵 할머니의 편에 선 사람들은 어떤 이야기를 하였나요?

S - 동물학자는 비둘기는 이미 사람들과 오래 살았기 때문에 산이나 들로 갈 수 없고, 비둘기에게 먹을 것을 주지 않으면 비둘기가 사람들을 공격할지도 모른다고 주장하였어요. 휠체어 탄 아이는 비둘기를 보고 있으면 자신도 언젠가 밖에 나가 먹이를 줄 수 있다는 희망을 가진다고 하였어요. 팔에 깁스를 한 친구는 동물원의 원숭이에게 팔을 물려서 이렇게 되었다 하면서 동물들에게 무조건 도시에서 나가라고 하는 것을 반대하였어요.

T - 이제부터 여러분은 두 가지 상반된 주장들을 비주얼씽킹으로 나타내어 보겠습니다.

S - (학생들은 종이에 풀빵 할머니의 편과 풀빵 할머니의 반대편의 두 가지 대립된 의견을 구분하여 비주얼씽킹으로 나타낸다.)

● 두 가지 상반된 의견을 비주얼씽킹으로 표현한 예시

두 번째 읽기 중 활동으로 두 가지 입장에 관해 질문을 만듭니다. 궁금한 점을 질문으로 만들고 어떤 대답을 하면 좋은지 친구와 묻고 답하는 시간을 가집니다. 상반되는 입장 중 하나의 입장을 선택해(다음 진행할 활동인 두 마음 토론을 위해) 상대방이 제시할 질문과 의견을 고려하여 질문을 만들면 더 효과적입니다.

두 마음 토론은 일명 '천사와 악마의 게임'으로 일컫는데, 찬성과 반대의 입장인 토론자가 판결자(중립자) 앞에서 의견을 번갈아 제시하고 판결자가 최종 선택을 하는 토론입니다. 이번 수업에서는 할머니와 비둘기의 입장을 옹호하는 입장과 반대하는 입장의 학생들이 판결자에게 의견을 제시하고, 판결자는 의견의 타당성을 고려하여 판결합니다. 찬성과 반대 의견을 말하는 학생끼리는 서로 이야기할 수 없고, 판결자는 최종 판결을 한 후 판결 이유를 말합니다.

● 두 마음 토론 상황 예시

두 마음 토론 이후 입장에 대한 적절한 근거를 들어 주장하는 글을 작성합니다.

찬성/반대 의견을 제시한 학생들의 글쓰기 예시

찬성 의견

이 책에서 풀빵 할머니는 비둘기에게 풀빵을 주어서 사람들이 피해를 봤기 때문에 재판정에 서게 됩니다. 동물들은 배가 고파지면 사나워집니다. 만약 할머니께서 풀빵을 주지 않았다면 비둘기들은 배가 고파서 사나워질 것입니다. 또한 풀빵을 주지 않았다면 비둘기가 쌀가게나 아이들의 피자를 습격하여 아이들이 많이 다치고 쌀 가게도 엉망이 되어 더 큰 피해를 입을 수도 있습니다. 그리고 사람만 좋으면 비둘기에게 다른 곳으로 가라고 할 수 있습니까? 얼마 전 기사에서 산 속에 사는 멧돼지가 배가 고파서 산에서 평지까지 와 곡식을 먹고 식당에도 들어와 아주 큰 사고가 발생했다는 것을 읽었습니다. 우리가 그들이 산 속에서도 먹을 것이 부족하지 않도록 먹이를 주는 것이 더 낫지 않습니까? 그래서 저는 풀빵할머니가 비둘기에게 풀빵을 주는 것은 정당하다고 생각합니다.

반대 의견

제 생각에 문제 상황은 풀빵 할머니가 비둘기들에게 먹이를 주어 사람들이 피해를 보아서 비둘기들을 내쫓는 의견과 비둘기들을 이해하고 같이 살자는 의견으로 나누어 진 것 같습니다. 제 생각에는 비둘기들을 내쫓는 의견이 옳은 것 같습니다. 왜냐하면 첫 번째 비둘기의 몸속에는 수십만 종의 병균이 살고 있는데 한 종마다 1,000마리의 기생충 살고 있어 사람들과 동물들의 건강에 해롭습니다. 두 번째 저도 그렇고, 어떤 사람들은 비둘기를 무서워합니다. 예를 들어 제가 양재천에 가면 비둘기들이 사람들만 보면 밥을 주는 줄 알고 달려듭니다. 그리고 쌩쌩 지나가는 자전거 도로에서도 자전거를 상관하지 않고 그냥 지나다닙니다. 따라서 비둘기들은 피하려고 멈추거나 방향을 틀어 안전사고가 많이 일어납니다. 세번째로 혹시 여러분은 좋은 차를 타고 다니시나요? 아니면 당신의 차를 아끼시나요? 저는 두 질문에 '예'로 대답했습니다. 예를 들어 여러분이 산지 얼마 안 된 차를 가지고 있습니다. 그런데 비둘기가 여러분의 차에 똥을 썼습니다. 괜찮다고요? 세차를 하면 된다고요? 하지만 세차를 해도 그때뿐입니다. 만약에 비둘기와 같이 산다면 비둘기들이 계속 똥을 쌀 것이고 그렇게 되면 세차하는 돈 낭비, 시간 낭비에 여러분의 마음까지 속상합니다. 그런데도 비둘기들과 함께 사시겠습니까? 마지막으로 비둘기는 환경부가 지정한 유해 동물입니다. 따라서 비둘기 기피제를 주거나 비둘기가 집의 베란다에 알을 낳는 등의 일이 발생하면 직접 제거해 주기도 합니다. 따라서 저는 풀빵할머니가 비둘기들에게 먹이 주는 것을 반대합니다.

세 번째 읽기 중 활동으로 이야기의 결말을 예상하여 비주얼씽킹으로 나타냅니다. 내용 파악하기, 질문 만들기, 두 마음 토론을 통해 학생들끼리 정립된 의견을 바탕으로 어떤 결말이 될지 예상하며 최종 결말을 나타냅니다.

읽기 후 활동으로 실제 결말과 자신이 생각한 결말을 비교하여, 어떤 결말이 더 좋았을지 이야기한 후 비주얼씽킹으로 표현합니다. 이 작품의 주제에 대해 생각한 것을 시각적으로 표현하고(그림으로 표현하기, 몸짓으로 이미지를 형상화하기, 이미지 프리즘(Prism) 카드를 선택하여 은유하여 표현하기 등 다양한 방법으로 표현 가능), 생각을 나누면서 온작품읽기를 마무리합니다.

• 최종 결말 비주얼씽킹 예시

다. 동화에서 비주얼씽킹으로 놀아봅시다!

1) 『엄마 가방은 괴물이야』 (앙드레부샤르.같이 보는 책.2014)

📖 책 소개

  우리 엄마의 가방에는 온갖 것들이 가득 들어있습니다. 아이의 눈에서 보면 엄마의 커다란 가방은 신비스럽고 궁금한 그리고 미지의 탐험 공간 같은 곳일 수 있습니다. 여기서 엄마 가방은 이것저것을 모두 먹어 치우는 괴물로 비유됩니다. 열쇠, 양말, 심지어 동생까지도 먹으려고 하는 엄마의 가방 어떻게 해야 할까요? 학생들이 생각하는 엄마 가방에 대한 다양한 생각들도 알아볼 수 있고 교육과정과 연결하여 가족 구성원의 역할에 대해 생각해 볼 수도 있습니다.

📖 교육과정 관련 성취기준

성취기준	【4국01-01】	대화의 즐거움을 알고 대화를 나눈다.
	【4국01-06】	예의를 지키며 듣고 말하는 태도를 지닌다.
	【4국03-04】	읽는 이를 고려하며 자신의 마음을 표현하는 글을 쓴다.
	【4국05-03】	작품을 듣거나 읽거나 보고 떠오른 느낌과 생각을 다양하게 표현한다.
	【4사02-05】	옛날과 오늘날의 혼인 풍습과 가족 구성을 비교하고, 시대별 가족과 가족 구성원의 역할 변화를 탐색한다.
	【4과05-03】	식물의 특징을 모방하여 생활 속에서 활용하고 있는 사례를 발표할 수 있다.

📖 온작품읽기 활용 수업의 흐름

단계	활동
읽기 전	**■ 책 표지 보고 질문 만들기** - 그림 보고 내용 예상하기(v) - 표지를 보고 책 내용을 예상하여 질문 만들기

읽기 중	■ 월드카페로 생각 나누기, 빈 칸 채우기
	- 질문 만들어 월드카페로 생각 나누기(v)
	- 엄마 가방은 ( ) 이다. 왜냐하면 ( ).(v)
읽기 후	■ 작품에 대한 생각과 느낌 표현하기
	- 인상 깊은 장면 비주얼씽킹으로 나타내기(v)
	- 부모님을 위한 발명품 디자인하기(PMI 기법)(v)
	- 가족에게 주고 싶은 물건 비주얼씽킹으로 나타내기(v)
	- 부모님께 마음을 담은 편지 쓰기(v)
(v) 부분(비주얼씽킹으로 활용 가능한 활동)	

읽기 전 활동으로 책 표지를 보고 내용을 예상하고 책의 내용이나 그림에 대한 질문을 만들어 봅니다. 본 작품은 책 표지만 보고도 아이들이 책의 내용에 대해 호기심과 궁금한 점을 떠올리기 좋습니다. '왜 가방에 발이 달렸을까?', '가방에 이빨이 있는 이유는 무엇일까?', '가방을 제외하고 배경은 왜 채색이 되어 있지 않은가?', '왜 허리띠와 칼을 차고 있는 것일까?' 등 학생들은 표지를 보고 다양한 질문을 떠올릴 수 있습니다.

읽기 중 활동으로 월드카페를 하기 위해 질문을 선정합니다. 질문을 선정할 때는 읽기 전 활동에서 생각한 질문과 친구와 함께 작품을 돌려 읽으면서 떠오른 질문을 합쳐 같이 생각해 볼 질문을 선정하고, 월드카페 토론을 진행하는 것이 좋습니다.

월드카페 토론은 Juanita Brown과 David Isaacs에 의해서 1995년에 개발되었으며, 최소 20명 이상의 학생이 자리를 옮겨 다니며 토론을 진행합니다. 보통 한 반의 인원이 20명이라고 하면 4~5가지 테이블을 준비하고, 각 테이블에서 하나의 질문에 대해 호스트를 중심으로 4~5명의 참여자가 토론을 자유롭게 한 다음, 호스트는 토의 참여자가 이야기한 것을 정리하여 다음 참여자에게 기존에 토론한 것을 소개합니다. 참가자는 호스트에게 앞선 토론 내용을 듣고 자신의 아이디어를 풍부하게 만들서, 대화를 통해 이를 발전시키는 집단 지성을 발휘해야 합니다.

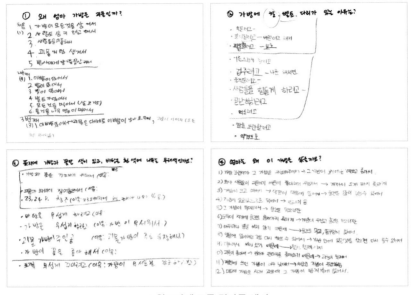

● 월드카페 토론 결과물 예시

월드카페 토론 이후 메타포 기법으로 '엄마 가방은 (　　)이다. 왜냐하면 (　　).' 활동은 비주얼씽킹으로 표현하거나, 이미지 프리즘(Prism) 카드를 활용하여 이미지를 선택하고 이유를 설명하는 활동으로 진행할 수 있습니다.

읽기 후 활동으로 인상 깊은 장면을 비주얼씽킹으로 나타냅니다. 학생마다 경험이 다르듯 인상 깊게 본 장면과 떠오르는 것이 다르다는 것을 알 수 있습니다.

인상 깊은 장면 알아보기 활동 수업 진행 예시

T - 여러분 『엄마 가방은 괴물이야』를 읽고 인상적인 장면은 무엇인가요?

S - 주인공 엄마의 회사를 정글이라고 하고, 회사원들이 짐승들 같이 되어 있는 장면이 생각납니다. 엄마 가방을 괴물에 비유한 장면이 생각납니다.

T - 이제 각자가 인상적이었던 장면 4가지를 비주얼씽킹으로 나타내고 조별 친구들과 이야기 나누어 보겠습니다.

S - (학생들은 인상적인 장면 4가지를 선정하고, 간단하게 비주얼씽킹을 나타낸 다음 조별 친구들과 각자가 생각하는 인상적인 장면에 대해 이야기를 나눈다.)

● '엄마 가방은 괴물이야'를 읽고 이야기의 전개 과정에 유의하며 인상적인 장면 4가지를 골라서 내용을 적고 비주얼씽킹으로 표현하세요.
1. 엄마가 아주 작고 세련된 가방을 사는 부분
2. 딸이 정류점 아저씨에게 가방를 각각각가 잘라서 먹을 수 있냐고 물어보는 부분
3. 엄마가 회사는 정글 같은 곳이라고 말하는 부분
4. 엄마 가방과 딸이 서로 싸우는 부분

● '엄마 가방은 괴물이야' 읽고 느낀 점을 간략하게 써보세요.

이 책에 나오는 엄마와 같이 우리 엄마 가방도
정말 크다. 그럼 우리 엄마 가방도 괴물일까? 라고
고민된다. 앞으로 각든 가방 2개를 들어 하나는
엄마가 하나는 내가 들어야 겠다.

● 느낀 점을 감정 이모티콘으로 표현해보세요.

● '엄마 가방은 괴물이야'를 읽고 이야기의 전개 과정에 유의하며 인상적인 장면 4가지를 골라서 내용을 적고 비주얼씽킹으로 표현하세요.
1. 엄마는 출장중에 각진 가방이 손이 절어되어서 꺼내기고 그러나 꺼내기가 물건이 나타났다 (치킨, 지갑, 교과서 등)
2. 엄마는 그 괴물가방이 먹으나 무서웠다 그래서 하루는 인터넷 쿤 쇼 낼거였다.
3. 어느날 밤, 가방을 X물을 싣이고 하였으나 나는 가방을 던져버렸다. 고래분이 엄마는 아직 작고 아담해진 가방를 골라야 한지 물건기가 뭐웠던 가방를 내버 물건이 작아지고 했겠든 거리로.
4. 그래도 엄마는 그 괴물의 세가지를 뭐라고 했다

● '엄마가방은 괴물이야' 읽고 느낀 점을 간략하게 써보세요.
우리 엄마 가방도 그렇게 될 것 같다 (그래서 좀 무섭다.)

● 느낀 점을 감정 이모티콘으로 표현해보세요.

● 인상적인 장면 비주얼씽킹 예시

187

Ⅲ 여섯 빛깔 비주얼씽킹

이 활동과 4학년 성취기준을 연계하여 식물의 특징을 모방하여 부모님을 위한 발명품 디자인하기 활동으로 재구성할 수 있습니다. 식물의 특징을 활용한 생활용품을 떠올려 부모님을 위한 발명품을 기획하고, PMI 기법으로 설명합니다. 여러 가지 아이디어를 평가하여 좋은 점[Plus], 나쁜 점[Minus], 흥미로운 점[Interest]을 찾아 가장 알맞은 아이디어를 선택해 발명품의 장점, 단점, 개선할 점으로 분석했습니다.

부모님을 위한 물건 디자인하기 활동 수업 진행 예시

T - 지난 과학 시간에 배운 우리 생활에서의 식물의 활용 방법에는 어떤 것이 있었나요?

S - 단풍 열매를 활용한 선풍기와 도꼬마리 열매를 활용한 찍찍이 테이프, 연꽃잎을 활용한 옷, 느릅나무 잎을 활용한 빗물 모으는 장치가 있었습니다.

<우리 생활에서의 식물의 활용 방법 정리 예시>

T - 맞아요. 우리 생활에서 식물의 특징을 활용하여 만든 물건들이 많이 있어요. 이번에는 우리가 읽은 『엄마 가방은 괴물이야』와 지난 사회 시간에 배운 우리 가족의 바람직한 역할 알아보기와 연관하여 생각해 보겠습니다. 『엄마 가방은 괴물이야』에서 엄마 가방이 커진 이유가 무엇일까요?

S - 담을 물건이 많아서 입니다.

T - 담을 물건이 많게 된 이유는 무엇일까요?

S - 가족들을 챙기고 회사에도 가야 해서 많아진 것 같습니다. 엄마가 해야 할 일이 많아서입니다.

T - 엄마가 해야 할 일이 많아진 이유는 무엇일까요?

S - 가족들이 잘 도와주지 않았을 것 같습니다.

T - 실제 여러분의 가정에서는 가정일을 주로 누가 하나요? 여러분이 많이 하나요? 아니면 부모님께서 많이 하나요?

S - 부모님께서 많이 합니다.

T - 맞습니다. 부모님께서는 여러분과 가족들을 위해 많은 일을 하고 있습니다. 지금부터는 2~3명이 팀을 이루어 부모님을 위한 물건을 디자인하겠습니다. 이때, 지난 시간에 배운 식물의 특징 중 1가지를 선택하고, 자신이 디자인한 물건에 대해 PMI 기법을 사용하여 설명하도록 하겠습니다. 여기서 P는 장점, M은 단점, I는 흥미로운 점 또는 개선할 점으로 생각하여 설명하시면 됩니다.

S - (팀별로 모여 부모님을 위한 물건을 식물의 특징을 활용하여 디자인하고, 디자인된 물건의 PMI를 작성하여 개선된 디자인을 완성하고 발표함)

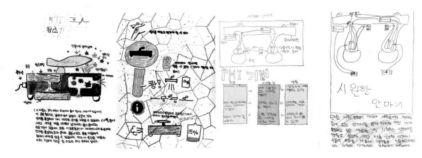

● 적용의 예(발명품 계획하고 PMI로 설명하기)

● 저학년 적용의 예(발명품 계획하고 설명하기 변경하여 적용)

읽기 후 활동으로 가족에게 주고 싶은 가방과 물건을 비주얼씽킹으로 나타내고 마음을 담은 편지를 씁니다. 가족에 대한 학생의 아이디어가 다양하게 드러나는 활동으로 5월 어버이날과 연계하여 활용할 수 있습니다.

가족에게 줄 물건 편지쓰기 활동 수업 진행 예시

T - 이번에는 가족을 위한 큰 가방을 그리고, 그 안에 가족들에게 주고 싶은 것을 비주얼씽킹으로 나타낸 다음 자신의 마음을 담은 편지글을 쓰도록 하겠습니다.

S - (가족에게 주고 싶은 것을 생각하며 비주얼씽킹으로 표현하고, 자신의 마음을 담은 편지글을 쓴 후 발표한다.)

● 적용의 예(가족에게 주고 싶은 물건을 담은 가방, 마음을 담은 편지)

● 저학년 적용의 예(효도 쿠폰 만들어 실천하기로 변경하여 적용)

2) 『슈퍼 거북』 (유설화.책 읽는 곰.2014)

🐢 책 소개

이솝 우화의 『토끼와 거북』의 이야기 후 거북에 관한 이야기를 다룬 내용으로, 거북이 꾸물이는 토끼에게 이긴 후 '슈퍼 거북'이란 별명을 얻게되고, 곧이어 도시에 슈퍼 거북의 열풍이 불게 됩니다. 거북이는 다른 이가 자신이 느리다는 것을 알게 될까 걱정되어 진짜 슈퍼 거북이 되기로 결심합니다. 착실한 거북이는 빨라지는 법을 책을 통해 배우고 그것을 열심히 실천에 옮겨 진짜 빠른 슈퍼 거북이 됩니다. 그런데 거북이 꾸물이는 빨라진 자신의 모습에도 행복하지 않습니다. '하루만이라도 느긋하게 살고 싶다.'고 생각하는 꾸물이에게 토끼가 다시 도전장을 내밉니다. 거북이는 어떤 선택을 할까요? 끊임없이 남의 시선을 의식하고 그 기대에 부응하며 살아가는 것이 과연 행복인지, 그렇다면 진짜 행복은 무엇인지 생각해 보게 하는 그림책입니다.

🐢 교육과정 관련 성취기준

성취기준	【4국01-01】	대화의 즐거움을 알고 대화를 나눈다.
	【4국01-06】	예의를 지키며 듣고 말하는 태도를 지닌다.
	【4국02-02】	글의 유형을 고려하여 대강의 내용을 간추린다.
	【4국03-03】	관심 있는 주제에 대해 자신의 의견이 드러나게 글을 쓴다.
	【4사05-03】	이야기의 흐름을 파악하여 이어질 내용을 상상하고 표현한다.
	【4과02-05】	조형 요서(양감)의 특징을 탐색하고, 표현 의도에 적합하게 적용할 수있다.

🐢 온작품읽기 활용 수업의 흐름

단계	활동
읽기 전	**■ 배경으로 이야기 나누기** - 『토끼와 거북』 이야기 떠올리기 (v) - 그림 보고 내용 예상하기 (v)

읽기 중	**■ 뒷이야기 상상하기, 줄거리 이야기** - 꿈꾸는 장면에서 꾸물이의 꿈 상상하기 - '한 천 년은 늙어 버린 것 같았거든.' 이후의 뒷이야기 상상하기 (v) - 이야기 간추리기 (v)
읽기 후	**■ 작품에 대한 생각과 느낌 표현하기** - 슈퍼 거북의 주제 찾기 (생각 주머니 모으기 활동 후 사모아 토론) (v) - 슈퍼 거북은 ....에 관한 이야기다. 나에게 ....이란? (메타포 기법) (v) - 슈퍼 거북은 ....에 관한 이야기다. 나에게 ....이란? 찰흙으로 표현 (v) - 주제를 생각하며 책 표지 다시 만들기 (v) - 『토끼와 거북이』와 『슈퍼 거북』의 공통점과 차이점
	(v) 부분 (비주얼씽킹으로 활용 가능한 활동)

읽기 전 활동으로 우리가 알고 있는 '토끼와 거북' 이야기의 그림(『슈퍼 거북』의 첫 페이지에 그림으로 수록되어 있음)을 활용하여 기존의 이야기에 대해 학생들과 이야기를 나눕니다. 그리고 표지를 보고 어떤 이야기가 펼쳐질지 상상합니다.

읽기 중 활동으로 '한 천 년은 늙어 버린 것 같았거든.' 문장이 있는 페이지에서 꾸물이의 생각을 상상하거나 다음 쪽에서 꾸물이와 토끼가 꿈을 꾸는 장면에서 그들이 어떤 꿈을 꾸게 될지 그림이나 동작으로 비주얼씽킹합니다. 생각을 자유롭게 표현할 수 있도록 유도하고, 이 활동을 바탕으로 결과가 어떻게 될지 상상하는 활동으로 진행하면 좋습니다. 이때 역할극, 연극의 타블로 기법을 활용하여 시각적인 방법으로 표현하거나, 간단한 평면적인 그림으로 나타내어 표현하는 등 익숙한 방법을 선택하여 자유롭게 표현하도록 안내합니다. 이야기의 결말까지 함께 읽고 나면, 줄거리를 비주얼씽킹으로 정리합니다.

꾸물이는 아침마다 거울에 비친
제 모습을 보고 깜짝깜짝 놀라곤 했어.
한 천 년은 늙어 버린 것 같았거든.

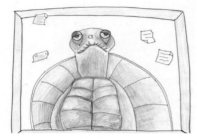

● 꾸물이가 자신의 모습을 보고 어떤 생각을
할지 상상하고 표현하기 활동 예시

● 꾸물이와 토끼가 대결을 앞두고 어떤
꿈을 꾸고 있을지 상상하여 그림이나
조각상으로 표현하기 활동 예시

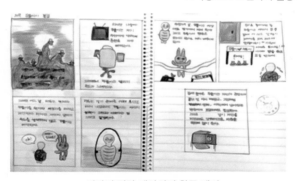

● 이야기 결말 예상하기 활동 예시

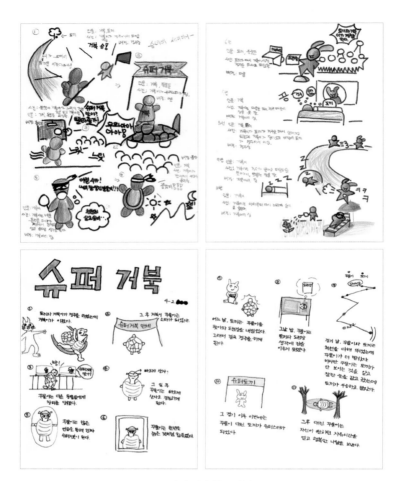

● 줄거리 정리 활동 예시

읽기 후 활동으로 생각 주머니 모으기 활동과 사모아 토론을 통해 이야기 주제를 정리합니다. 생각 주머니 모으기 활동은 4인 기준으로 자신의 주머니에 생각을 브레인스토밍하고, 중심 주제를 생각 주머니의 가운데 원에 기록합니다. 그리고 모둠 주머니 (가운데 생각 주머니)의 바깥 원 부분에 각자의 중심 주제를 쓰고, 의견을 나누어 모둠의 중심 주제로 모으는 활동입니다. 활동을 마치면 모둠에서 정리한 내용을 비주얼씽킹으로 간단하게 표현하여, 학급 사모아 토론을 준비합니다.

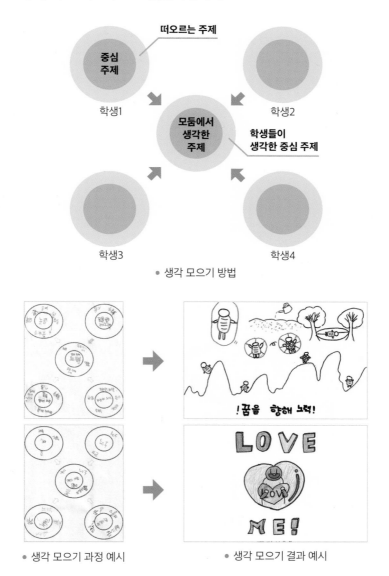

● 생각 모으기 방법

● 생각 모으기 과정 예시   ● 생각 모으기 결과 예시

[사모아 토론 방법]

① 토론에 참여할 학생은 안쪽 원에 둥글게 앉고, 나머지 학생들은 바깥 원에 앉습니다.

② 토론이 시작되면 안쪽 원에 앉은 학생은 모둠에서 정한 주제에 관해 이야기하고, 바깥 원에 앉은 학생은 경청합니다.

③ 발언권은 안쪽 원에 있는 학생에게만 있지만, 언제든지 역할을 바꾸어 진행할 수 있습니다. 바깥 원에 앉은 학생 중 발언을 하고 싶은 학생이 있으면 안쪽 원에 앉은 자기 모둠의 친구와 역할을 바꾸어 참여하면 됩니다. 바깥 원에 앉은 청중도 경청해야만 토론에 참여할 수 있기 때문에 바깥 원의 학생들이 적극적인 태도로 경청하는 것을 살펴볼 수 있습니다. 교사는 토론의 진행이 잘 될 수 있도록 사회자 역할을 합니다.

나머지 학생들
발언권이 없음, 경청하다가
안쪽 원에 있는 친구가 설득력이
떨어지게 말하면 교체 가능

입장이 다른 5명 학생
(조별 1명씩)
발언권이 있음, 1번씩 이야기하면
바깥의 원의 친구와 교체 가능

• 사모아 토론

이야기 주제 찾기 활동 수업 진행 예시

T - 여러분 이번에는 『슈퍼 거북』을 읽고 떠오르는 것을 생각하여 이야기의 주제를 생각해 보겠습니다. 먼저 생각 주머니 모으기 활동으로 자신의 자리에 떠오르는 주제를 바깥 원에 쓰고, 그 주제 중 중심 주제를 한 가지 선택해 가운데 씁니다. 4명의 모둠원이 각자 생각하는 중심 주제를 가운데 모둠 주머니에 적고 모둠 친구들과 '슈퍼 거북'의 주제에 대해 토의를 하여 모둠에서 생각하는 주제를 선정해 주시기 바랍니다.

S -(학생들은 각자의 생각 주머니에 『슈퍼 거북』의 주제에 대한 생각을 정리하고 모둠 친구들과 토의하여 모둠 주제를 정한다.)

T -이제 각 모둠에서 정한 주제를 비주얼씽킹으로 간단하게 표현하고 우리 반 전체 친구들과 사모아 토론을 진행하도록 하겠습니다.

S -(학생들은 모둠의 주제를 잘 나타낼 수 있도록 모둠판에 비주얼씽킹으로 표현하고 사모아 토론을 시작한다.)

● 사모아 토론 과정 예시

생각 주머니 모으기 활동, 사모아 토론으로 이야기의 주제에 대해 정리하면 메타포 기법을 활용하여 학생들의 삶과 이야기를 연결합니다.

'슈퍼 거북은 ...에 관한 이야기다. 나에게 ....란?'

이 활동을 통해 온작품읽기가 읽기에서 끝나는 것이 아니라, 자신의 삶을 투영해 어떤 가치를 중요하게 생각하며 사는지 생각해 보는 시간을 가질 수 있습니다. 그리고 이 과정을 미술과 성취기준 (【4미02-05】 조형 요서 (양감)의 특징을 탐색하고, 표현 의도에 적합하게 적용할 수 있다.)과 연계 및 재구성하여 입체적인 조형물로 표현하는 시각적 활동으로 확장하면 더욱 효과적입니다.

메타포 기법을 나의 삶에 연결하기 활동 수업 진행 예시

T - 사모아 토론을 통해 슈퍼거북의 주제에 대해 다시 한 번 생각하여 다음의 내용을 비주얼씽킹으로 표현해 주세요.

슈퍼 거북은 ...에 관한 이야기다. 나에게 ....란?

S - (학생들은 사모아 토론으로 『슈퍼 거북』의 주제에 대해 다시 한번 생각하고 『슈퍼 거북』의 주제를 나의 삶에 어떤 의미가 있는지, 나는 위 주제를 어떻게 생각하는지 비주얼씽킹으로 표현합니다. 입체적인 활동으로 진행해도 좋습니다.)

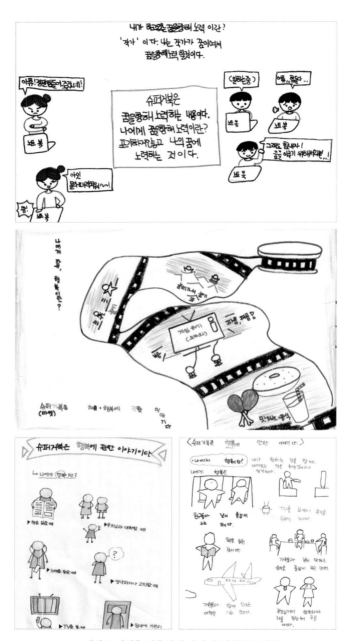

● 메타포 기법을 이용하여 나의 삶 연결하기 예시

3) 『선인장 호텔』 (브렌다 기버슨, 메건로이드.마루벌.2008)

책 소개

 미국 남부 사막과 멕시코 북부에 사는 사와로 선인장은 키가 20m 가까이 자라고 무게는 무려 8,000kg, 수명은 200년이나 됩니다. 이 책은거대한 선인장의 일생을 통해 벌어지는 자연 생태를 흥미진진하게 그려냅니다. 선인장에 집을 짓고 사는 동물과 서로 도움을 주고받는 선인장의 일생을 통해 사막의 생태계를 알 수 있게 해줍니다. 선인장의 일생과 학생들의 생애 주기를 살펴보고 미래를 계획하며, 자신의 과거를 되돌아보고 미래를 계획해 보는 시간을 가져 보려고 합니다.

교육과정 관련 성취기준

성취기준	【4국01-01】 대화의 즐거움을 알고 대화를 나눈다. 【4국01-05】 내용을 요약하며 듣는다. 【4국01-06】 예의를 지키며 듣고 말하는 태도를 지닌다. 【4국02-02】 글의 유형을 고려하여 대강의 내용을 간추린다. 【4국03-03】 관심 있는 주제에 대해 자신의 의견이 드러나게 글을 쓴다. 【4과05-02】 식물의 생김새와 생활 방식이 환경과 관련되어 있음을 설명할 수 있다. 【4과13-03】 여러 가지 식물의 한 살이 과정을 조사하여 식물에 따라 한 살이의 유형이 다양함을 설명할 수 있다. 【초등 진로교육 목표, Ⅳ.Ⅳ-2】 자신의 꿈과 끼에 맞는 진로를 그려본다.

■ 온작품읽기 활용 수업의 흐름

단계	활동
읽기 전	**■ 배경으로 이야기 나누기** - 그림 보고 내용 예상하기 (v)
읽기 중	**■ 이야기 흐름 파악하기, 피라미드 토론** - 이야기의 내용 파악 질문하고 답하기 - 피라미드 토론(『선인장 호텔』에서 말하고자 하는 가치)
읽기 후	**■ 나와 연결하기** - 선인장의 일생 (v) - 나의 생애 주기 (v)
(v) 부분(비주얼씽킹으로 활용 가능한 활동)	

읽기 전 활동으로 표지와 그림책의 일부 삽화를 제시하고 이 책의 내용을 예상하여 말하는 활동을 진행합니다.

읽기 중 활동으로 친구들끼리 책을 돌려 읽거나, 교사가 앞에서 이야기책을 읽어주며 이야기 내용에 대해 질문하고 답하는 하브루타를 합니다. 그리고 『선인장 호텔』에서 말하고자 하는 가치가 무엇인지 피라미드 토론을 합니다. 피라미드 토론은 어떤 문제에 대해 자기 생각을 적고 1:1, 2:2, 4:4, 8:8 토론을 거쳐 학급 전체가 최종 의사결정을 하는 방식으로 『선인장 호텔』에서 우리가 생각하는 가치에 대해 다양한 의견을 모아볼 수 있습니다.

읽기 후 활동으로는 선인장의 일생을 비주얼씽킹하고 학생의 (과거-현재-미래를 고려하여) 생애 주기를 나타냅니다. 자신의 생애 주기를 되돌아보고 미래를 계획하면서, 『선인장 호텔』이 주는 가치를 떠올리며 자신이 어떠한 삶을 살고 싶은지 깊은 고민을 해 보는 시간이 될 수 있습니다.

선인장의 일생과 나의 생애 주기 활동 수업 진행 예시

T - 이 책의 주인공은 누구인가요?

S - 선인장이요.

T - 선인장은 어디에서 볼 수 있나요?

S - 사막에서 볼 수 있어요.

T - 이 책에서 선인장은 처음에 어떻게 생겨나게 되었나요?

S - 사막 쥐가 열매를 먹고 수염에 씨를 묻히고 가다 나무 아래에 씨가 떨어져서 생겨났어요.

T - 10년 뒤에 선인장은 얼마만큼이 되었나요?

S - 아직 엄마 손 한 뼘 크기 정도입니다.

T - 25년 뒤에 선인장은 얼마만큼이 되었나요?

S - 다섯 살 어린이 키 정도입니다.

T - 50년 뒤에 선인장은 어떻게 되었나요?

S - 해마다 꽃이 피고 엄마 키의 2배가 되었습니다.

T - 60년 뒤에 선인장은 어떻게 되었나요?

S - 아빠 키의 3배가 되었습니다. 새들이 선인장 호텔에서 살아갑니다.

T - 150년 뒤에 선인장은 어떻게 되었나요?

S - 선인장은 더 이상 자라나지 않습니다.

T - 200년 뒤에 선인장은 어떻게 되었나요?

S -선인장은 쓰러져 죽습니다.

T - 네, 우리가 읽은 『선인장 호텔』의 내용을 잘 이야기 해 주었습니다. 이번에는 도화지의 절반에 우리가 읽은 『선인장 호텔』의 일생을 비주얼씽킹으로 나타내고, 나머지 부분에는 여러분의 과거-현재-미래를 고려하여 선인장의 일생을 정리한 것처럼 나의 일생 비주얼씽킹으로 표현해 봅시다.

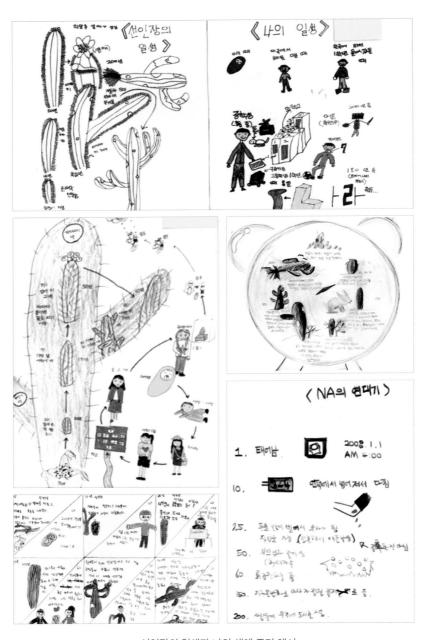

● 선인장의 일생과 나의 생애 주기 예시

4) 『곰돌이 팬티』(투페라투페라.북금곰.2014)

📖 책 소개

곰돌이가 울상을 짓고 있습니다. 팬티를 잃어버렸기 때문입니다. "걱정하지 마. 내가 같이 찾아줄게!" 곰돌이는 친구 생쥐와 함께 팬티를 찾아 나섭니다. 두 친구 앞에 팬티들이 하나씩, 하나씩 나타납니다. 화려한 줄무늬 팬티, 먹을 게 잔뜩 그려진 팬티…. 그런데 모두 곰돌이 팬티가 아니었습니다. 도대체 곰돌이의 팬티는 어디로 사라졌을까요? 다양한 모습의 팬티를 보면서 누구의 팬티일까 상상해 보는 재미가 담겨있습니다. 앞 장에서 본 팬티가 누구의 팬티일지 예상하는 아이들은 그림책의 다음 장을 계속 넘기고 싶어 할 것입니다.

📖 교육과정 관련 성취기준

성취기준	【4국01-01】 대화의 즐거움을 알고 대화를 나눈다. 【4국01-06】 예의를 지키며 듣고 말하는 태도를 지닌다. 【4미02-04】 표현 방법과 과정에 관심을 가지고 계획할 수 있다. 【초등 진로교육 세부목표, 1.1-1】 자신의 장점 및 특성을 찾아본다.

📖 온작품읽기 활용 수업의 흐름

단계	활동
읽기 전	**■ 배경으로 이야기 나누기** - 표지를 보고 내용 예상하기 (v)
읽기 중	**■ 이야기 흐름 파악하기** - 이야기의 내용 파악
읽기 후	**■ 자신만의 팬티 이야기 만들기** - 너를 칭찬해 게임 - 나를 표현해(나의 장점 및 내가 관심 있는 것 브레인스토밍 하기) (v) - 나만의 ⇨ 우리 반만의 '곰돌이 팬티' 책 만들기 (공판화 기법을 사용해도 좋음) (v)
(v) 부분(비주얼씽킹으로 활용 가능한 활동)	

읽기 전 활동으로 표지를 보고 어떤 이야기가 전개될지 예상합니다. 이 책은 표지만을 활용하여 이야기를 예측하는 활동을 진행하는 것이 이야기를 더욱 흥미롭게 끌고 갈 수 있습니다.

읽기 중 활동으로 교사가 직접 한 장면씩 같이 읽으면서 해당 장면에 나타난 그림이 어떤 것의 특징인지 알아보면 학생이 호기심과 흥미를 갖고 참여할 수 있습니다.

읽기 후 활동으로 친구에게 장점을 대해 적어주는 '너를 칭찬해' 게임을 합니다. (학년 초에 이 수업을 할 경우, 학생 스스로 자신의 장점과 관심 있는 것을 브레인스토밍하여 적습니다.)

['너를 칭찬해' 게임 방법]
① 가위바위보를 합니다.
② 이긴 친구가 진 친구에게 칭찬하는 말과 함께 글을 써줍니다.
③ 계속해서 진 친구의 경우는 선생님께 칭찬하는 말을 듣는 '찬스'를 사용합니다.

'너를 칭찬해' 게임을 바탕으로 자신을 상징할 수 있는 것을 '나를 표현해' 활동을 통해 비주얼씽킹으로 표현합니다.

['나를 표현해' 활동 방법]
① 친구가 적어 준 칭찬의 말에 자신이 생각하는 자신의 장점, 특성, 흥미 등을 덧붙입니다.
② 그 중 5~6가지를 선택해 자신을 상징할 수 있는 것을 비주얼씽킹합니다.

다음으로 자신과 관련된 '나만의 팬티 이야기'를 재구성하여 결과물을 모두 모아 우리 반만의 '곰돌이 팬티' 책 이야기를 만들 수 있습니다. 친구의 작품을 보면서 어떤 친구의 팬티인지 맞히어 보는 재미있는 활동도 가능합니다.

[나만의 팬티 이야기 만드는 방법]

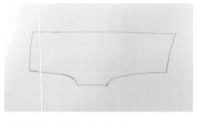

❶ 도화지 반을 접어 자신의 팬티를 그린다.

❷ 자신이 그린 팬티를 가위로 오린다.

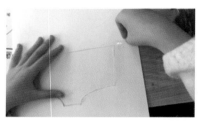

❸ 팬티가 아닌 부분(가위로 종이를 오리기 위해 시작한 부분에서 팬티까지)을 테이프로 붙인다.

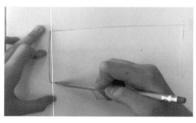

❹ 앞 장의 팬티 그림을 따라 뒷장에 팬티 그림이 나타나게 그린다.

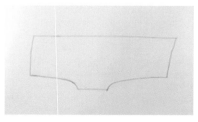

❺ 뒷장에 앞장과 같은 팬티 모양이 그려진다.

❻ 뒷장에 자신을 나타낼 수 있는 캐릭터나 자신의 모습을 그린다.

❼ '나를 표현해'에 그린 비주얼씽킹 그림을 나의 팬티 안에 그린다.
(공판화 기법도 가능)

❽ 색칠한다.

❾ 들어갈 글 쓰는 방법 예시(앞장)

❿ 들어갈 글 쓰는 방법 예시(뒷장)

● 우리 반만의 '곰돌이 팬티' 책 만들기 구성 예시

● 실제 학생 작품 예시

물방울 무늬와 사람이 그려진
팬티네요. 누구의 팬티일까요

이거 나 팬티야?
아냐. ㅠㅠ

여러가지
알록달록 무늬의 팬티네요.

누구의 팬티 일까요?

" 이거 네 팬티야? "

" 아닌에 . . . "

● 실제 학생 작품 예시

4
비주얼씽킹으로
STEAM과 융합해 보자

~~~~~~~~

가. 융합 인재 교육(STEAM)의 목적과 의미

1) 융합 인재 교육(STEAM)의 목적

오늘날의 사회는 4차 산업 혁명 시대로, 인공 지능, 사물 인터넷, 빅데이터 등 첨단 정보통신기술로 인해 경제 사회 전반에 혁신적인 변화가 나타나고 있습니다. 컴퓨터, 인터넷으로 대표되는 3차 산업 혁명에서 한 단계 더 진화하여 더 넓은 범위에서 더 빠른 속도로 하루가 다르게 급속하게 변화하고 있습니다. 시대의 변화에 발맞추어 교육 분야에서도 지식이나 기술뿐만 아니라 상상력과 예술적 감성까지 아우를 수 있는, 창의와 인성을 함께 지닌 '창의융합형 인재'를 육성하고자 노력을 기울이고 있습니다. 이를 위한 방안 중 하나가 바로 '융합 인재 교육(STEAM)'입니다.

2) 융합 인재 교육(STEAM)의 의미

융합 인재 교육에서 '융합'은 '녹을 융(融)', '합할 합(合)'으로, '녹여서 합친다'라는 의미입니다. 또한, 국어사전에는 '다른 종류의 것이 녹아서 서로 구별이 없게 하나로 합하거나 그렇게 만드는 일'이라고 나와 있습니다. 융합 인재 교육이란 다양한 지식을 활용해 문제를 해결할 수 있는 능력을 갖춘 사람을 기르기 위한 교육이라고 정의할 수 있습니다.

한편 융합 인재 교육은 스팀(STEAM)교육이라고도 일컫는데, 여기서 스팀(STEAM)이란 과학(Science), 기술(Technology), 공학(Engineering), 예술(Arts), 수학(Mathematics) 각 분야의 첫 글자를 합친 것입니다. 과학·수학에서 이론 및 개념 습득을, 기술·공학에서 실생활과 연계한 활용 및 적용을, 예술에서 감성적 체험을 통하여 융합적 소양(STEAM literacy)과 실생활 문제해결력을 지닌 인재를 양성하기 위한 교육 방식입니다.

스팀(STEAM) 교육에 앞서, 미국 학생들이 수학과 과학 과목에서 낮은 학업 성취도를 보인 문제를 해결하기 위해 STEM 교육이 개발되었습니다. 그 후 창의성 및 인성 등과 관련한 한계를 극복하기 위해 2006년 미국의 야크만(Yakman)이 기존의 STEM에 Arts를 추가하여, 지금의 스팀(STEAM) 교육이 시작되었습니다.

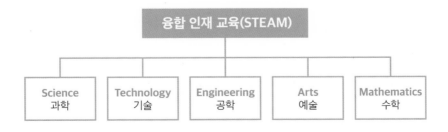

나. 융합 인재 교육(STEAM)의 특징과 단계

1) 융합 인재 교육(STEAM)의 특징

융합 인재 교육에서는 실생활의 문제를 해결하기 위해 학습자가 주체적으로 해결 과정을 찾아가는 경험을 제공합니다. 평소 학생들이 배우는 학습 내용을 실생활과 연계시키는 범위를 넘어, 학생들이 스스로 문제를 정의하고 해결 방법을 설계하여 해결책을 찾는 과정이 바로 융합 인재 교육의 특징입니다. 특정 교과나 주제가 아니라 실생활에서 겪는 문제를 이용하여 호기심과 흥미를 유발하고, 그 문제를 해결하기 위해 다양한 교과의 지식을 활용하는 과정에서 자연스럽게 '융합'이 이루어질 수 있도록 합니다.

2) 융합 인재 교육(STEAM)의 단계

융합 인재 교육의 학습 준거 틀로는 상황 제시와 창의적 설계, 감성적 체험의 세 단계가 있습니다.

❶ 상황 제시

상황 제시는 학습자가 문제를 해결할 필요성을 구체적으로 느낄 수 있도록 하는 단계입니다. 학습자가 자신의 문제로 인식할 수 있도록 실생활과 연계된 문제 상황을 학습자에게 제시하는 것으로, 학습자가 흥미와 관심을 가지고 학습 활동에 집중할 수 있게 하며 문제 해결 의지가 생기게 해야 합니다. 이것은 단순히 학습자의 흥미를 유발하기 위한 동기유발과는 분명히 차이가 있습니다.

또한, 이 단계에서 제시된 상황은 학습자의 눈높이에 맞아야 합니다. 학습자가 흥미를 느끼더라도 학습자의 수준에 맞지 않거나 해결 방법이 너무 허황되면 상황에 대한 수정이 필요합니다. 이러한 상황 제시는 수업 전체를 포괄해야 하며 이후 창의적 설계와 감성적 체험 단계를 통해 잘 해결되었는지 확인해야 합니다.

❷ 창의적 설계

창의적 설계는 학습자 스스로 문제 해결 방법을 찾아 이를 직접 실천해 가는 과정으로, 문제해결 능력을 기를 수 있는 단계입니다. 학습자가 문제를 정확히 인식하여 스스로 창의적인 아이디어를 도출하고 이를 학습 활동에 반영하는 것으로, 학습 과정에서 다양한 학문의 지식을 자연스럽게 융합하여 활용합니다. 이때, 교사는 학습자에게 해결 방법을 제시하는 것이 아니라 학습자가 올바른 방향으로 갈 수 있도록 도와주는 역할을 해야 합니다.

교사는 다음 사항에 주의하며 창의적 설계가 잘 이루어졌는지 확인해야 합니다.

첫째, 학습자의 창의적 설계과정이 명확하게 드러나 있는지를 살펴봐야 합니다. 학습자가 다양한 아이디어를 도출하되, 엉뚱한 상상이나 실현 가능성 없는 공상을 하고 있지는 않은지, 단순히 매뉴얼화된 과정을 따라 설계하지는 않는지를 살펴봐야 합니다.

둘째, 학습자 중심으로 설계되었는지를 확인해야 합니다. 창의적 설계의 핵심이 바로 '학습자 스스로의 자기 주도적인 참여'인 만큼, 학습자가 주도적으로 수업을 구성하여 운영해 나가야 합니다. 교사의 일방적인 설명이나 주입식 강의가 중심이 되는 수업이 아니라, 학습자가 직접 고민하고 구상하는 과정이 있는지를 살펴보아야 합니다.

셋째, 결과가 개인 또는 모둠별로 다르게 나타날 것인지를 살펴봐야 합니다. 학습자 또는 모둠이 어떤 문제에 대한 해결 방법을 찾아가는 과정은 개인마다 또는 모둠마다 다를 수 있기 때문에, 결과도 다르게 나타납니다. 또한, 눈에 보이는 결과를 강조하다 보면 과정보다는 만들기에 집중하게 되므로, 학습자의 사고과정의 결과로 도출된 아이디어의 수준을 살펴봐야 합니다.

넷째, 일상생활에서 사용할 수 있는 도구를 활용하였는지를 확인해야 합니다. 학습자가 다루기 어렵거나 생소한 도구를 사용하게 되면, 도구를 활용하는 방법을 익히는 데 치중하여 정작 창의적 설계과정에는 소홀해질 수 있습니다. 따라서 교사는 학습자가 손쉽게 사용할 수 있고 친근한 도구들을 다양하게 준비해두고 학습자가 자신이 설계한 내용에 맞게 도구를 취사선택할 수 있도록 도와주어야 합니다.

❸ 감성적 체험

감성적 체험은 학생이 문제를 해결해 가는 과정에서 얻게 되는 성공의 기쁨, 새로운 문제에 도전하고자 하는 열정을 가질 수 있게 합니다. 학습자가 문제를 해결하고자 하는 의지를 갖게 하는 것에서 더 나아가, 해결 과정에서 느끼는 즐거움, 또 다른 문제도 해결하고 싶어지게끔 만드는 것이 바로 감성적 체험입니다. 더불어 자신이 설계한 과정이 실패했더라도, 다시 수정하여 도전하고자 하는 마음 역시 감성적 체험이라고 할 수 있습니다.

감성적 체험은 '협력학습'을 통해서도 얻을 수 있습니다. STEAM 교육에서의 문제 해결은 어렵거나 오랜 시간이 걸리는 것이 많습니다. 따라서 모둠 구성원 간의 협력을 통해서 더 나은 해결 방법을 도출해 낼 수 있습니다.

또한, 협력을 통해 문제를 해결했던 경험은 미래 사회의 복잡한 문제를 접했을 때도 동료들과의 협업을 통해 손쉽게 해결해 나갈 수 있는 밑거름이 될 수 있습니다.

다. 융합 인재 교육(STEAM) 수업에서의 비주얼씽킹

1) 융합 인재 교육(STEAM)과 비주얼씽킹의 만남

첫째, 수업의 주인공이 학습자라는 점입니다. 융합 인재 교육과 비주얼씽킹 모두 수업의 시작부터 마무리까지 학습자가 중심이 되어 활동이 이루어집니다. 학습자가 수업에 흥미와 관심을 갖고 주체적으로 활동에 참여하며 능동적으로 수업을 이끌어나갑니다.

둘째, 학습자의 창의성을 중요하게 여깁니다. 융합 인재 교육과 비주얼씽킹 모두 학습자의 창의적인 아이디어를 바탕으로 활동이 구성됩니다. 예를 들어 융합 인재 교육에서는 창의적 설계 단계에서 학습자의 창의성이 필요하다면, 비주얼씽킹에서는 시각화 과정에서 학습자의 창의성이 필요합니다. 그래서 융합 인재 교육과 비주얼씽킹의 융합은 학습자의 창의성을 키워줄 수 있습니다.

셋째 교사의 역할입니다. 융합 인재 교육과 비주얼씽킹에서 교사는 학습자의 흥미와 동기를 유발해 학습자가 학습 활동에 참여하도록 안내하는 역할을 합니다. 또한, 학생에게 방향성을 제시해 주고 도움을 주는 조력자 역할도 합니다. 융합 인재 교육에서는 교사가 문제 해결 방법을 직접 제시하는 것이 아니라, 올바른 방향으로 설계할 수 있도록 방향을 제시해 줍니다. 그리고 학습자에게 새로운 다른 문제를 제시하거나 학습자가 문제 해결 과정에서 어려움을 겪을 때 단서나 실마리를 제공합니다. 비주얼씽킹에서도 교사는 학생의 활동을 직접 관찰하면서 학생의 이해 정도를 파악하여 즉각적인 피드백을 준다는 점에서 공통점이 있습니다.

2) 융합 인재 교육(STEAM)과 비주얼씽킹 융합의 장점

첫째, 비주얼씽킹으로 자신의 아이디어를 시각화함으로써 융합 인재 교육의 창의적 설계가 잘 이루어지고 있는지 확인할 수 있습니다. 학습자가 아이디어를 도출하는 과정에서 비주얼씽킹 활동을 하면 창의적 설계과정이 분명하게 드러나는지 살펴볼 수 있고, 모둠에서 문제 해결 방법을 찾고자 아이디어를 모을 때 구성원의 생각을 손쉽게 파악할 수 있습니다.

둘째, 비주얼씽킹은 교사가 학습자의 인지 및 메타 인지를 확인할 수 있는 도구입니다. 그래서 융합 인재 교육에서 비주얼씽킹 활동을 통해 학습자에게 적절한 피드백을 제공하고 올바른 방향으로 이끌어 갈 수 있게 합니다.

셋째, 융합 인재 교육에서 학습자는 비주얼씽킹 활동을 통해 같은 문제에 대한 다른 사람의 문제 해결 아이디어를 살펴볼 수 있습니다. 그래서 자기 생각과 같은 점과 다른 점을 파악하여 좀 더 풍부한 아이디어를 도출해낼 수 있습니다.

다음은 '환경'을 주제로 한 STEAM 프로그램 중 1~2차시 지도 계획의 일부입니다. 감성적 체험 단계를 더 심화하기 위해 비주얼씽킹을 활용하여 수업을 진행하였습니다. 모둠별 협력학습을 위해 포스트잇으로 써클형 레이아웃 모양으로 비주얼씽킹으로 표현했습니다.

중심과목		과학	학교급/학년(군)	초등학교/5학년
중심과목 성취기준 영역		[과학] 용해와 용액	중심과목 성취기준	**[6과 03-01]** 물질이 물에 녹는 현상을 관찰하고 용액을 설명할 수 있다.
주제(단원)명		우유갑으로 재생종이 만들기	차시	1~2/6
학습목표		우유갑으로 재생종이를 만들며 환경의 소중함을 생각할 수 있다.		
연계과목		미술	연계과목 성취기준 영역	표현
STEAM 요소	S T E	우유갑을 물에 넣고 불린 후 재생종이 만들기		
	A M	색소의 양을 적절히 조절하여 재생종이에 색 입히기		
개발의도		우유갑을 사용하여 재생종이를 만드는 과정을 통해 환경의 소중함을 생각할 수 있게 한다.		

일 년 동안 한 사람이 A4 종이를 사용하는 양을 알아보고 A4종이를 만들 때 필요한 나무의 양을 추측하게 함으로써 환경의 소중함을 생각해 보게 한다. 그리고 재생종이를 만드는 과정을 통해 시간과 정성이 들어가야 함을 알고 종이를 아껴 써야 하는 이유를 직접 깨닫게 한다.

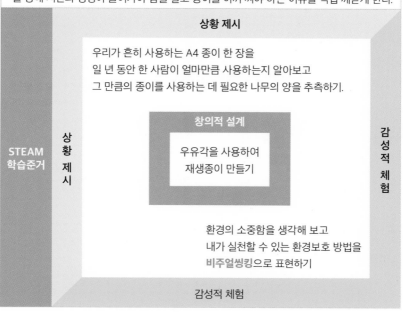

상황 제시

우리가 흔히 사용하는 A4 종이 한 장을
일 년 동안 한 사람이 얼마만큼 사용하는지 알아보고
그 만큼의 종이를 사용하는 데 필요한 나무의 양을 추측하기.

창의적 설계

우유각을 사용하여
재생종이 만들기

STEAM 학습준거

상황 제시

감성적 체험

환경의 소중함을 생각해 보고
내가 실천할 수 있는 환경보호 방법을
비주얼씽킹으로 표현하기

감성적 체험

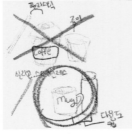

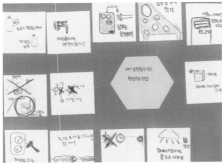

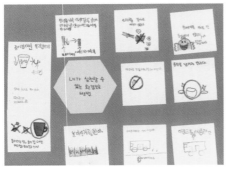

● 내가 실천할 수 있는 환경 보호 방법
（포스트잇을 이용하여 써클형 레이아웃
모양으로 비주얼씽킹 표현하기）

5
비주얼씽킹으로
대화하자

〰〰〰〰

가. 비주얼씽킹 수업에서 질문의 필요성

　비주얼씽킹 수업을 하다 보면, 불현듯 조용해진 교실을 발견할 수 있습니다. 내 앞에 놓인 종이에 집중해서 글을 쓰고, 시각화하는 활동을 주로 하다 보니 대화할 기회가 부족하기 때문입니다. 비주얼씽킹 수업은 글과 그림을 통해 학생의 생각을 표현하는 수업 방식이라, 학생 개인의 생각을 한눈에 볼 수 있다는 장점이 있습니다. 그런데 역설적으로 종이를 활용한 수업이다 보니 다른 사람과의 교류가 일어나기 어려운 면이 있어, 장점이 가장 큰 단점이 되기도 합니다. 예를 들어, 비주얼씽킹 수업은 정리 활동을 시각화한 그림을 짝에게 보여 주고, 간단하게 의견을 교류하는 경우가 많았습니다. 하지만 몇몇 학생은 결과물을 짝에게 보여 주고 의견을 교류하라고 할 때, 어떻게 말할지 몰라서 어리둥절하거나 핵심을 전달하기 어려워하는 경우가 많습니다.

그래서 서로의 생각을 교류하기 위한 도구로 질문과 비주얼씽킹과 융합했습니다. 생각을 교류할 때, 질문으로 이야기를 시작할 수 있기 때문입니다. 그리고 효율적인 대화를 위해 짝 대화로 수업을 진행했습니다. 3명, 4명이 대화하면 한 명이 질문하고 다른 한 명이 대답할 때, 역할이 모호한 누군가가 남아 있을 수 있기 때문입니다. 결과적으로 비주얼씽킹 수업에서 글과 그림이라는 도구에 질문을 통한 짝 대화가 융합된 것입니다.

비주얼씽킹 수업에서 질문을 활용한 정리는 생각을 4가지 감각으로 정리할 기회를 제공합니다. 글을 적고 그림을 그리면서 손과 눈을 활용하고, 질문을 통해 대화하면서 귀와 입을 동시에 자극할 수 있기 때문입니다. 더불어 짝에게 오늘 배운 것을 설명하는 과정에서 자신이 아는 것과 모르는 것을 구분할 수 있고, 짝에게 모르는 것을 배우거나 오개념을 수정하는 피드백을 받을 수 있습니다. 즉, 대화를 통해 자연스럽게 동료 평가가 이루어질 수 있다는 것입니다. 그림을 잘 그리지 못해 그림을 보여 주는 것을 부끄러워하여 정리 시간에 어려움을 겪는 학생에게도 효과적입니다. 대화를 위해서 서로가 가까워지는 과정에서 자연스럽게 서로의 그림을 자세히 살펴볼 수 있고, 자신이 그린 그림을 가리키면서 관련 내용을 친구에게 설명하면 더욱 이해가 잘 되기 때문입니다.

말하는 것을 좋아하는 학생도 있고, 글을 적거나, 그림을 그리는 것을 좋아하는 학생도 있습니다. 자기 생각을 말로 표현하고 싶은 학생들에게 40분 내내 글을 쓰고, 그림을 그리는 수업은 참여하기 어려운 수업입니다. 그래서 질문을 활용한 대화는 비주얼씽킹 수업에 활기를 찾고, 서로의 생각을 다양한 방법으로 교류할 수 있게 합니다.

나. 질문의 종류

「질문하고 가르치기」에서 딜론은 27개 교실을 관찰한 결과, 질문을 한 학생은 11명 밖에 없었다고 말했습니다. 또한, "질문은 교사가 하는 말 중 60% 이상을 차지했지만, 학생이 하는 말 중에는 1% 이하였다.[35] 각 교사가 시간 당 80번 질문을 한다면 학생들은 모두 합해서 시간 당 2번 밖에 질문하지 않는다."라고 말했습니다. 실제로 많은 학생이 질문을 활용한 수업을 해 본 경험이 많지 않습니다. 그래서 학생들과 질문을 활용한 비주얼씽킹 수업을 하기 전에 질문에 대한 기본적인 학습이 필요합니다. 질문으로 대화하는 비주얼씽킹 수업에 필요한 질문을 확인형 질문, 사고형 질문, 융합형 질문 세 가지로 정리했습니다.

첫째, 확인형 질문은 어떤 질문일까요?

"조선이 왕권을 강화하기 위해 노력한 점은 무엇일까요?"
"심장이 하는 일은 무엇일까요?"
"글의 짜임에서 절정 부분에는 어떤 내용이 들어갈까요?"

확인형 질문은 지식을 확인하는 질문입니다. 최근 질문에 관한 책에서는 다양한 생각을 끌어내는 질문이 좋은 질문이라고 말합니다. 하지만 학습목표를 달성하기 위해서는 다양한 생각보다, 학생의 지식을 확인하는 것이 필요할 때도 있습니다. 배운 내용을 정리할 때, 다양한 답을 요구하는 질문을 핵심 질문으로 제시하면 학습목표와 다른 방향의 답이 나올 수 있기 때문입니다. 그래서 교사가 의도하는 학습목표를 달성하기 위해서는 지식을 확인하는 확인형 질문을 사용하는 것이 좋습니다.

둘째, 사고형 질문은 어떤 질문일까요?

"헬렌 켈러에 대해서 어떻게 생각하나요?
"6.25가 일어나지 않았다면 우리나라는 어떻게 되었을까요?"
"균형 잡힌 식단은 우리를 어떻게 변화시킬까요?"

사고형 질문은 정해진 정답이 없고 학생의 자유로운 생각을 이끌어내기 위한 질문입니다. 그리고 오늘 배운 내용 중에서 기억나는 것과 평소에 알고 있던 상식을 자유롭게 대화할 수 있다는 장점이 있습니다. 그래서 사고형 질문은 학습목표를 통해 다양한 생각을 주고받는 것이 필요할 때 사용하면 좋은 효과를 거둘 수 있습니다.

그렇다면 다양한 생각을 돕는 사고형 질문을 만들 때 어떤 점에 주의해야 할까요? 사고형 질문을 만드는 팁은 바로 '어떻게?'라는 마법의 단어입니다. '어떻게'라는 마법의 단어를 만나기 전에는 '왜?'라는 질문을 자주 했었습니다. 학생의 생각을 듣기 위한 질문이었지만, 학생들이 마땅한 답을 찾지 못해 머뭇거리는 사이에 교사의 생각을 일방적으로 전달하는 경우가 많았습니다. '왜 이 질문에 대답을 잘못할까?'라고 생각하며 원인을 찾지 못했었는데, 질문에 대해 배우면서 '왜?'라는 질문이 원인이라는 것을 발견하게 됐습니다. 기본적으로 '왜?'라는 질문은 자신이 알고 있는 것을 논리적으로 설명할 수 있거나, 사건이나 현상의 원인을 정확하게 알고 있어야 대답할 수 있는 질문인 경우가 많았기 때문입니다. '왜?' 질문을 들은 학생은 정확한 답을 찾기 위해 고민하거나, 정확하게 알지 못해서 대답하기 힘들어했던 것입니다. 그래서 학생들이 자유롭게 생각을 말하기 위해서는 '왜?'라는 질문보다, '어떻게?'라는 질문을 사용하는 것이 더 효과적입니다.

'어떻게?'라는 질문을 사용하게 되면, 학생은 정답을 말해야 한다는 부담 없이 생각을 말할 수 있습니다. 그래서 교사는 "왜 그렇게 생각해?"보다 "넌 어떻게 생각해?"로 질문하고, 학생의 대답을 존중하고 오늘 배운 내용과 연결될 수 있도록 이끌어 줘야 합니다. 자유로운 분위기 속에 학생은 자기 생각을 자연스럽게 말할 수 있고, 정답이 아닌 것을 발표해도 수업에 공헌할 수 있음을 느낄 수 있게 되어 수업에 더 열심히 참여하게 됩니다. 물론 질문의 의도와 다른 대답을 할 수도 있지만, 추가 질문과 교사의 안내로 수업과 관련되도록 이끌어 주는 것이 교사의 역할입니다.

셋째, 융합형 질문은 어떤 질문일까요?

"태백산맥과 겨울철 서울과 강릉의 기온 차이를 연관 지어서 설명해 보세요."
"대기 오염과 자동차 매연은 어떤 관계가 있을까요?"

위 질문의 공통점은 두 가지 개념이 서로 합쳐져 있는 질문입니다. 융합형 질문은 교사가 의도하는 대답을 유도할 수 있다는 점에서, 앞에 두 질문보다 집약적인 사고를 할 수 있는 질문입니다. 예를 들어, "대기 오염의 원인은 무엇인가요?"라는 질문은 대기 오염의 다양한 원인 중 하나를 답할 수 있습니다. 하지만, "대기 오염과 자동차 매연은 어떤 관계가 있을까요?"라는 질문으로 대기오염와 자동차 매연을 연관 지어 설명하도록 이끌어, 교사가 의도하는 방향으로 답할 수 있게 합니다. 다시 말하면 확인형, 사고형 질문보다 융합형 질문을 통해 교사가 의도하는 방향성을 가진 답을 얻을 수 있습니다.

비주얼씽킹 수업에는 확인형, 사고형, 융합형과 더불어 다양한 질문이 활용될 수 있습니다. 그래서 각 질문의 특징을 잘 알고, 수업 시간에 적절하게 활용한다면 학생들 사고를 확장하고, 자극하는 수업을 할 수 있습니다.

하지만 모든 질문이 좋은 질문은 아닙니다.

첫째, '예/아니오'로만 대답 가능한 질문은 선택지가 두 가지라 특별한 지식 없이 대답할 수 있는 질문입니다. 그래서 학생들의 사고를 촉진하기에는 적합하지 않은 질문입니다.

둘째, 상대방의 기분을 상하게 하는 질문입니다. 똑같은 질문이라도 말투나 표정에 따라서 상대방을 얕잡아 보는 질문으로 이해할 수도 있기 때문입니다. 그래서 질문할 때는 상대방에 대한 예의를 갖춰서 질문할 수 있도록 안내해야 합니다.

다. 비주얼씽킹으로 어떻게 대화할까?

비주얼씽킹에서 질문은 수업 흐름 속에 동기 유발, 주제와 소주제 정하기, 텍스트 활동을 하기 전 개념 정리하기, 짝 대화로 정리하기 등 다양하게 활용될 수 있습니다.

1) 질문으로 동기 유발하기

계기 교육이나 주제에 관한 느낌을 나누는 비주얼씽킹 수업에서는 정해진 정답보다, 다양한 생각을 나누는 것이 중요하므로 브레인스토밍을 이용하면 더욱 다양한 생각을 나눌 수 있습니다. 교사가 생각하는 핵심 질문(학습목표와 관련된 질문이나, 핵심 주제를 포함하고 있는 질문)을 학생들에게 제시하고, 교과서나 주어진 텍스트에서 그 질문에 대한 답을 자유롭게 발표하는 것으로 주제와 소주제를 선정할 수 있습니다. 하지만 학생의 대답으로 주제와 소주제를 선정한다고 해도, 교사의 계획 속에는 주제와 소주제가 명확하게 있어야 합니다. 중요한 소주제인데도 언급되지 않으면 간단한 추가 질문을 통해 끌어내고, 학생 생각을 기준에 따라 칠판에 유목화해야 하기 때문입니다. 결과적으로 교사가 계획한 주제와 소주제를 학생이 말할 수 있도록 하는 것이 목표입니다. 이 활동은 도입이자 전개로 활용할 수 있어, 활동이 끝나고 오늘 배울 내용을 안내하는 과정 없이 바로 텍스트 활동으로 넘어가도 비주얼씽킹 활동이 가능하다는 장점이 있습니다.

예) 5학년 사회 왕권 강화를 위한 노력

도입 시 질문 활용

교사: 나라가 발전하고, 강해지려면 어떤 것들이 필요할까요? 교과서 31~32쪽을 보고, 왕권을 강화하기 위해 필요한 것을 찾아 발표해 봅시다.

학생: 철기를 만들었습니다.
율령,법을 만들었습니다.
세금을 거두었습니다.
불교를 받아들였습니다. 왕 = 부처이웃
나라와 교류하였습니다.
끊임없이 정복활동을 했습니다.
성을 지었습니다.
농사를 지었습니다.
전쟁을 했습니다.

● 브레인스토밍 디자인으로 그리기

브레인스토밍 후 소주제 유목화 과정 대화

교사: 나라를 발전시키기 위해 삼국은 큰 노력을 했습니다. 삼국은 철기를 만들어서 어떤 발전을 이루었습니까?

학생: 전쟁을 하고, 농사를 지었습니다.

교사: 그렇다면 이 부분을 묶어서 어떻게 말할 수 있을까요?

학생: 철기라고 하면 됩니다. 철기 기술 발전이라고 말하면 됩니다.

교사: 다음으로 법이 있으면 어떤 점이 좋을까요?

학생: 도둑을 잡거나, 사람들을 지켜줄 수 있습니다.

교사: 국민을 안전하게 지켜 줄 수 있도록 법을 만든 것을 어떻게 말할 수 있을까요?

학생: 법 제정이라고 할 수 있습니다. 교과서에 적힌 대로 율령 반포라고 말할 수 있습니다.

2) 소주제를 대화로 정리하기

텍스트 활동을 진행할 때 가장 어려운 점은 교과서나 수업 자료에서 소주제와 관련된 내용을 찾아서 적는 것입니다. 교사가 관련 내용을 잘 전달했다 하더라도, 모든 학생이 배운 내용을 글로 정리하는 것은 어렵기 때문입니다. 그래서 주제와 소주제를 적고, 소주제를 질문 삼아서 짝에게 설명하는 방법을 사용하면 텍스트 활동에 더 효과적으로 참여할 수 있습니다. 예를 들어 버블형 레이아웃을 활용해서 수업한다면, 교사의 안내를 통해 배운 6가지 소주제 중 3가지를 선택해 관련 내용을 짝에게 설명합니다. 그리고 짝대화 후 중요하거나 기억나는 단어를 텍스트로 정리하면, 텍스트 활동에 쉽게 참여할 수 있습니다.

교사: 주제와 관련된 소주제 6가지 중에서 3가지씩 짝에게 설명해 보세요. 그리고 설명이 끝나고 난 뒤, 각 소주제에 기억나는 단어나 중요한 단어를 소주제 밑에 적도록 합니다. 적을 때는 단어나 짧은 문장을 3~4개 정도 적는 것이 좋습니다.

3) 질문으로 수업 정리하기

도입과 전개 과정에서 질문을 활용하는 것과 더불어 정리 과정에서도 질문을 활용할 수 있습니다. 글과 그림으로 정리하면서 기억하는 비주얼씽킹 수업에 핵심 질문을 추가하여, 배운 내용을 말로 설명하면서 정리할 수 있기 때문입니다.

첫째, 핵심 질문은 어떻게 만들어야 할까요? 질문을 활용한 수업에서 가장 이상적인 것은 학생이 질문을 만들고, 만든 질문으로 서로 대화하는 것입니다. 하지만, 모든 학생이 수업 목표에 부합하면서 다양한 생각을 할 수 있는 질문을 만들기는 어렵습니다. 그래서 핵심 질문은 교사가 만들어 학생에게 제시하는 것이 좋습니다. 그래야 교사가 계획한 학습목표가 달성될 수 있는 질문을 제시할 수 있기 때문입니다.

둘째, 어떤 질문을 핵심 질문으로 제시해야 할까요? 오늘 배운 내용에서 지식을 확인하는 것이 중요하다면 확인형 질문, 다양한 생각을 공유하는 것이 중요하다면 사고형 질문, 구체적인 사례를 통한 내용 정리가 필요하다면 융합형 질문을 핵심 질문으로 제시하면 됩니다. 더불어 학습목표를 질문형으로 바꿔서 핵심 질문으로 제시하는 것도 좋은 방법입니다. 또한, 오늘 배운 내용이 4가지, 6가지처럼 개수가 떨어진다면 "삼국이 왕권 강화를 위해 노력한 점을 3가지씩 말해 봅시다."처럼 질문에서 설명할 내용의 개수를 정해주어, 오늘 배운 내용을 모두 묻고 대답할 수 있도록 합니다. 왜냐하면, 위의 핵심 질문은 새로운 사고를 만들어내는 것이 아니라, 5분이라는 짧은 정리 시간 동안 배운 내용을 짝에게 설명하기 위한 도구이기 때문입니다.

셋째, 핵심 질문으로 어떻게 대화할까요? 질문으로 대화하는 수업을 하다 보면, 학생들은 대화하기 전에 자기 대답을 적기 시작하는 것을 자주 볼 수 있습니다. 말로 설명하는 것이 귀찮거나, 어려워서 짝의 대답을 베껴 적는 것이 더 편하기 때문입니다. 즉, 대화를 통해 정리하면서 얻고자 했던 효과가 사라지고, 다시 텍스트 활동이 시작된다는 것입니다. 그래서 답을 적기 전에 생각을 머릿속으로 정리해서 짝과 질문으로 대화하고 난 뒤, 기억나는 단어만 적을 수 있도록 안내해야 합니다. 핵심 질문으로 대화할 때, 교사의 역할은 대화를 듣고 추가로 설명하거나 수정해야 할 오개념을 찾고,

대화를 마치고 오늘 배운 것을 다시 정리하는 것입니다.

교사: 오늘은 삼국이 왕권을 강화하기 위해 노력한 점에 대해서 배워 보았습니다. 왼쪽 사람이 오른쪽 사람에게 핵심 질문을 하고, 오른쪽 사람, 왼쪽 사람 순으로 자기 생각을 이야기합니다. 대화가 다 마무리된 후, 중요하거나 기억나는 단어나 문장을 적습니다. 서로의 생각을 모두 말하기 전까지는 질문에 대한 답은 적지 않습니다.

❓① 핵심 질문: 삼국이 왕권 강화를 위해 노력한 점을 세 가지씩 말해보세요.

대화 후 교사의 마지막 정리:
삼국은 철기를 발전시키고 법령을 만들며 세금을 거두고 불교로 사람들의 마음을 모으고, 국방을 강화하고 다른 나라와 교류하거나 정복하면서 중앙집권 국가 즉, 왕권이 강한 나라로 발전할 수 있었습니다.

핵심질문: 삼국이 왕권을 강화하기 위해 노력한 점은 무엇일까요?	
나의 대답: 나라를 튼튼하게 운영하기위해율령을 만들고2, 나라의산업을 먹여세 세금을 거두었다.	짝의 대답: 기술과 문화들을 발전 시켰다.

핵심질문: 삼국이 왕권을 강화하기 위해 노력한 점은 무엇일까요?	
나의 대답: 나는 불교를 하여 백성의 마음, 유교이, 함께 강화 강! 율령 준비서	짝의 대답: 백성 믿는 거역은 가족2, 법령 방부강가 지켜 :문제에 나라 속 지켜준

● 짝 대화 결과물

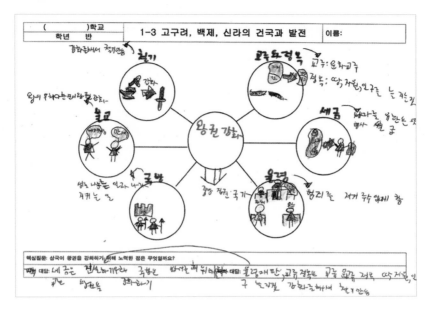

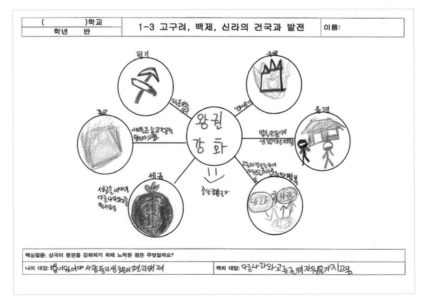

학습 결과물

230

라. 질문을 활용한 소방의 날 계기 교육(자유형 레이아웃)

"선생님 11월 9일은 119라서 소방의 날이에요?"

한 학생의 질문으로 시작된 소방의 날 계기 교육. 소방의 날을 기념하여 소방관에 관한 고마움을 공유하기 위해 자유형 레이아웃을 활용하여 수업을 진행했습니다.

1) 동기유발

평소 소방관에 대한 다양한 생각을 공유하기 위해 브레인스토밍을 활용합니다. 칠판 가운데 주제인 소방의 날을 적고, 학생이 경험한 것과 평소에 소방관에 관한 생각을 발표하면 주제 옆에 적습니다.

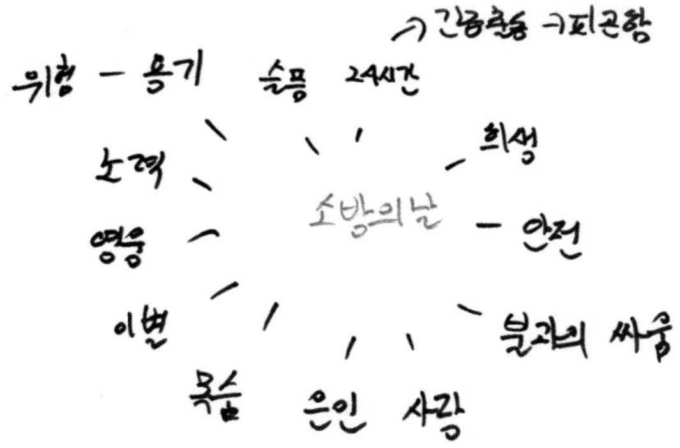

● 브레인스토밍 디자인으로 그리기

2) 학생 활동

가운데 원에 주제인 '소방의 날'을 적고, 브레인스토밍한 내용 중 가장 공감되는 것 4가지 이상을 선택해서 소주제로 적습니다. 소주제를 다 적은 후,

단어를 선택하는 이유를 적습니다. 텍스트 활동이 끝난 학생은 시각화 활동을 하도록 안내합니다.

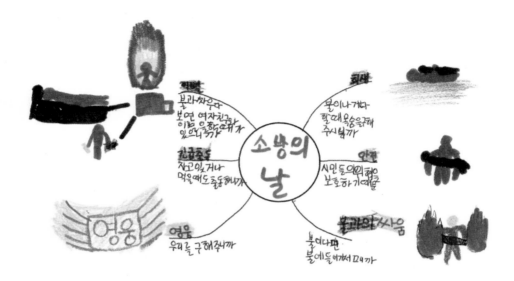

3) 정리

핵심 질문: 소방의 날을 기억해야 하는 까닭은 무엇일까요?	
나의 대답: 시민들의 안전을 보호해주는 고마운날	짝의 대답: 소방예대한 고마움을 잊지않아야하기 때문

핵심 질문: 소방의 날을 기억해야 하는 까닭은 무엇일까요?	
나의 대답: 소방관의 출발을 기억해야하기 때문에	짝의 대답: 소방관이 사람들을 구해주기 때문에

핵심 질문 "소방의 날을 기억해야 하는 까닭은 무엇일까요?"를 활용하여 짝 대화로 정리합니다

232

( )학교 반	11월 9일 소방의 날	이름:

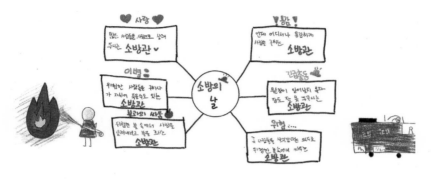

핵심질문: 소방의 날을 기억해야 하는 까닭은 무엇일까요?

나의 대답: 소방관이 목숨을 바쳐 우리를 구해주기 때문입니다.	짝의 대답: 소방관이 우리의 안전 지켜주는 것에 대해 감사해 야 한다.

적의 대답 소방관이 목숨을 걸고 싸우기 때문입니다.

( )학교 학년 반	11월 9일 소방의 날	이름:

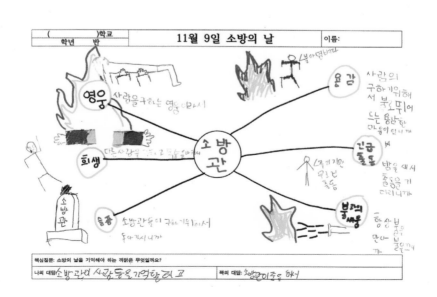

핵심질문: 소방의 날을 기억해야 하는 까닭은 무엇일까요?

나의 대답: 소방관이 사람들을 기억했으면 좋고	짝의 대답: 소생관이 주운 어서

( )학교 반	11월 9일 소방의 날	이름:

핵심질문: 소방의 날을 기억해야 하는 까닭은 무엇일까요?	
나의 대답: 소방관의 희생을 기억해야하기 때문에	짝의 대답: 소방관이 사람들을 구해주기 때문에

( )학교 반	11월 9일 소방의 날	이름:

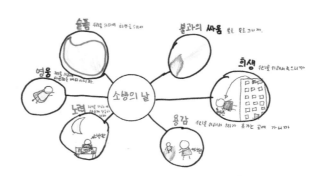

핵심질문: 소방의 날을 기억해야 하는 까닭은 무엇일까요?	
나의 대답: 우리를 위하여 희생 하기 때문	짝의 대답: 소방의 날에는 우리의 안전을 책 임져 준다.

마. 질문으로 대화하는 To써클맵

1) To써클맵이란?

비주얼씽킹은 종이 한 장에 개인의 생각을 글과 그림으로 표현하는 개별 학습이라는 면에서 효과적입니다. 하지만 종이라는 공간의 협소함으로 인해 모둠 전체가 참여하지 못하고, 몇몇 학생의 주도로 수업이 흘러갈 수 있어 모둠 활동으로는 효과적이지 못한 면이 있습니다. 그래서 질문을 활용하여 서로의 생각을 피드백하고, 모둠 구성원이 모두 참여할 수 있는 To써클맵을 활용하면, 효과적인 비주얼씽킹 모둠 수업을 할 수 있습니다.

첫째, 핵심 주제나 질문으로 다양한 생각을 공유할 수 있습니다. 각 주제나 질문에 대한 답을 할 때, 앞에 친구와 다른 답을 적도록 안내하기 때문에 하나의 주제나 질문에 대해 다양한 답을 공유할 수 있습니다. 예를 들어 수학 시간에 그래프에 대한 수업을 정리한다면, 막대그래프, 그림그래프, 꺾은선그래프, 띠그래프의 특징을 주제로 선정하여 각 주제에 대해서 서로 다른 생각을 공유할 수 있습니다.

둘째, 모둠원이 동시에 활동하기 때문에 효과적인 수업이 가능합니다. To서클맵은 원 형태로 구성되어 있어 모둠원의 숫자에 맞춰 구역을 나눠서 활동할 수 있습니다.

모둠원이 3명인 경우	모둠원이 4명인 경우	모둠원이 5명인 경우

셋째, 다른 사람의 생각을 보고, 피드백 할 수 있습니다. 자신의 답을 적기 위해 앞 짝의 내용을 읽은 뒤, 질문으로 서로의 생각을 공유하고, 자신의 답에 반영하면 학습 과정에서 학생 상호평가를 할 수 있습니다.

넷째, 서로 다른 내용을 공유하고, 핵심 내용을 정리할 수 있습니다. To써클맵은 한 바퀴가 다 돌면 처음 자신이 적은 주제나 질문을 다시 만납니다. 친구들이 적은 답을 보고, 중요한 내용을 찾고, 일목요연하게 정리하는 과정에서 다양한 생각이 공유됩니다.

2) To써클맵 활용하기

질문을 활용해 다양한 생각을 공유할 수 있는 To써클맵 어떻게 활용하면 될까요?

첫째, 가운데 원에 볼펜으로 핵심 주제나 질문을 적습니다. 학습자 활동 중심 수업에서 주제나 질문을 학생들이 만드는 것이 이상적이지만, 학습목표를 달성 및 주제나 질문에 대한 다양한 답을 적

기 위해 교사가 제시하는 것이 좋습니다. 궁극적으로는 지속해서 연습하여 스스로 주제를 선정하거나, 질문을 만들어 To서클맵 활동에 참여하는 것을 목표로 삼아야 합니다.

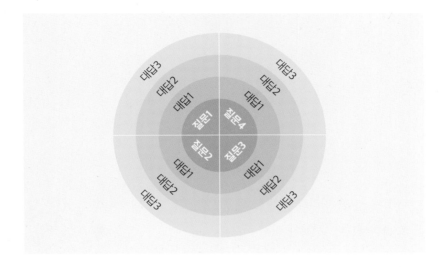

둘째, 자신이 적은 주제나 질문에 대한 답은 본인의 오른쪽 사람이 먼저 합니다. To서클맵 활동에서는 4명이 모둠 책상에서 보는 방향 그대로 주제나 질문을 적습니다. 그리고 그 주제나 질문의 답을 자신이 먼저 적지 않고, 바로 옆으로 돌립니다. 만약에 학생이 질문을 만들었을 때, 자신의 질문에 대한 답을 먼저 적는다면 다른 학생들의 생각을 제한할 수 있기 때문입니다.

셋째, 앞 사람과 다른 생각을 작성합니다. 이때, 꼭 앞사람이 적은 내용을 읽은 뒤에 그 내용과 다른 내용을 적도록 안내해야 합니다. To서클맵의 가장 큰 매력은 하나의 주제나 질문에 다양한 답을 이끌어내는 것에 있기 때문입니다.

넷째, 자신의 처음에 적은 주제나 질문으로 돌아왔다면, 다른 친구들의 생각을 확인하고 자기 생각을 더해서 마지막 칸에 요약 정리합니다.

질문에 대한 대답
요약정리　　＋　　비주얼씽킹

다섯째, 최종 정리한 내용을 비주얼씽킹으로 나타냅니다. 주제나 질문에 대해 최종적으로 정리한 내용을 10분 동안 간단하게 나타냅니다. To서클맵 역시 비주얼씽킹 수업이기 때문에 다른 비주얼씽킹 수업과 같이 시각화 시간을 제한해야 합니다. 활동이 끝나고, 학생들의 결과물을 다른 모둠과 공유해야 할 시간을 확보하기 위함입니다.

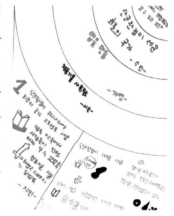

여섯째, 다른 모둠과 공유합니다. 이때는 시각화된 결과물을 공유하면서 그 그림을 그린 학생이 정리한 내용을 발표합니다. 같은 내용이라도 서로 다른 생각을 할 수 있다는 것과 몰랐던 사실을 서로 피드백하면서 오개념을 수정할 수 있습니다.

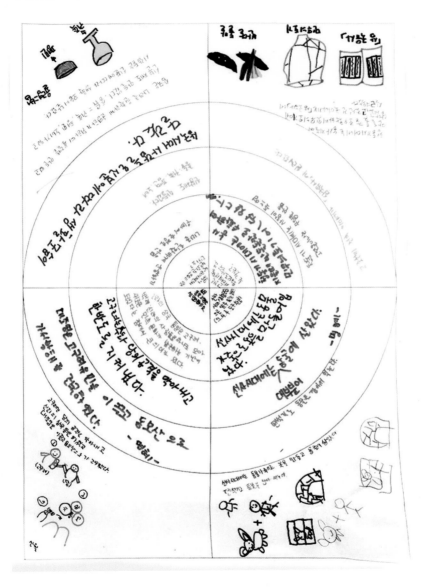

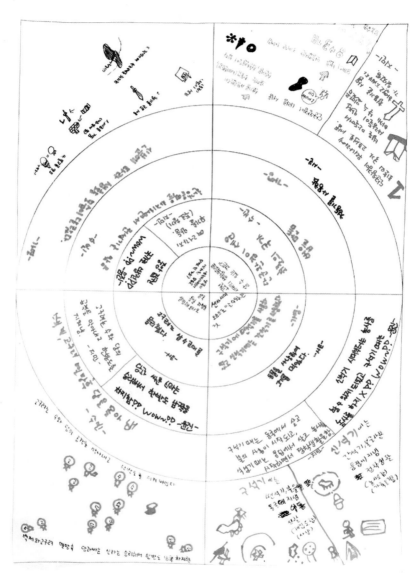

온라인 비주얼씽킹 Tip

아카이브 기능으로 모아놓은 쉽고 재미있는 토론 수업

패들렛은 여러 가지 배경을 넣을 수 있어 토론이나 O, X 퀴즈 등 다양한 게임 형태의 수업을 할 수 있습니다.

1) 패들렛 O, X 퀴즈

패들렛 O, X 퀴즈를 할 때 교사는 학생들이 질문을 잊어버리지 않도록 적어 놓습니다. 그리고 학생은 제목에 이름, 내용에 O와 X를 표시합니다. 한 문제를 맞힐 때마다, 별점을 1점씩 주면서 자기 평가를 합니다. 그래서 5 문제를 모두 맞히면 총 5개의 별점을 받을 수 있습니다.

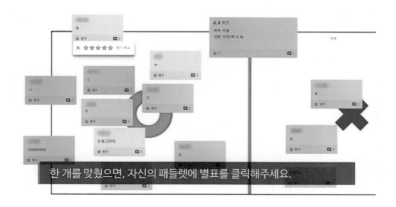

한 개를 맞혔으면, 자신의 패들렛에 별표를 클릭해주세요.

2) 패들렛 토론

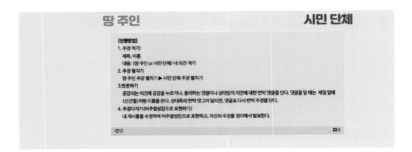

패들렛 제목에 이름을 적고, 내용에는 자신이 선택한 입장을 괄호 안에 적은 뒤 의견을 적습니다. 그리고 땅 주인과 시 관계자의 입장 중 어떤 입장을 선택하는지에 따라 포스트잇의 위치를 옮깁니다. 교사의 화면과 학생 화면이 다를 수 있으므로, 활동이 끝나고 교사가 학생의 의견에 맞춰서 포스트잇의 위치를 옮깁니다. 그리고 양 끝쪽으로 갈수록 선택한 입장에 더욱 동의하는 것으로 안내하여 위치를 조정하게 합니다.(스마트폰, 태블릿은 화면에 맞춰서 옮기는 것이 어려우니 교사가 도와줍니다.)

● 의견을 발표하고, 찬성과 반대 표시하기

242

학생이 의견을 다 결정했으면 상대방의 의견을 듣고 가장 공감되는 의견에 하트를 표시하고, 나와 같은 의견을 가진 사람에게는 동의하는 댓글을 달면서 논리를 더 강화합니다. 또한, 반대되는 의견을 가진 사람에게 상대방의 논리를 반박할 수 있는 댓글을 달아 상대방의 의견에 반박합니다.

⚠️ 주의사항

댓글을 단 사람을 확인하기 위해, 제일 앞에 자기 이름을 먼저 쓰고 댓글을 답니다.

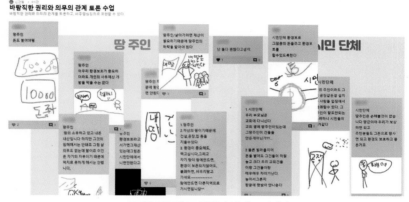

● 의견을 발표하고, 찬성과 반대 표시하기

다음은 주장 다지기로 자신의 주장과 반박 댓글을 참고하여 생각을 다집니다. 그리고 게시물을 비주얼씽킹으로 표현하여, 결과물과 함께 의견을 발표합니다.

패들렛 배경의 특징

패들렛을 컴퓨터에서 사용한다는 기준으로 브라우저의 배율에 따라 실제 화면에 보이는 영역이 다릅니다. 그리고 브라우저의 배율이 달라도 배경의 모양은 변하지 않고, 패들렛의 개체 즉, 포스트잇의 크기와 위치가 달라집니다. 그래서 배경을 만들 때 브라우저의 크기에 맞춰서 배경 그림을 만들어야 합니다.

또한, 패들렛은 컴퓨터와 스마트폰과의 최적화가 이뤄져 있지 않습니다. 즉, 컴퓨터에 보이는 화면 그대로 스마트폰에서 보이지 않습니다. 그리고 태블릿 역시 최적화가 되어 있지 않아 컴퓨터의 화면과 다르게 보입니다. 그래서 O, X 퀴즈나 토론 수업 등 포스트잇의 위치가 중요한 수업을 할 때에는 교사가 다음과 같은 주의사항을 안내해야 합니다.

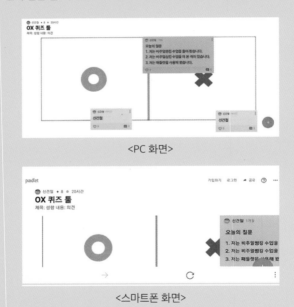

<PC 화면>

<스마트폰 화면>

첫째, 스마트폰이나 태블릿을 사용하는 학생이 있다면 위치에 상관하지 않고, 내용을 먼저 입력하도록 합니다. 둘째, 그리고 O, X 퀴즈라면 내용에 O, X를 넣고, 토론 수업이라면 찬성, 반대나 선택하는 토론 수업이라면 선택하는 토론 측 이름을 내용에 적도록 안내합니다. 셋째, 입력이 모두 마무리되고 학생에게 생각을 다시 확인한 후, 교사의 화면을 기준으로 학생의 생각을 옮겨 줘야 합니다. 이렇게 교사의 컴퓨터 화면에 맞게 의견이 모두 정리되어야 O, X 퀴즈나 토론 수업을 진행할 수 있습니다.

온라인 레이아웃으로 생각모으기

1) 패들렛 셀프 레이아웃 활용 - 생각 모으기

　　온라인 비주얼씽킹 토론을 위해서 셀프 레이아웃으로 생각을 모읍니다. 셀프 레이아웃은 컬럼을 학생 이름으로 정하고, 그 밑으로 학생의 생각을 적을 수 있어서 생각을 일목요연하게 볼 수 있다는 장점이 있습니다.

　　먼저 제목에 오늘 학생에게 제시할 질문을 적습니다. 오늘 수업의 질문은 날씨는 우리에게 어떤 영향을 줄까요? 입니다. 그리고 내용에는 전체적인 수업의 흐름을 적습니다.

<전체적인 수업의 흐름>

"제목에는 우리에게 영향을 미치는 날씨를 적고, 날씨가 우리에게 미치는 영향을 자세하게 적어주세요. 마지막으로 가장 공감되는 방법에 공감을 눌러주세요."

⚠️ 주의사항

인터넷 익스플로러 구버전은 패들렛을 지원하지 않으므로, 학생들은 구글 크롬으로 접속해야 합니다.

첫 번째 칼럼에는 질문을 다시 한번 제시하고, 질문 밑 게시물에 예시를 제시합니다. 오늘은 날씨가 우리에게 미치는 영향을 브레인스토밍할 것임으로 제목에 우리에게 영향을 미치는 날씨를 적고, 내용에 날씨가 미치는 영향을 적습니다. 만약 6가지가 기억이 나지 않는다면 1~2가지를 덜 적어도 된다고 안내합니다.

날씨가 우리에게 미치는 영향을 적은 후에는 가장 공감되는 내용에 투표합니다. 투표는 한 학생이 적은 6가지 날씨의 영향 중 4개씩 합니다. 그런데 한 학생이 6가지를 모두 적지 못하고 5가지만 적었다면, 표를 1개 줄여 3개만 투표합니다. 투표가 모두 끝난 후, 자기 결과물 중에서 가장 많은 표를 받은 결과물을 확인하고, 그 결과물을 바탕으로 비주얼씽킹을 합니다.

3) 패들렛 캔버스 레이아웃 활동 - 비주얼씽킹 표현

두번째 패들렛 활동에서는 캔버스 레이아웃을 사용합니다. 캔버스 레이아웃은 패들렛 공간 안에 자유롭게 자신의 의견을 표현할 수 있는 레이아웃입니다. 배경에 수업 내용과 관련있는 내용을 넣으면 더욱 재미있는 활동을 할 수 있습니다. 이번 시간에는 날씨와 관련된 배경 화면을 넣어봤습니다. 그리기를 클릭하면 비주얼씽킹으로 표현할 수 있는 캔버스가 나옵니다. 시각언어를 활용하여 날씨가 우리에게 주는 영향 중 가장 많은 공감을 받은 생각을 비주얼씽킹으로 표현합니다. 이때 효과적인 비주얼씽킹 활동을 위해 시각화 시간을 2분 정도로 제한하여 간단하고 빠르게 아이디어를 전달하고, 다양한 색을 활용하여 이미지의 전달 효과를 높일 수 있도록 안내합니다.

영역에 맞게 배치가 끝나면 모든 결과물을 돌아가면서 발표하면서, 재미있거나 기발한 아이디어에 댓글을 달거나 공감을 표시합니다.

Push와 Action을 활용해 그림으로 경험 나누기

1) Whiteboard 활용 수업 Tip

㉮ 경험한 일을 적기

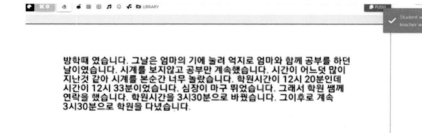

Whiteboard를 활용해서 5학년 2학기 국어의 '경험한 일을 글로 정리'하고, 비주얼씽킹을 표현하는 활동을 했습니다. 먼저 Whiteboard의 글씨 쓰기 기능(Ⓐ)을 활용하여 경험한 일을 적습니다. 컴퓨터나 핸드폰 화면으로 글씨를 쓰면 제대로 쓰기 어렵기 때문에 Ⓐ버튼을 클릭해서 텍스트로 쓰라고 안내합니다. 학생을 클릭해서 보면 글씨가 작게 보이므로, 글씨 쓰기 활동이 끝난 후에는 학생의 화면을 클릭해 교사의 Whiteboard로 내용을 옮겨서 학생들에게 보여줍니다.

㉯ 비주얼씽킹으로 표현하기

온라인 수업 특성 상 학생들의 접속환경에 따라 화이트보드에서 그림을 그리기가 어려운 경우가 많습니다. 스마트폰으로 접속하는 학생은 스마트폰의 화면 비율에 비해 손가락이 커서 제대로 그림을 그리기 어렵습니다. 그래서 Whiteboard 한 장에 그림을 하나씩 그리도록 안내해서 조금이라도 표현이 잘 될 수 있게 합니다. 컴퓨터를 사용하는 학생의 경우 1/4로 화면을 나눠서 표현하거나, 한 화면에 하나씩 그려도 된다고 안내합니다.

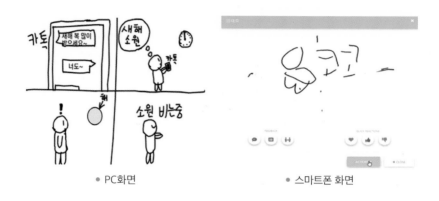

● PC화면   ● 스마트폰 화면

📋 발표하기

마지막으로 학생들의 결과물을 발표할 때는 두 가지 방법이 있습니다. 한 화이트보드에 비주얼씽킹을 표현한 학생은, 더 크게 보기 위해 교사의 화면으로 복사해서 발표합니다. 학생이 여러 장의 Whiteboard에 표현했을 때는, 학생을 클릭하고 학생이 스스로 넘기게 하면 한 장씩 보면서 발표할 수 있습니다.

-☆- Whiteboard를 활용한 온라인 수업 TIP!

❶ 스마트폰으로 하는 학생은 화면 비율이 맞지 않아 그림을 자세하기 그리기 어렵습니다. 그래서 천천히 형태를 표현하도록 안내합니다.

❷ 학생의 활동 결과물을 저장할 때, PDF로 저장하면 현재 학생이 보여주는 화면만 저장할 수 있습니다. 하지만 학생이 여러 Whiteboard를 사용했다면, 학생스스로 한 장씩 넘기면서 발표할 때 교사가 한 장씩 저장해야 합니다.

❸ 학생의 결과물을 더 자세히 보기 위해서는 학생의 Whiteboard를 교사에게 복사해 보여주면 더 크게 볼 수 있습니다.

6

비주얼씽킹으로
생각에 날개를 달자

~~~~~~

가. 저학년 사례

5. 낱말을 바르고 정확하게

■ 학습목표

- 1차시- 비슷한 낱말을 바르게 읽고 쓸 수 있다.

- 2, 3차시- 그림책 '왜 맞춤법에 맞게 써야 돼?'를 읽고 우리 모둠 그림책을
  만들 수 있다.

■ 성취기준

2015 개정 교육과정	[2국04-02] 소리와 표기가 다를 수 있음을 알고 낱말을 바르게 읽고 쓴다.
	【핵심역량】 지식정보처리 역량, 의사소통 역량, 창의적 역량

◼ 교사의 의도

학생이 글로 자기 생각을 잘 전하기 위해서는 정확한 낱말을 사용해야 하지만, 일상생활 속에서 중요성을 인식하지 못하는 경우가 많습니다. 그림책 '왜 맞춤법에 맞게 써야 돼?'의 내용도 정확한 낱말을 사용하지 않아서 벌어지는 일을 다루고 있습니다. 본 수업에서는 1차시에 일상생활에서 소리가 비슷한 낱말의 뜻을 구분해 알맞은 낱말을 사용할 수 있도록, 교과서에 제시된 소리는 비슷하나 뜻이 다른 낱말을 구별하는 활동을 합니다. 그리고 2~3차시에서 그림책 '왜 맞춤법에 맞게 써야 돼?'를 읽고, 교과서에서 배운 단어를 사용하여 또 다른 그림책을 만들어 보는 활동을 합니다.

1차시에서는 소리가 비슷해 평소 자주 혼동하는 낱말을 제시하여 바르게 사용할 수 있는지 관찰하고, 2~3차시에서는 모둠별로 의논하여 그림책을 완성합니다. 자기성찰 평가를 통해 자신의 수업 활동을 돌아보고, 모둠 내 동료 평가를 통해 협력 학습의 의미와 가치를 이해하여 모둠 활동에 적극적으로 참여할 수 있도록 합니다.

◼ 활동 개요(2, 3차시)

1) 동기 유발
- 소리가 비슷한 낱말을 그림으로 표현하기
- '왜 맞춤법에 맞게 써야 돼?' 그림책 읽기

2) 그림책 속 소리가 비슷한 낱말 찾기
- 그림책에서 왜 이런 소동이 일어났는지 이야기 나누기
- 그림책 속에서 소리가 비슷한 낱말을 찾고 그 의미 이해하기

3) 1차시에서 배운 소리가 비슷한 낱말을 활용하여 일기 쓰기

- 교과서에서 배운 단어를 활용하여 우리만의 일기 쓰기

4) 일기의 장면을 고려하여 역할 나누기
- 일기를 읽고 장면을 구분하여 역할 나누기

5) 맡은 장면을 비주얼씽킹으로 표현하기
- 자신이 맡은 장면을 글과 이미지로 정리하여 표현하기

6) 책으로 묶어 발표하기
- 책으로 묶어 친구들에게 발표하기

 수업TIP!

- 1차시의 수업은 국어책을 활용하여 수업을 진행합니다.
- 교사가 '왜 맞춤법에 맞게 써야 돼?'를 실감 나게 읽어주고, 학생이 그림책 속에서 소리가 비슷한 낱말로 인해 생겨난 소동을 찾을 수 있도록 합니다.
- 그림책의 일기 글처럼 일기 글 작성을 할 때, 저학년은 도움 없이 쓰기 어렵습니다. 그래서 1차시에서 배운 소리가 비슷한 낱말 그림을 활용하여, 일기 글을 작성하도록 교사의 개별 지도가 필요합니다.
- 일기의 내용과 흐름을 고려하여 교사와 함께 장면을 나누고, 역할을 정합니다.

📎 **활동 자료**

오늘은 스승의 날이다. 선생님께 효도 하는 날입니다 나는 선생님께 카네이션와 편지를 드릴게요. 그리고 선생님을 읽다가 만나면 선생님의 거름을 잘 따르는 학생이 되고 싶다. 내가 이 교실에 이따가 다른 학년으로 가도 선생님을 보려고 싶다. 선생님말씀을 잘 들어서 칭찬 스티커를 많이 부치고 싶다. 선생님 덕분에 시험 문제를 다 마칠수 있었다. 선생님 최고! 쌤

그런데 갑자기 선생님이 없어졌어요 그래서 집에 있다가 라고 써있어서 이따가 라고 나짱 어요. 그런데 선생님이 떠 나타났 어요.

근데또 이상한 일이 생겼어요. 왜냐하면 선생님이 삽을 들고 거름을 팼어요.

교책을 보니깐 검은인데 거름이라고 써 있었어요 그래서 거름을 검은 이라고 교쳤어요. 선생님이 삼짇을 멈췄어요.

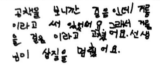

내 몸을 알아봐.

봄1. 알쏭달쏭 나-내 몸을 살펴봐 | 수학 4. 길이 재기

학습목표

- 몸의 여러 부분을 살펴보고 그려 여러 가지 단위로 길이를 잴 수 있다.

성취기준

2015 개정 교육과정	**[2슬01-03]** 나의 몸을 살펴보고 몸의 여러 부분의 이름과 하는 일을 관련짓는다. **[2즐01-03]** 나의 몸을 창의적으로 표현하고, 활발하게 움직일 수 있는 놀이를 한다. **[2수03-05]** 길이를 나타내는 표준 단위의 필요성을 인식하고, 1cm, 1m 단위를 알며, 상황에 따라 적절한 단위를 사용하여 길이를 측정할 수 있다. **【핵심역량】** 지식정보처리 역량, 의사소통 역량, 창의적 역량

교사의 의도

　수학 과목의 '길이 재기' 단원과 통합 '내 몸을 살펴보고 여러 부분의 이름과 하는 일, 나의 몸을 창의적으로 표현하고 움직일 수 있는 놀이'를 통합하여 '내 몸을 살펴봐'란 주제로 수업을 구성했습니다. 그림책과 '코코코' 놀이로 몸에 대해 호기심을 갖고, 몸의 여러 부분에 대한 이름을 알아봅니다. 그리고 모둠과 협력하여 전지에 몸을 그리는 방법을 의논하고, 몸에 대한 설명 및 자신의 경험을 비주얼씽킹으로 표현합니다. 그 후 다양한 물건으로 몸의 각 부분에 대한 길이를 재면서, 여러 물건으로 길이를 재면서, 표준 단위의 필요성을 인식할 수 있도록 진행했습니다.마지막으로 책을 통해 자신의 몸에 대해 더 알고 싶은 것을 조사해보는 활동을 심화 활동으로 제시했습니다.

◼ 활동 개요

1) 동기 유발
- '나는 나의 주인' 책 읽고 생각 나누기
- '코코코' 놀이

2) 내 몸 살펴보고 몸의 여러 부분 이름 알아보기
- 봄 17쪽의 내 몸의 여러 부분 이름 알아보고 답하기

3) 우리의 몸을 그려요.
- 누구의 몸을 어떻게 그릴지 친구와 의논하기
- 전지에 몸을 비롯해 관련 설명, 자신의 경험을 떠올려 비주얼씽킹 한 것 붙이기

4) 몸 길이 재기
- 몸의 각 부분 뼘으로 길이재기(각 학생별로)
- 여러 물건으로 길이 재기
- 표준 단위가 필요함을 인식하기

5) 알고 싶은 나의 몸
- 책을 통해 내 몸에 대해 더 알고 싶은 것 조사하기
- 발표자료 만들기
- 발표하기

수업TIP!

- 전지에 사람의 몸을 그리는 활동을 어려워하는 경우가 있어 교사의 도움이 필요합니다.
- 나의 몸과 관련된 경험을 말할 때, 학생의 다양한 경험을 수용하고 발표할 기회를 줍니다.
- 몸의 각 부분을 뼘으로 잴 때, 모든 학생이 각자 길이를 재어 보게 하여 표준 단위가 필요함을 직접 경험할 수 있도록 합니다.
- 내 몸에 대해 더 알고 싶은 것을 조사할 때, 우리 몸에 관한 책을 여러 권 준비하여 제공하면 과제 수행의 어려움을 줄일 수 있습니다.

🐚 활동자료

- 몸의 여러 부분 알기
- 전지에 표현하기
- 뼘으로 길이 재기

- 전지에 몸 그리고 몸의 여러 부분 설명과 자신의 경험 떠올려 비주얼씽킹하기

258

• 전지에 몸 그리고 몸의 여러 부분 설명과 자신의 경험 떠올려 비주얼씽킹하기

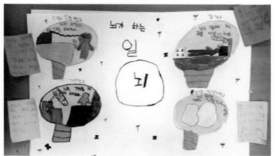

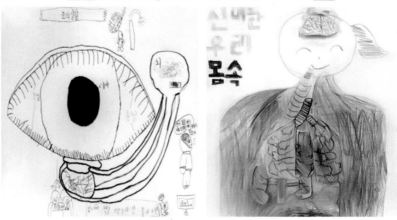

• 더 알고 싶은 것 조사하기

2. 인상 깊었던 일을 써요

📋 학습목표

- 인상 깊었던 일을 생각이나 느낌이 잘 드러나게 글로 쓰고 책을 만들 수 있다.

📋 성취기준

2015 개정 교육과정	[2국03-04] 인상 깊었던 일이나 겪은 일에 관한 생각이나 느낌을 쓴다.
	【핵심역량】 지식정보처리 역량, 의사소통 역량, 창의적 역량

📋 교사의 의도

본 수업에서는 겪은 일이나 인상 깊었던 일에 관한 생각과 느낌을 비주얼 씽킹으로 표현하도록 구상했습니다. 먼저 인상 깊었던 일이나 겪은 일을 떠올려 글감을 정하고, 이야기의 순서에 따라 비주얼씽킹으로 표현했습니다. 그리고 비주얼씽킹 결과물을 바탕으로 생각과 느낌이 잘 드러나게 글을 씁니다. 그 후 작성한 글을 바탕으로 책을 만들어 친구들과 돌려 읽고 이야기를 나눕니다. 비주얼씽킹을 하고 난 후 인상 깊었던 일이나 겪은 일을 글로 쓰도록 해, 생각과 느낌을 더 생생하게 표현할 수 있었습니다.

📋 활동 개요

1) 동기 유발
   - 겪은 일 가운데 인상 깊었던 일 떠올리기

2) 글감을 골라 생각 그물 만들기
   - 떠오르는 생각 중 글감 고르기

- 선택한 글감으로 생각 그물 만들기

3) 인상 깊었던 일 비주얼씽킹으로 정리하기
- 짝과 묻고 답하며 쓸 내용 떠올리기
- 내용을 순서에 맞게 비주얼씽킹으로 정리하기
- 짝과 서로 평가하기

4) 인상 깊었던 일 글쓰기
- 생각과 느낌이 잘 드러나게 정리한 비주얼씽킹을 참고하여 글쓰기
- 친구와 돌려 읽고 소감 나누기(자기 평가, 동료 평가)
- 퇴고하여 나만의 책으로 만들기
- 잘된 점 칭찬하기

수업 TIP!

- 겪은 일 중 선택한 글감을 생각 그물로 만들 때, 육하원칙에 맞춰서 생각할 수 있도록 학습지에 적어서 제시합니다.
- 글감을 글로 쓰기 전에 중요한 내용을 순서에 맞게 비주얼씽킹으로 표현하도록 안내합니다. 그리고 생각 주머니를 활용하여 인물의 말과 행동을 구체적으로 표현하도록 지도하면 생생한 글로 표현할 수 있습니다.
- 글쓰기 후, 자기 평가와 서로의 의견을 듣는 동료 평가는 글을 고쳐쓰는 데 도움을 줍니다.

🐚 활동자료

❶ 생각 떠올리기 및 글감 골라 생각 그물 만들기

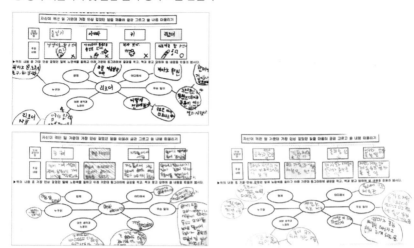

❷ 비주얼씽킹으로 생각 정리하기

❸ 글쓰기

❹ 책 만들기

❺ 평가(자기 평가, 동료 평가)

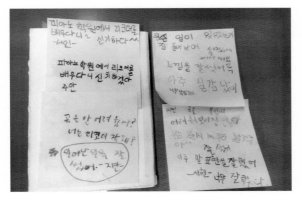

• 소감

1. 동네 한 바퀴

🏷 학습목표

• 살고 싶은 우리 동네 모형을 만들고 우리 동네 소식을 전할 수 있다.

🏷 성취기준

2015 개정 교육과정	**[2즐05-03]** 동네 모습을 다양하게 표현한다.
	【핵심역량】 지식정보처리 역량, 의사소통 역량, 창의적 역량

🏷 교사의 의도

　본 수업은 살고 싶은 우리 동네 모형을 만들고, 우리 동네 소식지를 만드는 과정으로 되어있습니다. 먼저 살고 싶은 우리 동네의 모습을 떠올려 아이디어를 브레인스토밍한 후, 자기 생각 중 1가지를 비주얼씽킹으로 나타냅니다. 반 친구들의 의견을 참고하여 살고 싶은 우리 동네를 모둠에서 협의합니다. 협의한 결과를 바탕으로 창의적으로 동네 모형을 만들고, 모둠별로 소개하는 자료를 만들어 발표합니다. 이를 통해 우리 동네에 관해 관심을 갖게 되고, 우리 동네의 장단점을 생각해 보면서 우리 동네를 위해 내가 할 수 있는 일에 대해 고민할 수 있습니다.

🏷 활동 개요

1) 동기 유발

　- 살고 싶은 우리 동네의 모습 떠올리기

2) 살고 싶은 우리 동네 구상하기

　- 우리 동네에서 현재 있었으면 하는 모습 떠올리기(현재 동네에 살면

서 불편한 점, 좋은 점 등을 함께 고려하기)
- 어떤 공간이 필요할지 한 가지씩 포스트잇에 비주얼씽킹으로 표현하
여 발표하기

3) 살고 싶은 우리 동네 만들기
- 살고 싶은 우리 동네에 대해 모둠 친구들과 의논하기
- 의견을 모아 우리 동네 백지도 위에 입체로 만들기

4) 소식지 만들기
- 만든 우리 동네 중 1곳을 정해 우리 동네 소식지 만들기
- 발표하기
- 감상하고 의견 나누기

수업TIP!

- 살고 싶은 우리 동네를 구상할 때, 우리 동네의 장단점에 대해 떠올려 보고 우리 동네에 무엇이 필요할지 고민할 수 있도록 지도합니다.
- 우리 동네 백지도를 출력해서 우드락에 붙여주면, 실제로 학생이 사는 동네를 바탕으로 지도를 만들 수 있어 관심이 높아집니다.
- 살고 싶은 우리 동네 만들기를 협의하는 과정에서 우리 동네의 이름을 정해 보면 책임감이 생깁니다.
- 우리가 만든 살고 싶은 동네의 장소 중 1가지를 골라 소식지를 만들면, 학생의 부담을 줄일 수 있습니다.

📋 활동자료

❶ 살고싶은 우리 동네 구상하기

❷ 살고싶은 우리 동네 만들기

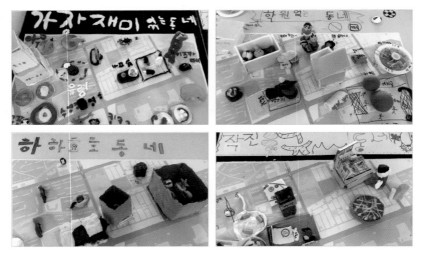

266

5. 소리의 성질

🏷 학습목표

• 우리 주변의 소리를 작은 소리와 큰 소리로 분류할 수 있다.

• 악기에서 들리는 소리를 높은 소리와 낮은 소리로 분류할 수 있다.

🏷 성취기준

2015 개정 교육과정	**[4과08-02]** 소리의 세기와 높낮이를 비교할 수 있다.
	【핵심역량】 과학적 사고력, 과학적 탐구 능력

🏷 교사의 의도

'5. 소리의 성질' 단원에서 학생들이 소리의 세기와 높낮이를 혼동하는 때가 있습니다. 그래서 3차시(소리의 세기)와 4차시(소리의 높낮이)를 학습한 내용을 바탕으로 비주얼씽킹을 활용한 수업을 계획하였습니다. 비주얼씽킹으로 표현하면서 '큰 소리'와 '작은 소리', '높은 소리'와 '낮은 소리'를 정확하게 이해할 수 있도록 안내했습니다. 마지막으로 기존 차시에서 소리의 세기와 높낮이의 학습 내용을 정리하는 차시가 추가된 만큼, 교육과정 재구성이 필요했습니다. 이에 다음과 같이 단원 내 차시를 재구성하였습니다.

기존 차시	차시 주제		재구성 차시	차시명
1/11	• 명탐정! 소리의 주인공 추리하기		1/11	• 명탐정! 소리의 주인공 추리하기 • 물체에서 소리가 날 때의 공통점
2/11	• 물체에서 소리가 날 때의 공통점		2/11	• 소리의 세기
3/11	• 소리의 세기		3/11	• 소리의 높낮이
4/11	• 소리의 높낮이		4/11	• 소리의 세기와 높낮이 정리하기 (비주얼씽킹 표현)
5/11	• 소리의 전달		5~6/11	• 소리의 전달 • 실 전화기 만들기
6/11	• 실 전화기 만들기			
7/11	• 소리의 반사		7/11	• 소리의 반사
8/11	• 소음 줄이는 방법		8/11	• 소음 줄이는 방법
9~10/11	• 소리로 인형극 꾸미기		9~10/11	• 소리로 인형극 꾸미기
11/11	• 단원 정리하기		11/11	• 단원 정리하기

▣ 활동 개요

1) 동기 유발
- 물체에서 소리가 날 때의 공통점 이야기하기

2) 소리의 세기와 높낮이의 학습 내용 되돌아보기
- '큰 소리'와 '작은 소리', '높은 소리'와 '낮은 소리'를 직접 내 보기
- '큰 소리'와 '작은 소리', '높은 소리'와 '낮은 소리'에 대해 떠오르는 단어나 느낌, 생각 등을 돌아가며 이야기하기

3) 비주얼씽킹으로 표현하기
- 소리의 세기와 높낮이에 대해 비주얼씽킹으로 표현하기

4) 정리하기
- 완성된 결과물은 교실 뒤에 전시하기

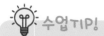

• 소리의 세기에서는 '큰 소리'와 '작은 소리', 소리의 높낮이에서는 '높은 소리'와 '낮은 소리'를 상대적으로 비교하여 비주얼씽킹으로 표현하도록 안내합니다.
• 학습한 내용뿐만 아니라 실생활에서 경험해 본 '큰 소리'와 '작은 소리', '높은 소리'와 '낮은 소리'도 표현하도록 안내합니다.
• 소리의 높낮이를 표현할 경우, 리코더를 연주할 때 '높은 도'와 '낮은 도'를 어떻게 연주했는지 떠올려 보도록 합니다.
• 완성된 결과물은 다른 사람의 느낌이나 생각을 살펴볼 수 있도록 교실 옆이나 뒤에 전시해 둡니다.

■ 활동자료

환경에 따라 다른 삶의 모습

(1)우리 고장의 환경과 모습

학습목표

- 우리 고장 사람들이 하는 일을 설명할 수 있다.

성취기준

2015 개정 교육과정	**[4사02-01]** 우리 고장의 지리적 특성을 조사하고, 이것이 고장 사람들의 생활 모습에 미치는 영향을 탐구한다.
	【핵심역량】 창의적 사고력, 정보 활용 능력

교사의 의도

이번 수업에서는 환경(자연환경, 인문환경)에 따라 사람들이 하는 일이 어떻게 달라지는지에 대해 학습하였습니다. 환경에 따른 생산 활동을 직접 알려주는 것이 아니라 환경에 따라 그 고장 사람들이 하는 일을 학생 스스로 생각할 수 있도록 하기 위해 비주얼씽킹을 활용했습니다.

또한, 기존에 2개 차시로 구성된 내용을 아래와 같이 차시 내 내용 재구성을 하여 비주얼씽킹 수업 시간을 확보하였습니다.

기존 차시	차시 주제		재구성 차시	차시명
5~6/15	•우리 고장 사람들이 하는 일 살펴보기	→	5/15	•우리 고장 사람들이 하는 일 살펴보기
			6/15	•우리 고장 사람들이 하는 일을 비주얼씽킹으로 표현하기

기존대로 2개 차시를 연속 진행할 경우, 고장 사람들이 하는 일이 교과서 내용에만 국한될 수 있어서 차시를 분리하였습니다. 즉, 5차시는 우리 고장 사람들이 하는 일을 살펴본 후, 자료 검색 등을 통해 교과서 이외의 고장 사람들이 하는 일을 조사하도록 하였습니다. 다음으로 6차시에 교과서 내용과 조사한 내용을 바탕으로 비주얼씽킹 활동을 하였습니다.

마지막으로 〈바다가 있는 고장, 논과 밭이 있는 고장, 산이 많은 고장, 도시〉 4가지 카테고리를 제시하여 각각의 카테고리에서 고장 사람들이 하는 일을 표현하도록 했습니다.

■ 활동 개요

1) 동기 유발
- 전 차시 내용을 바탕으로 교사가 제시하는 단어나 문장이 어느 고장에 해당하는지 말하기

  예 (교사) 농기계 ·························· (학생) 논과 밭이 있는 고장

  (교사) 계단식논 ·························· (학생) 산이 많은 고장

  (교사) 해수욕장 ·························· (학생) 바다가 있는 고장

2) 환경에 따라 사람들이 하는 일 되돌아보기
- 교과서를 통해 사람들이 하는 일 다시 살펴보기
- 교과서 이외에 조사한 내용 돌아가며 말하기

3) 비주얼씽킹으로 표현하기
- 바다가 있는 고장, 논과 밭이 있는 고장, 산이 많은 고장, 도시에서 사람들이 하는 일에 대해 비주얼씽킹으로 표현하기

4) 정리하기
- 완성된 결과물은 교실 뒤에 전시하기

- 자신이 조사한 내용 이외에도 친구가 조사한 내용을 비주얼씽킹에 표현하는 것을 허용하여 친구의 발표를 주의 깊게 들을 수 있도록 합니다.
- 고장 사람이 하는 일을 되돌아볼 때, 칠판에 4가지 카테고리를 써서 발표 내용을 간단히 적도록 합니다.
- 비주얼씽킹으로 표현할 때 그림만으로는 의미가 불분명할 경우, 그림에 대한 간단한 설명을 추가하여 적도록 안내합니다.
- 고장 사람들이 하는 일은 그 고장의 환경과 밀접한 관계가 있음을 이해하게 합니다.
- 완성된 결과물은 다른 사람의 느낌이나 생각을 살펴볼 수 있도록 교실 옆이나 뒤에 전시해 둡니다.

🐚 활동자료

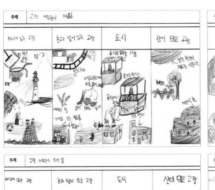

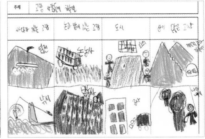

"호두까기 인형" 감상

📖 학습목표

• "호두까기 인형" 모음곡을 듣고 비주얼씽킹으로 느낌을 표현할 수 있다.

📖 성취기준

2015 개정 교육과정	[4음02-02] 상황이나 이야기 등을 표현한 음악을 듣고 느낌을 발표한다.
	【핵심역량】 음악적 감성 역량

📖 교사의 의도

이번 수업에서는 감성의 폭을 넓히고, 생각이나 느낌을 자연스럽게 표현할 수 있도록 비주얼씽킹 활동을 하였습니다. 또한 음악을 듣고 머릿속에 떠오르는 대상이나 장면, 색깔이나 이미지 등을 자유롭게 표현하고, 교사는 이를 피드백할 수 있도록 비주얼씽킹을 활용하였습니다. 이를 위해서 학생이 자유롭게 자신의 느낌이나 생각을 비주얼씽킹으로 표현할 수 있도록, 인물이나 풍경, 선이나 색깔 등 표현 방법에 제한점을 두지 않았습니다.

모음곡 감상의 특성상 한 차시 안에 음악 듣기와 비주얼씽킹 활동이 이루어지기는 어려워, 연속된 2개의 수업을 구성했습니다. 그래서 앞 차시에서는 "호두까기 인형"에 대한 배경 지식(작곡가인 차이콥스키, "호두까기 인형"의 줄거리, 각 모음곡에 대한 설명 등)을 쌓고, 간단하게 노래 부르기나 악기 연주하기, 신체 표현하기 등의 다양한 방법으로 느낌을 표현해 보았습니다. 그리고 뒤 차시에서는 모음곡을 다시 감상하고 비주얼씽킹을 활용하여 느낌을 표현하였습니다.

▪️활동 개요

1) 동기 유발
- TV 화면에 '발레'와 관련된 사진 2~3장 보여주기
- '발레'하면 떠오르는 단어나 느낌, 생각을 돌아가며 이야기하기

2) "호두까기 인형"에 대한 배경 지식 알아보기
- 작곡가인 차이콥스키에 대해 알아보기
- "호두까기 인형"의 줄거리 알아보기

3) "호두까기 인형"의 모음곡 듣기
- 각 악곡의 빠르기와 분위기를 생각하며 총 8개의 악곡 듣기
  : 작은 서곡, 행진곡, 사탕요정춤, 러시아 춤, 아라비아 춤, 중국 춤,
  갈대피리 춤, 꽃의 왈츠

4) 다양한 방법으로 표현하기
- '행진곡'의 주제 부분을 다양한 빠르기로 불러 보기
- '꽃의 왈츠'를 리코더로 연주하기
- 발레 동작 따라 하기

5) 비주얼씽킹으로 표현하기
- 8개의 악곡 다시 듣기
- 자신이 마음에 드는 4개의 악곡을 선택하여 비주얼씽킹으로 표현하기

6) 정리하기
완성된 결과물은 교실 뒤에 전시하기

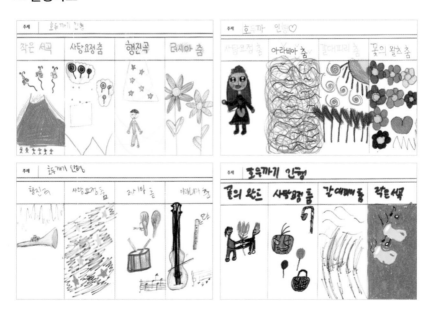

수업 TIP!

- "호두까기 인형" 모음곡을 처음 들어보는 학생이 많기 때문에, 충분히 느끼고, 기억할 수 있도록 2개 교시를 연이어서 운영합니다.
- "호두까기 인형"의 줄거리에 관한 동화책을 미리 읽어 오거나, 자료를 검색해서 조사해 오게 하면, 수업에 관한 관심이 높아지고 정보처리 능력을 기르는 데 도움이 됩니다.
- "호두까기 인형"의 이야기와 결말이 책마다 조금씩 다름을 알려줍니다.
- 완성된 결과물은 다른 사람의 느낌이나 생각을 살펴볼 수 있도록 교실 옆이나 뒤에 전시해 둡니다.

활동자료

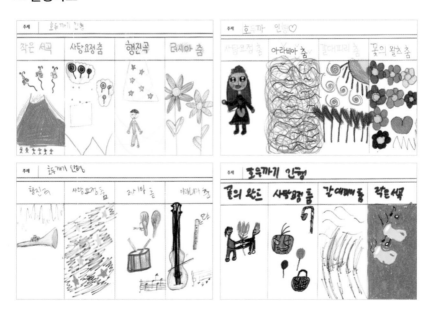

다. 고학년 사례

 다각형의 넓이

■ 학습목표

• 다각형의 넓이를 구하는 방법을 알고 비주얼씽킹으로 표현할 수 있다.

■ 성취기준

2015 개정 교육과정	**[6수03-05]** 직사각형의 넓이를 구하는 방법을 이해하고, 이를 통하여 직사각형과 정사각형의 넓이를 구할 수 있다. **[6수03-06]** 평행사변형, 삼각형, 사다리꼴, 마름모의 넓이를 구하는 방법을 다양하게 추론하고, 이와 관련된 문제를 해결할 수 있다.
	【핵심역량】 문제 해결 역량, 추론 역량

■ 교사의 의도

4학년 때 학습한 다양한 사각형의 이름이 익숙해질 때, 5학년 측정 단원에서 다각형의 둘레와 넓이를 학습합니다. 이 단원에서는 단위 넓이의 개념을 먼저 알고 도형의 넓이는 '단위 넓이의 개수'라는 측정의 원리를 알게 됩니다.

학생은 차시마다 여러 가지 도형을 보고, 다양한 방법으로 넓이를 측정합니다. 마침내 가장 편리하게 구할 수 있는 공식을 익히고 효율적이라는 것을 깨달아 이를 암기하는 과정도 거치게 됩니다. 그러나 도형마다 불리는 명칭과 수식이 낯설어 학생들이 여러 도형의 공식을 단시간에 암기하는 것은 쉬운 일이 아닙니다.

비주얼씽킹을 통해 다각형 넓이 공식을 정리하는 활동은 도형의 형태와 그에 맞는 공식을 직접 써 볼 수 있습니다. 또한, 대응하는 변을 찾아 색칠하면서 학습한 내용을 다시 한번 점검해 볼 수 있습니다. 이 과정은 학습자의 장기 기억에 효과적이며 한 페이지에 정리된 내용을 통해, 비교 및 확인할 수 있습니다.

◨ 활동 개요

1) 동기 유발
- 다각형의 넓이를 구하는 미션 안내하기
- 배우지 않은 도형의 넓이를 구하는 방법 생각하기

2) 문제 해결 방안 탐색하기
- 미션: 다각형 넓이 구하는 방법 토의하기

3) 해결방안 검증하기
- 모둠별로 넓이 직접 구해보기
- 정답과 비교해보기
- 오차가 생긴 이유 추측해보기

4) 비주얼씽킹으로 표현하기
- 다각형의 넓이 공식 정리하기
- 비주얼씽킹으로 표현하기

5) 정리하기
- 짝 결과물을 보고 다각형의 공식 복습하기

- 동기 유발에 사용되는 다각형은 수업에서 배운 다각형을 제시하는 것이 좋습니다.
- 모둠별로 넓이 측정 방법을 공유하고, 채택되지 못한 소수의 의견도 함께 나눠보는 시간이 필요합니다.
- 정답과 다른 값이 나온 모둠은 오류를 공유하는 과정이 매우 중요합니다.
- 다각형의 공식에 필요한 명칭은 같은 색으로 색칠하여 분류할 수 있도록 지도합니다.
- 짝과의 대화를 통해 완성된 결과물이 개념 정리가 되었는지 비교합니다.

■ 활동 자료

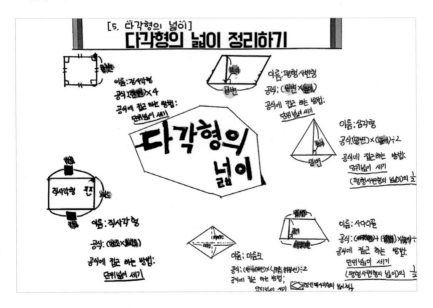

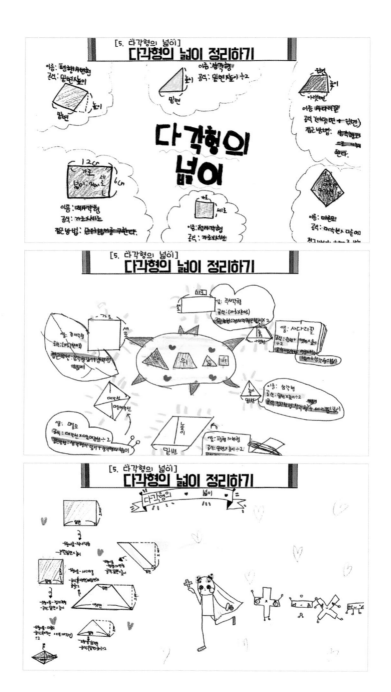

우리나라 미술과 다른 나라 미술 비교하기

학습목표

- 우리나라와 다른 나라의 미술의 특징을 비교하여 비주얼씽킹으로 표현할 수 있다.

성취기준

2009 개정 교육과정	**[감상]** **❶ 미술사** 미술의 시대적, 지역적 특징을 알아보고 문화적 전통을 이해한다. ㉮ 다양한 시대와 지역의 미술이 지닌 특징을 알아보기 - 다양한 시대와 지역의 미술 작품을 비교하여 특징을 이해한다.

교사의 의도

흔히 미술에서의 그림과 비주얼씽킹에서의 그림을 혼동하는 경우가 많습니다. 이번 수업에서는 미술과 비주얼씽킹의 차이점을 수업을 통해 접근해 봄으로써 비주얼씽킹에 대한 개념적 정의를 돕고자 합니다.

1) 잘 그린 그림?! 발상이 뛰어난 그림!!

미술 표현활동에서 중요하게 고려해 보아야 할 것은 '학습자가 미적인 감각으로 재료의 특성을 알고 완성도 있게 아름다운 작품을 제작할 수 있는가?'입니다. 대상을 보고 그리는 미술 교과에서는 사실적인 묘사와 세밀한 표현이 중요하게 작용을 하기 때문입니다.

학생이 쉽게 범하는 오류는 비주얼씽킹에서 이미지를 자세하고 예쁘게 그려야 한다는 점입니다. 비주얼씽킹은 아름다운 그림을 그리는 것이 아니라 사고의 과정을 명확하게 전달하기 위해 적절한 이미지를 구현하는 것입니다. 따라서 비주얼씽킹에서 추구하는 시각 언어의 목적은 단순하면서도, 명료한 이미지라는 점을 학생에게 지도해야 합니다.

2) 비주얼씽킹은 텍스트와 이미지로

비주얼씽킹에서 이미지 즉, 시각 언어는 학생의 사고를 완벽하게 설명하는 데 충분하지 않을 수 있습니다. 이미지가 가지는 상징성과 함축성이 어떤 문장과 글을 의미하는 것인지 추측하기 어렵기 때문입니다. 따라서 비주얼씽킹 수업에서는 텍스트 활동과 시각화 활동이 모두 필요합니다. 비주얼씽킹에서 말하는 텍스트는 핵심어를 사용한 간단한 단어 또는 문장이며, 일반적인 설명글처럼 자세한 묘사가 필요하지 않습니다. 이미지가 그것을 대신하기 때문입니다.

3) 다양한 재료가 필요하지 않다!

미술에서 사용되는 회화 재료는 물감과 팔레트같이 다양한 준비물이 필요한 경우가 많습니다. 하지만 비주얼씽킹은 종이와 펜으로 충분히 나타낼 수 있으며, 채색마저도 색연필이나 사인펜 같은 가장 기본적인 용구를 활용하여 쉽고 간단하게 나타낸다는 특징이 있습니다.

■ 활동 개요

1) 동기 유발
- '○○이의 미술관 일기' 읽어주기
- 우리나라 미술을 못 그린 그림이라고 생각한 이유 알아보기

2) 교사의 안내
- 우리나라 미술의 특징 알아보기

- 다른 나라 미술의 특징 알아보기

3) 더블버블형 비주얼씽킹에 표현하기
- 학습한 내용을 바탕으로 작품 비교 감상하기
- 비주얼씽킹으로 표현하기

4) 정리
- 서로 정리한 결과물을 둘러본 후 한 줄의 수업 소감 작성하기

 수업TIP!

- 동기 유발에서 쓰인 가상의 일기에서 글쓴이가 우리나라의 회화 작품을 다른 나라와 비교하여 '못 그렸다'라고 인식한 내용이 들어가도록 제작합니다.
- 같은 주제를 담은 나라별 회화 작품을 선정하여 공통점과 차이점을 동시에 분석할 수 있도록 지도합니다.
- 표현 재료, 기법을 자세히 안내합니다.
- 비주얼씽킹으로 비교하는 작품은 <2) 교사의 안내> 단계에서 제시되지 않은 작품을 활용합니다.

▣ 활동자료

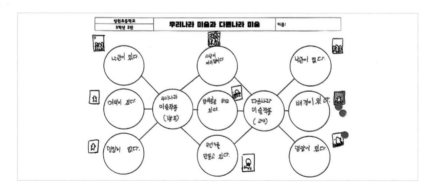

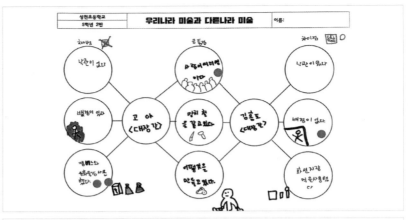

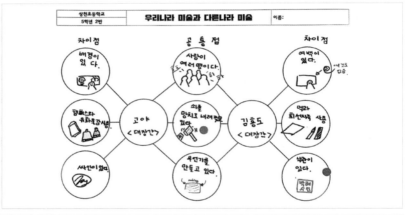

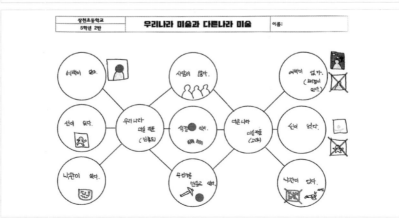

법과 규칙의 중요성

📑 학습목표

• 법과 규칙이 중요한 이유를 알고 비주얼씽킹으로 표현할 수 있다.

📑 성취기준

2009 개정 교육과정	(나) **법과 규칙의 준수** 질서 있고 안전한 사회생활을 영위하기 위해 법과 규칙을 지키는 일이 중요함을 이해하고, 이를 생활 속에서 잘 실천하려는 자세를 지닌다. 이를 위해 법과 규칙을 잘 지켰을 때의 좋은 점과 지키지 않았을 때의 문제점을 찾아보고, 준법을 실천한 모범 사례를 탐구하여 본받는다. ❶ 준법의 중요성과 우리가 지켜야 할 법과 규칙 ❷ 법과 규칙을 어기게 되는 이유와 잘 지키기 위한 방법 ❸ 법과 규칙을 잘 지키기 위한 다짐과 실천

📑 교사의 의도

액션 러닝(Action Learning)은 학습자가 팀을 구성하여 러닝 코치(Learning Coach)와 함께 정해진 시점까지 과제를 해결하면서, 지식 습득, 질문 및 성찰을 통하여 과제의 내용과 해결 과정을 학습하는 프로세스입니다. 액션 러닝과 비주얼씽킹이 결합한 수업은 학습 문제에 깊이 있게 접근하고 다양한 사고 과정을 공유함으로써 도덕적 가치의 필요성을 갖기에 효과적입니다.

비주얼씽킹을 활용한 액션 러닝의 장점

❶ 학습자 중심의 수업 구현이 가능합니다. 모둠에서 토의 및 문제해결에 접근하는 과정을 통해, 학생 스스로 주체가 되어 주도적인 역할을 수행할 수 있습니다. 나아가 학습자 스스로 도출된 결론을 비주얼씽킹으로

시각화하면서, 학습자 중심 수업이 함께 이루어지는 효과가 있습니다.

❷ 사고의 과정을 한눈에 알아볼 수 있습니다. 문제 해석에 대한 방향과 해결방법을 한 장의 종이에 담아냄으로써 한눈에 쉽고 빠르게 전달하고자 하는 바를 이해할 수 있습니다, 이는 모둠끼리 생각을 공유하는 과정에서 도 효율적인 방법입니다.

❸ 생각을 시각화하는 과정에서 구체적인 문제 해결 방법에 접근할 수 있습니다. 중 투표를 통해 토의 결과를 선정할 경우, 의견을 제시한 학생이 가진 구체적인 해결방법을 서로가 이해하기 어렵습니다. 그러나 비주얼씽 킹을 활용한 액션 러닝은 공통된 해결책을 구체적으로 생각하게 됩니다.

❹ 무임승차를 막을 수 있습니다. 모둠 비주얼씽킹을 하면 그림을 잘 그 리는 학생이 다른 학생들에게 기회를 주지 않고 혼자서 다 하려고 하거나, 무임승차자로 인해 과제 쏠림 현상이 나타나는 경우가 있습니다. 그러나 액 션 러닝을 활용한 비주얼씽킹은 모두의 합의 과정을 거친 결과물이기 때 문에, 학습자 스스로 주체성을 갖고 역할을 동등하게 나누어 과제를 수행 할 수 있습니다.

■ 활동 개요

1) 동기 유발
- 법에 대한 수수께끼 안내

2) 규칙을 지키지 않는 놀이하기
- '한 걸음 술래잡기' 실습하기
- 임의로 규칙을 지키지 않는 학생을 선정하여 실습하기
- 느낌 공유하기

3) 법과 규칙이 없는 사회 상상하기

- 삶을 살아가는 데 지켜야 할 법과 규칙 알아보기
- 법과 규칙이 없어진 삶 상상하기
- 각자 생각한 상황에 대해 이야기 나누기

4) 액션 러닝으로 비주얼씽킹 표현하기

[다중 투표 활동 과정]

❶ 법과 규칙이 중요한 이유를 한 문장으로 각자 포스트잇에 씁니다.

❷ 다중 투표를 통해 모둠에서 하나의 대표 의견을 정합니다.

❸ 정해진 의견을 비주얼씽킹으로 나타내기 위해 역할을 나누어 표현합니다.

❹ 라벨지에 그린 이미지를 모아 하나의 비주얼씽킹을 완성합니다.

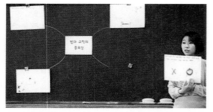

❺ 칠판에 버블형 레이아웃으로 모둠 의견을 모아 학급의 레이아웃을 완성합니다.

❻ 모둠별로 정한 대표 의견과 비주얼 씽킹으로 이야기를 나눕니다.

- 법과 규칙이 중요한 이유를 한 문장으로 쓰기
- 다중 투표를 통해 하나의 의견으로 모으기
- 모인 의견을 역할을 나누어 비주얼씽킹으로 표현하기

5) 정리
- 각 모둠의 표현한 결과물을 전체 공유하며 법과 규칙의 필요성에 대하여 함께 생각해 보기

 수업TIP!

- 실제 놀이 실습으로 학생들의 경험에서 공감을 끌어내도록 합니다.
- 놀이 시간이 확보되지 않는다면 이전의 경험을 이야기해보도록 지도합니다.
- 다중 투표 선정 기준이 '친한' 친구의 의견이 되지 않도록 공정성을 지도합니다.
- 모두가 참여하는 활동인지 주기적으로 학습 코칭을 합니다.

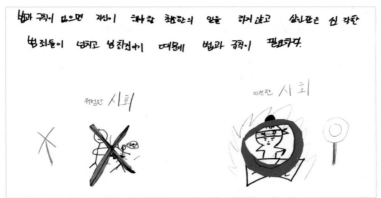

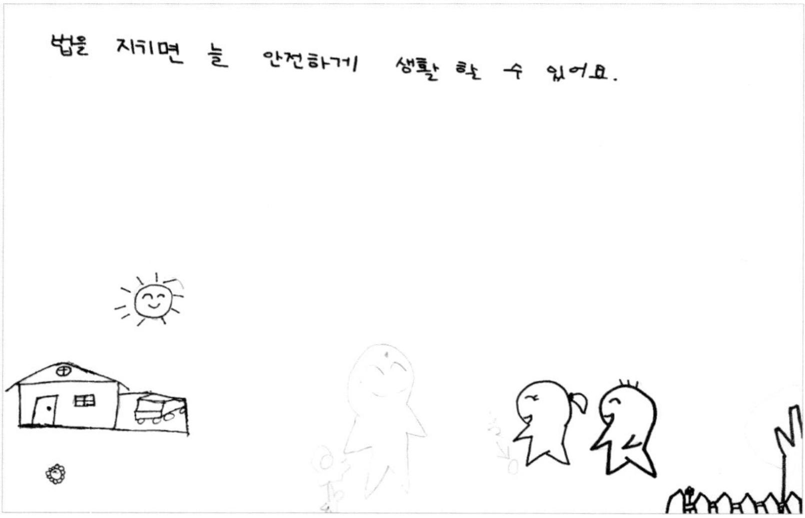

법을 지키면 늘 안전하게 생활 할 수 있어요.

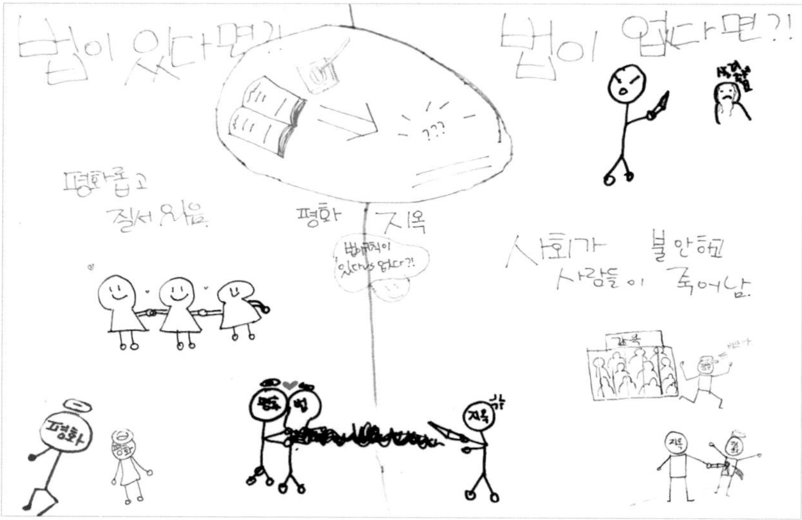

법이 있다면?!   법이 없다면?!

평화롭고
질서있음   평화   지옥
              법규칙이
              있다vs없다?!

사회가 불안해요
사람들이 죽어남.

6 과학 생물과 환경

■ 학습목표

• 비생물 요소가 생물 요소에게 미치는 영향을 비주얼씽킹으로 표현할
  수 있다.

■ 성취기준

2015 개정 교육과정	**[6과05-02]** 비생물 환경 요인이 생물에 미치는 영향을 이해하여 환경과 생물 사이의 관계를 설명할 수 있다. **【핵심역량】** 과학적 문제해결력, 과학적 탐구 능력

■ 교사의 의도

　생물과 환경 단원은 생태계에서 생물 요소와 비생물 요소를 구분하고,
생태계 구성 요소들이 서로에게 어떤 영향을 미치는지 배우는 단원입니다.
그중에서 먹이 사슬과 먹이 그물을 통해 생물 요소(생산자, 소비자, 분해자)
를 배우고, 비생물 요소가 생물 요소에 어떤 영향을 미치는지 배우는 것이
이 차시의 목표입니다. 콩나물 실험에서 비생물 요소(햇빛, 물)가 미치는 영
향이 인간에게도 영향을 미칠 수 있다는 것을 간접적으로 체험하고, '우리
의 삶에서 비생물 요소가 없다면 어떤 일이 일어날까?'라고 질문하여 비생
물 요소의 중요성을 생각해보도록 지도합니다. 비주얼씽킹으로 표현할 때,
비생물 요소가 생물 요소에게 미치는 영향을 직관적으로 이해할 수 있도
록 비생물 요소가 있을 때와 없을 때를 비교하여 시각적으로 표현하도록
했습니다. 그리고 계절의 변화나 생물 요소의 변화를 더 쉽게 파악할 수 있
도록 구성 요소에 알맞은 색을 칠하도록 안내했습니다.

■ 활동 개요

1) 동기 유발

- 비생물 요소 확인하기

2) 콩나물을 통해 비생물 요소의 영향 알아보기

- 물과 햇빛을 통제했을 때, 콩나물의 변화 파악하기
- 콩나물의 변화를 통해 비생물 요소의 영향 정리하기

3) 비생물 요소의 영향 알아보기

- 생물 요소에게 영향을 미치는 비생물 요소 알아보기
- 생물 요소가 생물에게 주는 영향 파악하기
- 차이가 생긴 이유 추측해보기

4) 비주얼씽킹으로 표현하기

- 비생물 요소의 유무에 따라 생물 요소에게 미치는 영향 정리하기
- 비주얼씽킹으로 표현하기

5) 핵심 질문으로 정리하기

- 짝 대화를 통해 미생물 요소가 생물 요소에 미치는 영향을 정리하기

🔆 수업TIP!

- 동기 유발 시, 비생물 요소를 복습하면서 사람에게 미치는 영향을 통해 비생물 요소의 중요성을 인식하도록 지도합니다.
- 콩나물 실험을 위해 오랜 기간 비생물 요소를 차단했음을 알리고, 비생물 요소가 생물에게 미치는 영향은 환경에 따라 다를 수 있음을 안내합니다.
- 비주얼씽킹으로 표현하기 전에 비생물 요소의 유무로 인해 생물 요소에 미치는 영향을 정리하면 더 쉽습니다.
- 비생물 요소가 생물 요소에게 미치는 영향을 짝에게 2가지씩 설명하도록 안내합니다.
- 비주얼씽킹 활동 시, 교과서에 제시된 삽화를 따라 그리지 않도록 안내합니다.

활동 자료

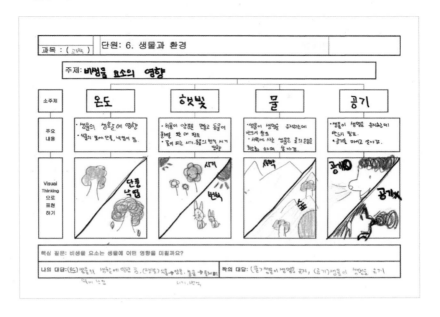

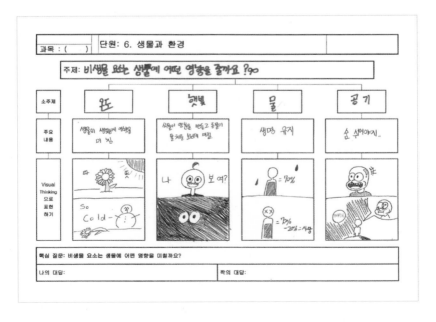

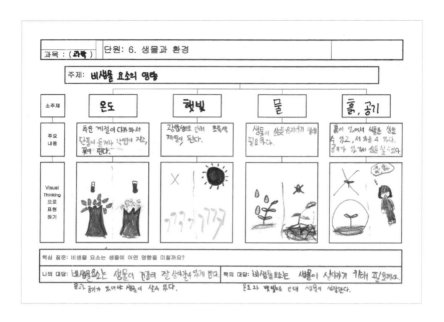

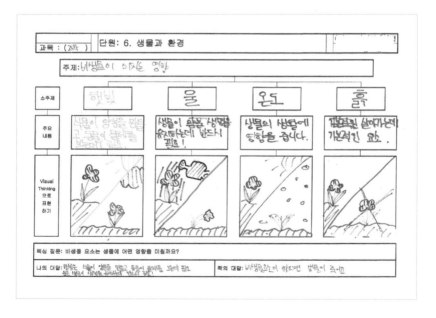

294

전기의 이용

🏷 학습목표

- 전기를 안전하게 사용하고, 절약하는 방법을 토의하여 비주얼씽킹으로 표현할 수 있다.

🏷 성취기준

2015 개정 교육과정	[6과13-03] 전기를 절약하고 안전하게 사용하는 방법을 토의할 수 있다.
	【핵심역량】 과학적 의사소통, 과학적 문제해결력

🏷 교사의 의도

　'전기의 이용' 단원은 전기의 특징과 일상생활에서의 이용, 안전한 사용 및 절약을 배우는 것을 배우는 데에 목적이 있습니다. 전기의 안전한 사용과 절약을 배우기 위해, 일생 생활에서 전기와 관련된 경험을 "전기를 사용하면서 위험했던 경험을 하거나, 들은 적이 있나요?"라는 질문으로 동기를 유발했습니다. 그리고 전기 안전과 관련된 동영상과 교과서에 제시된 내용을 기반으로 안전한 사용과 절약하는 방법을 토의하여 정리한 뒤, 비주얼씽킹으로 표현하였습니다. 마지막으로 핵심 질문을 통해 오늘 배운 내용을 짝에게 설명하면서 배운 내용을 내면화했습니다.

　전기를 안전하게 사용하고, 절약하는 방법을 배우는 것에 끝나지 않고, 실제 일상생활에서 할 수 있는 행동들 위주로 표현하도록 안내했습니다. 또한, 텍스트 활동을 통해 실제로 생활에서 할 수 있는 행동을 적고, 그 행동을 직관적으로 이해할 수 있도록 비주얼씽킹으로 표현하였습니다.

■ 활동 개요

1) 동기 유발
- 전기와 관련된 경험 공유하기
- 안전한 전기 사용 방법 영상 시청하기

2) 전기를 안전하게 사용하는 방법 토의하기
- 일상생활에서 전기로 인해 일어나는 사고의 유형 알아보기
- 전기를 안전하게 사용하는 방법 발표하기

3) 전기를 절약하는 방법 토의하기
- 전기를 절약해야 하는 이유 발표하기
- 평소에 전기 절약을 위해 노력하는 것 발표하기

4) 비주얼씽킹으로 표현하기
- 전기를 안전하고 사용하고, 절약하는 방법을 비주얼씽킹으로 정리하기

5) 핵심 질문으로 정리하기
- 전기를 안전하게 사용하고, 절약하는 방법을 1가지씩 제시하기

- 보통 전기는 오염이 없고 무제한이라고 생각해서 절약의 필요성을 잘 인식하지 못합니다. 그러므로 전기를 생산하는 과정에서 발전 시설에서 오염이 발생하고, 발전을 위한 재료가 무한하지 않음을 지도합니다.
- 학생이 평소에 전기로 인해 위험했던 경험과 절약하기 위해 노력했던 것을 발표할 때, 칠판에서 적어 텍스트 활동에 참고하도록 합니다.
- 하지 말아야 하는 행동을 강조하기 위해 빨간색 X자를 표시하면 더 눈에 잘 띄고, 기억에도 도움이 된다고 안내합니다.
- 물이 묻은 손이나 물건이 특히 위험함을 알리기 위해, 물이 묻은 곳에 꼭 색을 칠하도록 안내합니다.
- 버블형과 자유형 레이아웃을 양면으로 제시하여, 자유롭게 활용하도록 안내합니다.

📖 활동 자료

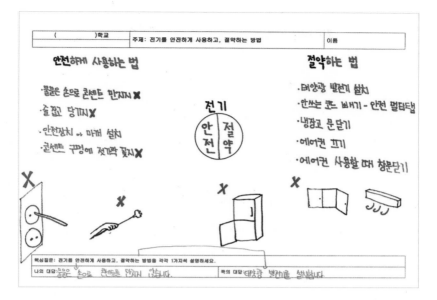

( )학교	주제: 전기를 안전하게 사용하고, 절약하는 방법	이름

안전하게 사용하는 법

· 물은 손으로 콘센트 만지지 ✗
· 플러그 당기지 ✗
· 안전장치 ↔ 마개 설치
· 콘센트 구멍에 젓가락 꽂지 ✗

절약하는 법

· 태양광 발전기 설치
· 안 쓰는 콘도 빼기 - 안전 멀티탭
· 냉장고 문 닫기
· 에어컨 끄기
· 에어컨 사용할 때 창문닫기

전기 안전 절약

핵심질문: 전기를 안전하게 사용하고, 절약하는 방법을 각각 1가지씩 설명하세요.

나의 대답: 물은 손으로 콘센트를 만지지 않습니다.

짝의 대답: 태양광 발전기를 설치합니다.

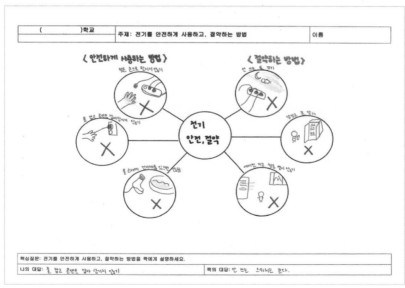

( )학교	주제: 전기를 안전하게 사용하고, 절약하는 방법	이름

〈 안전하게 사용하는 방법 〉　　〈 절약하는 방법 〉

전기 안전, 절약

핵심질문: 전기를 안전하게 사용하고, 절약하는 방법을 짝에게 설명하세요.

나의 대답: 물 잡고 콘센트 잡아 당기거 않기

짝의 대답: 안 쓰는 스위치는 끈다.

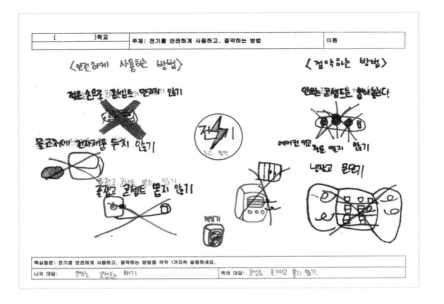

( )학교	주제: 전기를 안전하게 사용하고, 절약하는 방법	이름

〈안전하게 사용하는 방법〉

젖은 손으로 콘센트 만지지 않기

물근처에 전자제품 두지 않기

혼자고 콘센트 뽑지 않기

전기

제빌기

〈절약하는 방법〉

안쓰는 콘센트는 뽑아놓는다

에어컨 끄고 전등 멀지 않기

냉장고 문닫기

핵심질문: 전기를 안전하게 사용하고, 절약하는 방법을 각각 1가지씩 설명하세요.
나의 대답: 안쓰는 콘센트 빼기   학의 대답: 콘센트 혼자가고 멀지 않기.

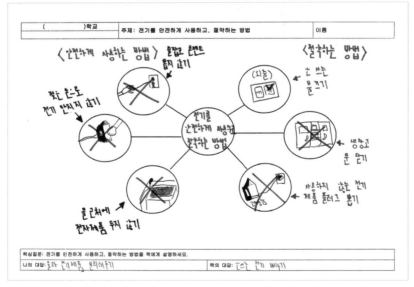

( )학교	주제: 전기를 안전하게 사용하고, 절약하는 방법	이름

〈안전하게 사용하는 방법〉 혼잡고 콘센트 함지 않기

젖은 손으로 전기 만지지 않기

전기를 안전하게 사용하고 절약하는 방법

(외출) 안 쓰는 불끄기

냉장고 문 닫기

사용하지 않는 전기 제품 플러그 뽑기

물 근처에 전자제품 두지 않기

〈절약하는 방법〉

핵심질문: 전기를 안전하게 사용하고, 절약하는 방법을 학에게 설명하세요.
나의 대답: 물과 전기세품 분리해두기   학의 대답: 안 쓰는 전기 빼기

298

에너지와 생활

📋 학습목표

• 에너지의 종류를 알고, 시각 언어 카드를 활용해 에너지 사용 일기를 쓸 수 있다.

📋 성취기준

2015 개정 교육과정	**[6과17-01]** 생물이 살아가거나 기계를 움직이는 데 에너지가 필요함을 알고, 이때 이용하는 에너지의 형태를 조사할 수 있다.
	【핵심역량】 과학적 탐구 능력, 과학적 문제해결력

📋 교사의 의도

일반적으로 에너지를 눈으로 볼 수 있는 전기 에너지로 이해하는 경우가 많은데, 실제 에너지는 생물이 살아가거나 기계를 움직이는 등 눈에 보이지 않는 에너지인 경우가 많습니다. 본 수업에서는 각 에너지가 가진 특성을 영상을 통해 배우고, 시각 언어 카드로 정리합니다. 시각 언어 카드에 에너지의 특성이 잘 드러나도록 시각화하고, 카드를 조합하여 에너지 사용 일기를 작성합니다. 에너지의 특성을 글과 그림으로 표현하기 때문에 오개념을 쉽게 파악하여 피드백할 수 있습니다. 이를 통해 우리가 일상생활을 영위하는 데에 많은 에너지가 사용됨을 알게 되어 에너지의 소중함을 깨달을 수 있습니다.

에너지 사용일기를 작성할 때는 하루 동안 있었던 일을 떠올려 보고, 에너지를 사용한 순서대로 내용을 적습니다. 그리고 각 에너지 단어가 들어가는 부분에 시각 언어 카드를 붙입니다. 일기를 작성한 후, 짝과 대화하며 에너지 사용 과정을 설명합니다. 이 과정에서 자신이 알고있는 에너지에 대한 개념을 공유하여 오개념을 수정할 수 있습니다.

■ 활동 개요

1) 동기 유발
- 에너지라고 생각하는 것 브레인스토밍하기

2) 에너지의 종류 알기
- 에너지의 종류 확인하기
- 각 에너지의 특징 발표하기

3) 에너지 이용 방법 파악하기
- 에너지가 일상생활에서 어떻게 이용되는지 발표하기
- 에너지를 사용해 본 경험 발표하기

4) 시각 언어 카드 만들기
- 에너지의 종류, 특성을 시각 언어 카드에 적기
- 비주얼씽킹으로 표현하기

5) 에너지 사용일기 쓰기
- 시각 언어 카드를 활용하여 일상생활에서 에너지를 사용하는 상황 쓰기
- 짝과 일기 공유하기

- 화학 에너지는 밥을 먹고, 힘을 낼 때 사용하는 것이라고 비유적으로 설명하면서, 에너지에는 눈에 보이지 않는 것이 있음을 안내합니다.
- 에너지의 특성과 더불어서 에너지가 어떻게 사용되는지를 중심으로 설명하면 이해가 더 쉽습니다.
- 시각 언어 카드에 시각화 할 때는 에너지의 특성을 이해하기 쉽도록, 에너지가 실제로 사용되는 방법을 중심으로 표현하도록 안내합니다.
- 에너지 사용일기는 꼭 사실을 적지 않고, 비유적으로 적어도 된다고 안내합니다.

활동 자료

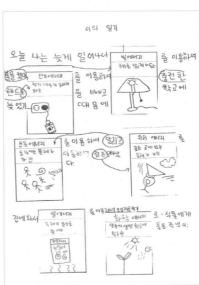

IV

비주얼씽킹과
함께하는 학급 운영

"어려움은 새로운 아이디어를 계발하는 것이 아니라
옛것으로부터 벗어나는 데 있다."

- 존메이나드케인스 | John Maynard Keynes -
영국의 경제학자

3월
내 이름을 비주얼씽킹으로

〰〰〰〰

1. 수업 의도

준비 없이 자기를 소개하는 일은 쑥스럽고 어색한 일입니다. 내 이름을 비주얼씽킹으로 표현하는 활동은 학년 초, 친구에게 자신을 소개하고 친구에 대한 궁금증을 해결할 수 있는 활동입니다. 짝 인터뷰 내용을 바탕으로 자기 이름을 시각 언어로 표현하는 과정으로 진행됩니다. 결과물을 모둠이나 전체를 대상으로 소개하며 간단한 인사와 함께 서로 친해지는 시간을 가집니다.

2. 수업 흐름

1) 나를 상징하는 대상 떠올리기
- 짝 대화로 인터뷰 질문지에 서로 답변하기
- 상대방이 적어 준 활동지에 간단한 그림으로 스케치해보기

2) 내 이름을 비주얼씽킹으로 표현하기

- 각자 이름을 어떻게 나타낼지 생각해보기
- 그림을 그리고 색칠하기

3) 결과물 공유하기

- 자유롭게 돌아다니며 자기 소개하기
- 공통된 관심사, 기발한 생각에 공감 스티커 붙여주기
- 소개한 내용 바꾸기
- 마지막에 갖게 된 친구의 활동지를 소개하며 누구일지 추측해보기

 수업TIP!

- 학년 수준에 맞춰서 인터뷰 질문의 수준을 조정해주는 것이 좋습니다.
  예 좋아하는 음식 · 계절 · 과목 · 색깔, 나의 꿈, 취미, 관심사 등
- 학생의 이름을 연한 테두리로 미리 출력한 상태로 활동하면 그림에 대한 부담을 줄일 수 있습니다.

- 완성된 결과물을 공감하는 과정에서 그림의 완성도에 치우치지 않도록 합니다.

3. 활동 자료

306

온라인 비주얼씽킹 Tip

3월, 우리반 1년 계획을 온라인으로 다 함께 만들기

1) 우리가 만드는 학급 슬로건

3월 학기 초 학급에서는 교사와 학생들이 함께 학급 슬로건을 만들어 1년간 사용합니다. 학급 슬로건 은 학급 구성원인 학생과 교사가 1년 동안 우리 반은 어떤 반이면 좋겠는지에 대해 생각해보고 의견을 내어 토의하여 결정하게 됩니다. 그래서 슬로건은 학생과 교사가 학급에서 1년 동안 꾸준하게 실천하기 위한 공동의 목표를 설정하는 과정이자, 학급 구성원들의 협력적인 학급 분위기 조성에 도움을 줄 수 있습니다.

먼저 '한 해 동안 우리 반이 어떤 반이 되면 좋을까요?', '1년 동안 지키면 좋을 가치 및 덕목이 떠오르나요?' 등의 질문으로 우리 학급에서 1년 동안 어떤 가치와 덕목에 중점을 두어서 생활하면 좋을지 함께 고민합니다. 그런데 학생들은 서로 새로운 학급에서 처음 만나 서로 어색하고 어떤 가치나 덕목에 대해 떠올리는 것을 어려워하곤 합니다. 그래서 그림책 '쿠키 한 입의 인생 수업'을 함께 보며 다양한 덕목에 대해 생각한 후 학급 슬로건 만드는 활동에 참여하면 좋습니다. '쿠키 한 입 인생 수업'에서는 서로 돕는다는 것, 참는다는 것, 당당하다는 것, 겸손하다는 것, 어른을 공경한다는 것, 믿음을 준다는 것, 공평하다는 것, 불공평하다는 것, 남을 배려한다는 것,

욕심이 많다는 것, 마음이 넓다는 것, 부정적이라는 것, 예의 바르다는 것, 정직하다는 것, 부러워한다는 것, 우정이란, 후회한다는 것, 만족스럽다는 것, 지혜롭다는 것 등에 대해 이야기하고 있습니다. 그림책에 나오는 다양한 가치 및 덕목에 대해 함께 이야기를 나누며 우리 반에 필요한 가치와 덕목에 대해 학생들과 함께 생각합니다.

다음으로는 학생들이 생각하는 가치와 덕목을 떠올려 모둠원들과 생각 모으기 활동을 합니다.

[생각 모으기 활동]
① 떠오르는 가치나 덕목을 자신의 주머니의 바깥 원에 쓰기
② 쓴 내용 중 가장 중요하게 생각하는 것을 가운데 원에 적기
③ 모둠 친구들이 각자의 가운데 부분에 쓴 것을 모둠의 생각 주머니 바깥 원에 옮겨 쓰기
④ 모둠의 생각 주머니에 쓰인 것 중 가장 중요하게 생각하는 가치나 덕목에 대해 모둠 토론하여 모둠의 가치나 덕목을 선정하기

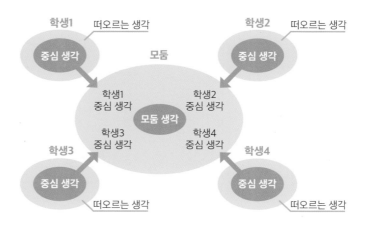

● 생각 모으기

308

이렇게 모둠별로 모인 가치와 덕목을 모아 학급 전체 친구들에게 발표하고, 공유된 가치와 덕목을 바탕으로 우리 학급 슬로건을 공모합니다. 학급 슬로건을 공모할 때는 몇 가지 조건이 있습니다. 첫째, 우리 반 친구들이 생각한 생각 주머니를 고려하여 슬로건 문구를 생각합니다. 둘째, 슬로건을 비주얼씽킹으로 표현할 때 학급 전체 인원이 나누어 글자를 표현하기에 좋으므로, 슬로건의 글자 수를 학급 인원에 맞춰서 공모하면 좋습니다. 셋째, 슬로건과 함께 할 수 있는 동작도 함께 생각합니다. 슬로건을 학생들과 함께 외칠 때 동작이 있으면 학급에서 수시로 함께 외칠 수 있어서 활용도가 높아질 수 있습니다. 마지막으로 기한과 제출 방법을 안내합니다.

공모를 통해 모은 슬로건을 전체 학급 투표를 통해 우리 반 학급 슬로건으로 결정합니다. 정해진 슬로건은 한 학생이 한 글자를 맡아 비주얼씽킹으로 표현합니다. 이 활동을 하면서 학생들은 학급 구성원으로 우리 반 슬로건을 나의 손으로 만들었다는 자부심과 더불어 자신이 만든 슬로건을 지켜야겠다는 책임감을 가질 수 있게 됩니다.

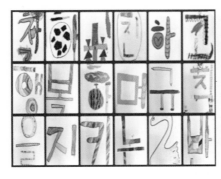 

교사는 학생들과 함께 의견을 모을 잼보드를 준비합니다. 학생들과 생각 모으기, 학급 슬로건 공모 아이디어를 의견 나눌 수 있는 기본 틀을 배경 설정하여 보드를 구성하면 좋습니다. 잼보드 화면을 구성 후 교사는 학생들에게 잼보드 공유하는 설정이 필요합니다. 잼보드는 공유 설정은 '링크가 있는 모든 사용자에게 공개-편집자'로 설정합니다. 설정된 링크 주소를 학생들에게 전송 하기 위해 링크 주소를 복사합니다. 링크 주소를 복사하여 학생들에게 전송할 때 '~~/edit?usp=sharing' 부분을 '~~/viewer'로 변경하여 보냅니다. 테블릿이나 휴대폰을 활용하는 학생들은 그냥 복사한 링크 주소에서는 활동하기 어렵기 때문입니다. 학생들은 교사가 보내준 링크 주소로 접속하여 생각 모으기, 학급 슬로건 공모 아이디어 활동에 참여할 수 있습니다.

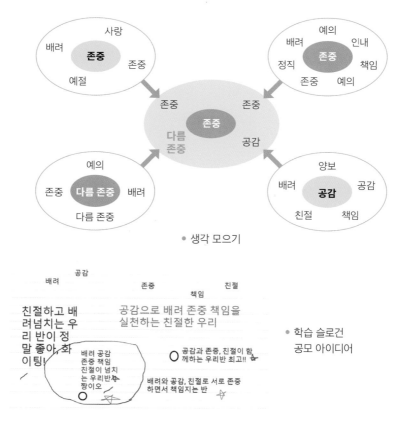

• 생각 모으기

• 학습 슬로건
  공모 아이디어

2) 이렇게 말하고 행동해요

학급 슬로건을 만든 후 상징적인 학급 슬로건을 구체적인 어떻게 실천할지에 대해 학생들과 함께 고민하는 과정이 필요합니다. '이렇게 말하고 행동해요' 활동은 상징적인 슬로건을 구체적인 규칙으로 지키기 위한 활동입니다. 규칙이라는 딱딱한 말 대신 '이렇게 말하고 행동해요!'란 표현을 사용하여 학생들에게 제시하면 좀 더 부드럽고 친근하며 거부감을 적게 하면서 학급 규칙을 정할 수 있습니다.

💡 온라인 수업 활동 방법!

학급 전체 인원을 대상으로 한 번에 의견을 수합할 때에는 잼보드에 '이렇게 말해요!', '이렇게 행동해요!' 2가지 보드를 각각 제시합니다. 조별로 의견을 나누고 전체 의견을 모으기를 원한다면 조별 보드를 각각 제공하고 전체 잼보드 활동으로 진행해도 됩니다. 저는 전체를 대상으로 하는 방법으로 안내해 보도록 하겠습니다. 먼저 학생들은 '이렇게 말해요!', '이렇게 행동해요!' 2가지 잼보드에 글쓰기 기능으로 자신의 의견을 제출합니다. 제출된 의견을 보고 교사와 학생들은 비슷한 의견을 모아 분류하고 제시된 의견을 바탕으로 우리 학급에서 지켜야 할 규칙을 정합니다. 제시된 의견에 대해 어떻게 생각하는지, 우리 반 규칙으로 정해도 될지에 대해 의견을 묻고 서로 토의하는 과정을 걸쳐 학생과 교사가 동의하는 규칙을 우리 반 규칙으로 결정합니다. 이렇게 합의된 규칙을 비주얼씽킹으로 표현하게 하여 교실에 1년 동안 게시합니다. 만일 학기 중에 규칙에 이의가 있다면 학급 회의를 통해 변경할 수도 있습니다.

3) 우리 반의 하루

우리 반의 하루 일과를 정하는 활동은 학생들이 정해진 행동을 1년 동안 꾸준하게 실천할 목록을 정하는 것입니다. 이 계획된 행동들은 학생들이 1년 동안 Daily routin으로 자기주도적으로 성실하게 실행해야 하는 것으로 그들의 생활 습관을 일정하게 하여 학생들의 성실성을 기르는데 도움을 줍니다.

교사는 잼보드에 아침 활동/수업 시간/쉬는 시간/점심 시간/종례 시간 이렇게 5가지 시간에 하고 싶거나 해야 할 일에 대해 의견을 받을 보드를 만들어 제시합니다. 학생들은 5가지 시간에 하고 싶거나 해야 할 일에 대해 글쓰기 기능으로 의견을 제시합니다. 화상 수업 시 학생들이 제시된 의견 잼보드를 함께 보며 교사는 비슷한 의견으로 분류하고 학생들과 각 시간에 하고 싶거나 해야 할 일에 대해 토의 후 우리 반 일과로 결정합니다. 최종 결정된 우리 반 일과를 학생들이 비주얼씽킹으로 표현하고 그것을 학급 게시판에 게시합니다.

4월
1인 1역 학급 규칙 만들기

~~~~~~~~~

1. 수업 의도

　본 수업은 학급긍정훈육법(PDC)과 연계하여 '의미 있는 역할 나눔'이라는 주제로 학급에 공헌할 수 있는 역할을 찾아 비주얼씽킹으로 나타내는 활동입니다. 단순히 역할 나누기보다 역할에 이름을 붙이는 과정에서 보람을 느끼며 즐겁게 참여할 수 있습니다. 결정된 역할은 계속 이어서 하는 것이 아니라, 돌아가며 할 수 있습니다. 그래서 새롭게 역할을 맡은 학생을 위해 '1인 1역 수행 안내서'를 제작합니다. 이때 단순히 글로 순서를 나타낼 수도 있지만, 그림과 함께 설명하면 명료하고 세세히 설명할 수 있습니다. 전체 프레임을 먼저 제시한 후, 1인 1역을 맡은 팀별로 제작할 수 있도록 자율성을 부여하는 방법으로 진행합니다.

'1인 1역 사용설명서'
OOOO(역할 이름)

해야 할 일
①
②
③

주의사항
①
②
③

완성된 결과물은 1인 1역을 수행하는 장소 또는 잘 보이는 곳에 게시하여, 수시로 역할을 확인하고 꾸준히 실천할 수 있도록 지도합니다.

2. 수업 흐름

1) 1인 1역 수행 후 소감 나누기
- '좋/아/바'로 이야기 나누기
- 좋았던 점, 아쉬운 점, 바라는 점 공유하고 역할 내용 보충 및 수정하기

2) 1인 1역 사용 설명서 만들기
- 예시 질문에 맞게 내용 정리하기
- 내용에 맞게 비주얼씽킹으로 그림 정리하여 색칠하기

3) 다음 1인 1역 학생들에게 설명하기
- 비주얼씽킹을 바탕으로 역할을 설명하여 인수인계하기
- 주기적으로 돌아가며 역할을 바꿀 때마다 실천하기

수업TIP!
- 학급에 어떤 도움이 되는지를 항목에 써넣도록 합니다.
- 흐름이 드러나는 비주얼씽킹이 되도록 안내합니다.
- 1인 1역을 바꿀 때마다 활동 자료를 보며 역할을 익힐 수 있도록 합니다.

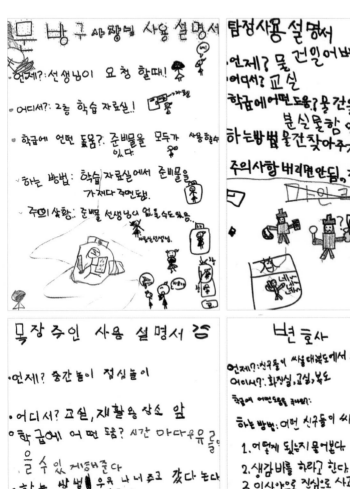

5월
어린이날 미래 일기 쓰기

‿‿‿‿‿‿‿‿

1. 수업 목표

　본 수업은 5월 5일 어린이날을 맞이하여, 학급에서 할 수 있는 행사를 학생이 직접 생각하고 서로의 의견을 모으는 수업입니다. 2학년 국어 '6. 차례대로 말해요' 단원의 미래 일기를 '5월 2일 우리 반 친구들과 무엇을 하면서 보내면 좋을지' 글쓰기로 바꾸어 진행했습니다. 먼저 5월 2일 계획을 위해 고려할 점을 논의한 후, 개인별로 비주얼씽킹으로 나타냅니다. 다음으로 모둠과 창문 열기 활동으로 의견을 모으고, 모둠에서 정한 일과를 비주얼씽킹으로 나타냅니다. 마지막으로 모둠 미래 일기를 발표하고, 토의하여 최종 우리 반의 일과를 결정합니다. 저학년은 자기주장이 강한 면이 있어 학급 의견을 모으는 과정에 어려움이 있습니다.

하지만 개인 ⇨ 모둠 ⇨ 학급 전체 토의 과정을 거침으로써, 자신의 의견과 친구의 의견 중 어떤 활동이 더 의미 있을지 장단점을 차분히 생각해보는 시간을 가질 수 있습니다.

2. 수업 흐름

1) 동기 유발
- 5월 2일 우리 반 친구들과 무엇을 하면서 보낼지 브레인스토밍하기

2) 내가 생각하는 우리 반의 5월 2일
- 5월 2일 계획을 위해 고려할 점 생각하여 말하기
- 내가 생각하는 우리 반의 일과 비주얼씽킹으로 나타내기

3) 우리 모둠이 생각하는 우리 반의 5월 2일
- 자기 생각 발표하기
- 창문 열기 활동으로 우리 모둠의 의견 모으고 비주얼씽킹으로 표현하기

4) 우리 반이 생각하는 우리 반의 5월 2일
- 모둠 별로 작성한 비주얼씽킹 내용 공유하기
- 서로의 의견에 대해 질문하고 답하기
- 최종 우리 반 5월 2일 일과 정하기

- 실천하고 소감 나누기

 수업TIP!

- 자기 생각을 말할 때 허용적인 분위기를 조성합니다.
- 이 활동이 우리에게 어떤 효과와 의미가 있는지 미리 생각할 수 있도록, 일과를 세울 때 고려할 점을 이야기 나눕니다.
- 학생이 자신과 친구의 의견이 다르다고 실망하지 않고, 다른 사람의 의견을 존중하는 태도를 가질 수 있도록 지도합니다.

3. 활동 자료

● 내가 생각하는 5월 2일

● 모둠 생각 모으기

카네이션 +편지 13 (1~2교시)

책 + 간식 (3교시)

게임 + 마사지 (4교시)

● 우리반 생각 모으기

6월
통일 교육

〰〰〰

1. 수업 의도

　일반적으로 학생이 대한민국이 분단국가임을 피부로 느끼는 일은 매우 드뭅니다. 그저 할머니, 할아버지에게서 듣던 먼 옛날이야기 같은 느낌이 겠지요. 통일 개념이 희박해진 현세대에게 현실적으로 통일의 필요성을 알려주기 위해서 본 수업을 계획하게 되었습니다. 먼저 통일에 관한 생각과 통일이 과연 필요한지를 물어보고, 놓치고 있던 통일의 필요성을 알아봅니다. 이후 변화된 학생의 생각과 통일이 되어야 하는 이유를 알아보고, 비주얼씽킹으로 표현합니다.

2. 수업 흐름

1) 통일에 관한 생각 나누기
- 통일에 대해서 어떻게 생각하는지 알아보기
- 통일이 필요한 것인지 역 질문해 보기

2) 통일의 필요성 알아보기
- 통일이 이루어진 상황 상상하기
- 통일의 필요성 알아보기

3) 비주얼씽킹 표현하기
- 통일에 대해 변화된 내 생각 나누기
- 핑거형 레이아웃으로 통일의 필요성 표현하기

💡 수업TIP!

- 핑거형 레이아웃을 그릴 때 손이 작아 활동이 어려운 학생이 있다면, 장갑을 낀 듯한 손으로 두껍게 그리면 된다고 안내합니다.
- 손 마디에 텍스트 활동을 먼저 할 시간을 주고, 시각화 활동으로 넘어갈 수 있도록 지도합니다.
- 통일에 관한 생각을 현실적으로 구체화할 수 있는 의견을 충분히 나누도록 합니다.
- 손 바탕을 칠할 때, 글자나 그림이 잘 보일 수 있도록 연한색으로 칠하도록 안내합니다.

3. 활동자료

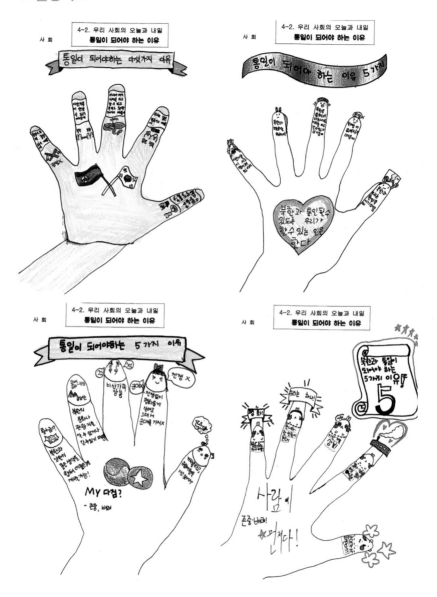

322

7월
재난 안전 교육

~~~~~~~~~

1. 수업 의도

'학기마다 이루어지는 재난 안전 교육을 어떻게 하면 좀 더 효과적으로 수업할 수 있을까?' 하는 고민에서 이 수업의 설계를 시작하였습니다. 본 수업은 지진 대피 훈련 시, 상황에 따라 행동해야 할 다양한 경우의 수를 예시로 살펴보고, 학생이 직접 수행하는 내용을 비주얼씽킹으로 표현합니다. 그림을 통해 배움을 확인하는 퀴즈를 내거나, 대피 훈련을 얼마나 잘 인지하고 있는지 확인할 수 있습니다.

2. 수업 흐름

1) 지진 발생 시 알고 있는 대피요령 나누기
- 학교에서 지진이 일어났을 경우 대피 행동 알아보기
- 장소가 학교가 아닐 때, 대피 행동 알아 보기

2) 지진 대피 훈련을 비주얼씽킹으로 표현하기
- 버블형 레이아웃의 각 부분에 상황을 적고, 어떻게 행동해야 하는지 글로 적기
- 글에 알맞은 그림을 그리고 색칠하기

3) 결과물 공유하기
- 그림만 보고 어떤 상황의 대피요령인지 알아보기
- 여러 그림의 공통 대피 상황 추측해보기

💡 수업TIP!
- 사전에 알고 있는 지진 대피요령을 나눕니다.
- 머리를 가릴 수 없는 특수한 경우를 가정하여, 어떤 행동을 해야 할지 추측해 보도록 합니다.
- 비주얼씽킹을 하는 동안 오류가 있는 학생이 없는지 확인하여, 수정할 수 있도록 도와줍니다.
- 짝 대화를 통하여 알고 있는 내용을 퀴즈 형식으로 확인합니다.

3. 활동 자료

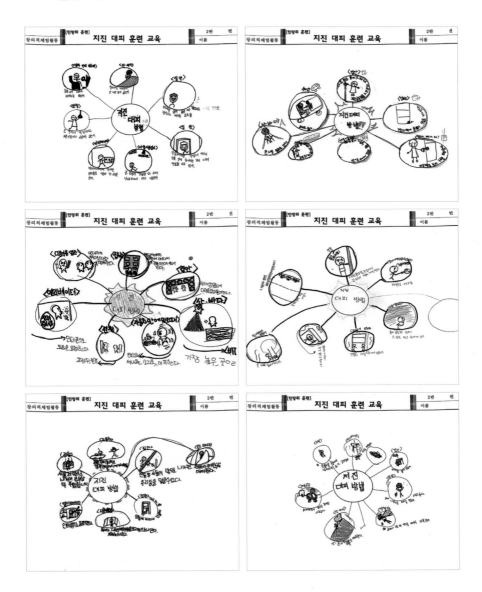

9월
흡연 예방 교육

〰〰〰〰〰

1. 수업 의도

　　일반적인 흡연 예방 교육은 흡연하면 안 된다는 점을 강조하는 설명 위주의 수업으로 진행되어, 공감하기 어렵습니다. 그래서 학생이 생각하는 '담배'에 대한 이미지를 떠올리고, 흡연의 유혹이 올 때를 가정해 상황을 표현(그림, 역할극)해 실제 생활에서 바르게 대응하는 모습을 비주얼씽킹으로 표현합니다.

2. 수업 흐름

1) '담배' 하면 떠오르는 생각은? (짝 활동)
- 짝 대화로 '담배'에 대한 생각 답변하기
- 자기 생각과 짝의 생각을 떠올려 이미지로 표현하기

2) 담배가 주는 영향 (모둠 활동)

- 담배가 주는 영향 떠올려 보기
- '우리 몸에, 나의 친구와 가족에, 경제적으로'란 측면에서 이야기 나누고 정리하기

3) 그래, 선택했어! (짝 활동)

- 담배를 권하는 4가지 상황에서 나는 어떤 결정을 할지 고민하기
- 짝과 생각 나누기
- 간단한 그림으로 표현하기
- 역할극으로 표현하기

4) 담뱃갑에 넣고 싶은 경고 문구 만들기

- 담뱃갑에 넣고 싶은 문구와 그림 떠올리기
- 직접적인 표현보다 간접적으로 생각할 수 있는 문구가 없을지 떠올리기
- 공유하기

 수업TIP!

- '담배' 하면 떠오르는 생각을 표현할 때, 다양한 아이디어를 수용하는 허용적인 분위기가 필요합니다.
- 담배가 주는 영향을 공부할 때, 일반적인 담배의 유해성을 알려주는 영상자료를 제시합니다. 그리고 개인의 건강 측면에서 사회, 경제적인 측면으로 사고가 확장될 수 있도록 이야기 나눕니다.
- '그래, 선택했어!' 활동에서는 4가지 상황에서 실제 내가 할 수 있는 결정에 대해 솔직하게 말하고, 짝과 역할극으로 표현하면서 어떤 생각이 들었는지 질문합니다.
- 담뱃갑에 넣고 싶은 경고 문구를 만들 때, 기존의 담뱃갑의 이미지를 보여주며 만들도록 합니다. 고학년은 내가 만든 문구가 '넛지 효과(사람들의 마음을 저절로 움직여 실천하는 효과)'를 일으킬 수 있는지 고려하여 만들도록 안내합니다.

3. 활동 자료

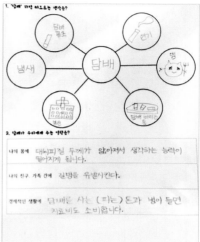

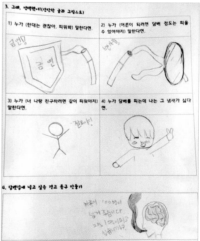

10월
한글날 계기 교육

〰〰〰〰〰

1. 수업 의도

한글날의 의미를 생각하며 할 수 있는 다양한 활동을 제시하고, 우리 말
과 글을 사랑하는 마음을 가질 수 있도록 수업을 구성했습니다.

2. 수업 흐름

1) 한글날이 뭐예요?
- 한글날에 대해 알아보기

2) 그림책을 읽고 타이포그래피로 나타내기
- '세상에서 가장 힘이 센 말', '낱말 공장 나라'를 읽고 떠오르는 생각
  말하기
- 그림책을 통해 떠오른 단어, 주제를 생각하여 타이포그래피로 나타내기
- http://www.tagxedo.com/ 을 활용하여 타이포그래피로 나타내기
  인터넷 익스플로러만 가능

3) 한글 글자 이미지화 + 상징하는 것 + 떠오르는 것

- 종이 가운데 '한글'을 입체 글자로 쓰기
- '한글' 입체 글자 주변에 한글 하면 떠오르는 것, 상징하는 것을 떠올려 비주얼씽킹으로 표현하기

4) 공유하기

- 자신이 만든 타이포그래피나 입체 글자를 발표하고 공유하기

 수업TIP!

- 한글날에 대해 알아볼 때, 어떻게 만들어졌는지 과정을 알아보는 활동을 같이합니다.
- 그림책을 읽고 타이포그래피로 나타낼 때, 모둠에서 그림책의 주제나 떠오르는 것에 대해 토의를 한 후 타이포그래피 활동을 진행합니다.
- 3번 활동을 할 때, 저학년은 입체 글자를 만들기 어려우니 사전에 입체 글자를 그린 후 복사하여 나눠주면 효과적입니다.
- 고학년은 http://www.tagxedo.com을 활용하고, 반 홈페이지나 학교 홈페이지에 올리는 활동으로 진행합니다.

3. 활동 자료

방법1. 그림책을 읽고, 타이포그래픽으로 나타내기

❶ 8절 도화지를 대문 접기합니다.
❷ 대문을 열면 나오는 면에 '세상에서 가장 힘이 센 말' 그림책을 읽고 생각한 힘이 센 말을 타이포그래피로 표현합니다.
❸ 대문 안쪽 2면(양 날개)에는 힘센 말을 하지 않은 상황과 한 상황을 표현합니다.

❶ 방안지나 A4 도화지를 준비합니다.
❷ "낱말 공장 나라"를 읽고, 떠오르는 것을 타이포그래픽으로 나타냅니다.

방법2. http://www.tagxedo.com/ 활용하기

❶ http://www.tagxedo.com/에 접속합니다.
❷ 'Create'를 클릭합니다.
❸ 'Load'를 클릭하여 'Enter Text'칸에 넣고 싶은 키워드 넣고 'Submit'을 클릭합니다.
❹ '좌측의 메뉴로 컬러, 테마, 폰트 등 자유롭게 변경합니다.

방법3. 한글 글자 이미지화 + 상징하는 것 + 떠오르는 것 표현하기

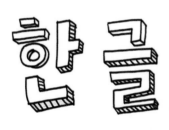 

❶ A4 도화지 가운데 '한글'을 입체 글자 모형으로 그립니다.
❷ 글 주변에 '한글'하면 떠오르는 것과 상징하는 것을 떠올려 그림을 그리고 색칠합니다.

11월
우리 반 5대 사건

〰〰〰〰〰

1. 수업 의도

　본 수업은 학기 말 또는 학년말에 학급의 한살이를 되돌아보는 마무리 활동으로 적합한 활동입니다. 1년 생활 사진을 보면서 가장 기억에 남는 사건을 토의하고, 개인별로 정리해 볼 수 있습니다. 가장 기억에 남는 다섯 가지의 사건을 정해서 비주얼씽킹으로 표현합니다. 핑거형, 트리형, 버블형 레이아웃이 적절하지만, 학급에 따라 자유롭게 변형할 수 있습니다. 완성된 작품을 친구들과 공유해 보며 학기를 마무리합니다.

2. 수업 흐름

1) 학급 사진 살펴보기
- 1년, 1학기 동안 찍은 학급 사진 살펴보기
- 그에 대한 느낌 나누기
- 그 외 기억에 남는 활동 이야기하기

2) 5대 사건 선정하여 비주얼씽킹으로 나타내기
- 교육 활동 중 5가지 사건 선정하기
- 핑거형 레이아웃을 그리고 사건을 선정한 이유 쓰기
- 마디 끝에는 알맞은 표정을 그리고 색칠하기

3) 결과물 공유하기
- 자유롭게 돌아다니며 공유하기
- 나와 같은 활동이 있다면 공감 표시해주기

 수업TIP!

핑거형 레이아웃을 그릴 때
- 손이 작아 활동이 어려운 학생들이 있다면 장갑을 낀 듯한 손으로 두껍게 그릴 것을 안내합니다.
- 엄지손가락부터 순위를 정하여 사건을 정리합니다.
- 색이 갖는 감정에 대한 수업을 진행한 경우, 감정과 색을 일치시키도록 안내합니다.
- 텍스트를 색칠하는 경우, 밝은색을 칠하거나 힘을 빼고 살살 칠하도록 안내하여 글자가 잘 보일 수 있도록 합니다.

12월
선생님 사용 설명서

~~~~~~~

1. 수업 의도

본 수업은 학년말, 선생님과의 추억을 마무리하는 활동으로 내년에 선생님을 만날 또 다른 학생들에게 당부하는 말을 정리할 수 있습니다.

설명서 항목 예시
- 선생님과 함께했던 행복한 기억
- 선생님이 학급에서 중요하게 생각하는 것, 선생님만의 규칙
- 선생님의 좋은 점
- 선생님이 자주 하는 말과 행동
- 선생님과 지낼 때 주의할 점

먼저 교사에게 하고 싶은 질문을 만들어 텍스트 활동을 합니다. 이후 질문과 답변에 맞는 비주얼씽킹 활동으로 작품을 완성하고, 함께 공유해 보는 수업으로 진행합니다.

2. 수업 흐름

1) 선생님 인터뷰하기
- 1년 동안 함께한 선생님과의 추억 돌이켜보기
- 선생님께 궁금했던 점 물어보기
- 선생님께 하고 싶은 말 전하기

2) 선생님 사용설명서 만들기
- 예시 질문에 맞게 내용 정리하기
- 텍스트 정리하고 알맞은 그림으로 나타내기

- 선생님에 관한 정보가 부족하다고 느낀다면, 인터뷰 활동 시간을 늘립니다.
- 자유형 레이아웃으로 안내하여 학생이 선택하도록 안내합니다.

3. 활동 자료

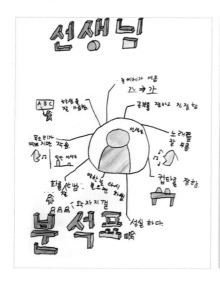

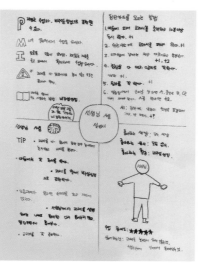

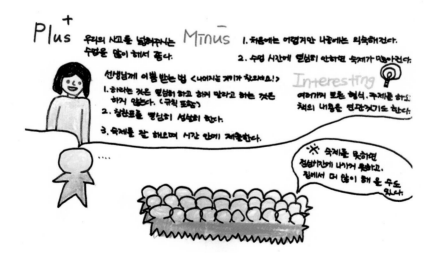

IV 비주얼씽킹과 함께하는 학급운영

비주얼씽킹 동아리 활동 이렇게 해 봅시다!

학기	차시	활동 내용
1	01	비주얼씽킹이란? (비주얼씽킹 소개와 활동을 위한 준비물 안내)
	02	나의 이름, 나의 소중한 가치를 나타내라! (비주얼씽킹 기본 연습)
	03	오늘 나의 기분은? (사람 얼굴 표현 연습 후, 종이 인형 만들기, 내 기분을 핑거형으로 나타내기)
	04	내 머릿속의 한 장면 (사람 및 동작 그리기 연습)
	05	나의 소중한 물건 (사물 그리기 연습)
	06	내가 만드는 재미있는 이야기 (화살표, 말풍선 그리기 연습)
	07	다다다 다른 별 이야기 (제목 그리기 연습)
	08	여름 방학 나의 버킷리스트 활동 (여름 방학 동안 하고 싶은 것을 비주얼씽킹으로 나타내고 발표하기)
2	09	너의 생각이 궁금해 (친구에게 하고 싶은 질문을 만들고 한 질문을 뽑아 비주얼씽킹으로 표현하기)
	10	만나고 싶은 예술가 (내가 좋아하는 예술가의 작품을 비주얼씽킹으로 표현하고, 작가에게 편지쓰기)
	11	시와 비주얼씽킹의 만남 (시화 만들기)
	12	세상 속의 차별! (차별에 대해 알아보고, 차별에 대해 생각해 볼 수 있는 포스트 그리기)
	13	우리가 좋아하는 노래 (우리가 좋아하는 노래 조사 후, 그림그래프로 나타내기, 인터넷에 가사 찾아보기)
	14~15	우리가 좋아하는 노래 뮤직비디오로 만들기 (각 가사에 알맞은 장면 비주얼씽킹으로 표현하기)
	16	나의 겨울눈 (나의 꿈과 내가 노력하는 점 표현하기)

1. 비주얼씽킹이란?

- 비주얼씽킹이란 무엇일까요? 선생님께서 말씀하시는 내용을 듣고 어떤 것일지 생각하여 적어봅시다.

- 비주얼씽킹을 하기 위해 어떠한 준비물이 필요할까요?

2. 나의 이름, 나의 소중한 가치를 나타내라!

• 비주얼씽킹의 기본 연습(선)을 해 봅시다.

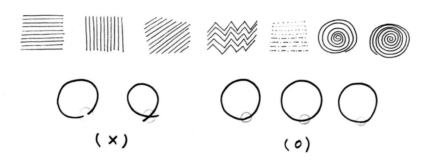

(×)   (○)

• 비주얼씽킹의 기본 연습을 바탕으로 나의 이름이나 내가 소중하게 생
  각하는 가치를 글자로 표현해 봅시다.

3. 오늘 나의 기분은?

• 사람의 얼굴을 표정을 그려봅시다.

• 나의 표정을 생각하며 종이컵으로 인형을 만들어 봅시다.

• 『오늘 내 기분은』 그림책을 읽고 다음과 같이 활동해 봅시다.

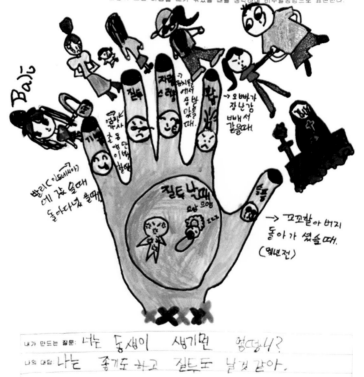

오늘 내 기분은

학습지에 손을 대고 그대로 그린다.
손바닥에 이 책을 읽고 떠오르는 생각을 비주얼씽킹으로 표현한다.
손가락에는 주인공이 느낀 마음을 적는다.
손가락의 바깥부분에는 주인공이 느낀 마음을 내가 겪었을 때를 생각하여 비주얼씽킹으로 표현한다.

내가 만드는 질문: 동생이 생기면 좋을까?

나의 대답: 아직별로

짝의 대답: 싫을 거 같아

4. 내 머릿속의 한 장면

• 다양한 사람 모습을 그려봅시다.

• 머릿속에 떠오르는 경험의 한 장면을 비주얼씽킹으로 표현해 봅시다.

5. 나의 소중한 물건

• 다양한 물건의 모습을 그려봅시다.

• 내가 가장 소중하게 생각하는 물건을 그리고, 소개하는 글을 작성해
  주세요.(이것을 활용하여 그림 경매를 진행합니다.)

6. 내가 만드는 재미있는 이야기

• 다양한 화살표와 말풍선을 그려봅시다.

• 화살표와 말풍선을 활용하여 재미있는 이야기를 만들어 봅시다.

346

7. 다다다 다른 별 이야기

• 다양한 제목 템플릿을 그려봅시다.

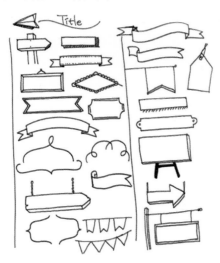

• 선생님이 읽어주시는 그림책(다다다 다른 별 이야기)을 듣고, 내가 온 별에 대해 비주얼씽킹으로 표현해 봅시다.

8. 여름 방학 나의 버킷리스트

- 여름 방학 동안 하고 싶은 것을 떠올려 봅시다. 그리고 하고 싶은 것을 비주얼씽킹으로 나타내고 발표해 봅시다.

여름 방학 나의 버킷리스트	
내가 하고 싶은 활동 넘버 5	이유
1.	
2.	
3.	
4.	
5.	

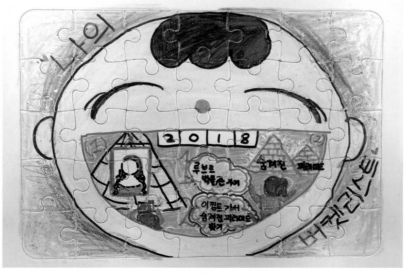

- 예시

9. 너의 생각이 궁금해!

- 친구에게 하고 싶은 질문 만들기(친구들에게 궁금한 질문을 아래 빈 칸에 적어주세요. 중복되지 않은 질문을 만들어 주세요)

- 위의 질문 중 1가지를 뽑아 회색 칸에 붙이고 그 답을 비주얼씽킹으로 표현해 주세요.

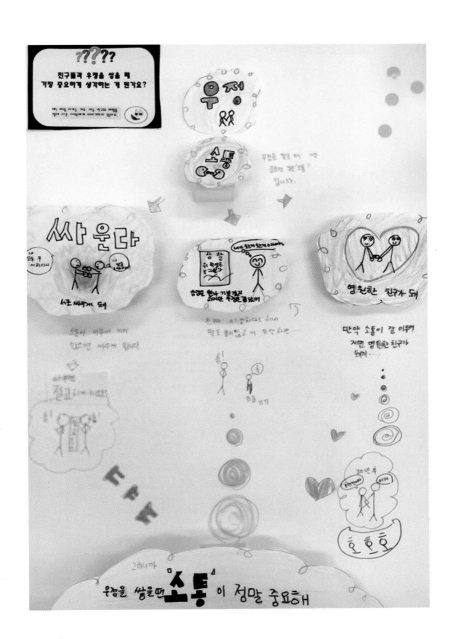

IV 비주얼씽킹과 함께하는 학급운영

10. 만나고 싶은 예술가

- 내가 좋아하는 예술가의 작품을 비주얼씽킹으로 표현하고, 작가에게 편지를 써 봅시다.

11. 시와 비주얼씽킹의 만남

• 자신이 좋아하는 시의 내용에 알맞은 그림을 그려 시화를 만들어 봅시다.

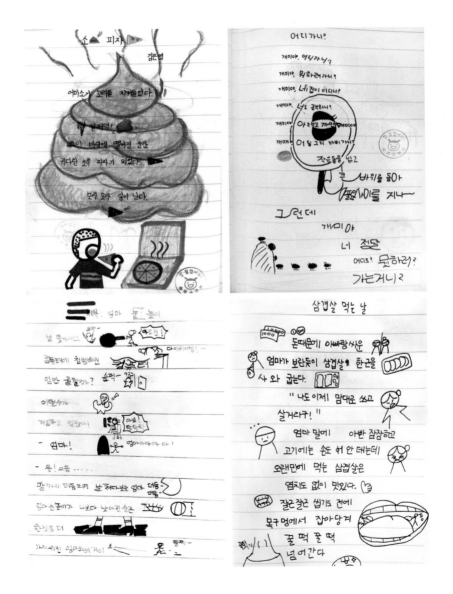

12. 세상 속의 차별!

- 생활 속의 차별을 찾아, 비주얼씽킹으로 표현해 봅시다.

13. 우리가 좋아하는 노래

• 우리 부서 학생들이 좋아하는 노래를 조사하여 아래 표를 완성하시오.

이름	답변	이름	답변

내용									합계
학생 수									명

★ 조사한 자료와 정리한 표를 보고 그림그래프로 나타내어 봅시다.

	학생수

☐ :(   )명   ☐ :(   )명

14~15. 우리가 좋아하는 노래 뮤직비디오로 만들기

- 좋아하는 노래를 한 가지 선택하고, 문장을 나눠서 뮤직비디오로 만들어 봅시다.

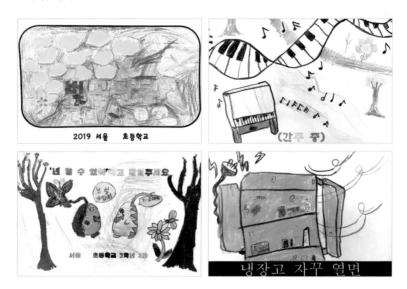

16. 나의 겨울눈

- 겨울 동안 나무에는 겨울눈이 자랍니다. 우리의 미래에 어떤 모습이 지금 우리에게 잠재되어 있을까요? 나의 겨울눈을 만들어 봅시다. 나의 꿈과 내가 노력하는 점이 잘 드러나게 표현해 봅시다.

온라인 비주얼씽킹 Tip

버블형, 써클형 레이아웃으로 하는 진로 교육

1) 비주얼씽킹을 활용한 진로교육 방법

㉮ 버블맵을 활용하여 나를 들여다보는 활동

① 학생들이 레이아웃 활동지에 각자 표현하기 전에 함께 브레인스토밍하는 시간을 가지면 좋습니다.

② 학생들이 나에 대해 생각해보고, 긍정적인 경험이나 기분 좋은 모습을 중심으로 활동을 진행하기 위해 다음과 같은 질문을 합니다.

질문에 답하며 나에 대해 들여다보아요

- 내가 가장 즐거운 마음이 드는 시간은 언제인가요?
- 이건 진짜 자신있어. 아니면 이건 진짜 잘하고 싶어. 등 내가 잘하는 것은 무엇인가요? 잘하고싶은 것도 괜찮아요.
- 내가 좋아하는 것은 무엇인가요? 나의 보물도 좋고 음식도 좋고 생각하면 기분이 좋아지는 모든 것을 떠올려보세요.

• 내가 되고 싶은 꿈은 무엇인가요. 아직 정해지지 않았다면 가장 관심있는 직업이나 일을 표현해보세요.

※ 학생들이 질문을 만들어 질문하게 해도 좋습니다.

③ 질문이 마무리된 후, 질문을 바탕으로 비주얼씽킹으로 표현하도록 합니다.

※ 그림을 그리다보면 자신이 떠올린 생각에 대해 좀 더 구체적이고 진지하게 고민할 수 있고, 내가 미처 생각하지 못한 부분도 들여다볼 수 있습니다.

⚠ 유의사항!

참고할 만한 이미지 제공

간단하게 글씨를 써도 되지만, 글씨로 먼저 쓰고 그것을 그림으로 표현해 나가는 방법이 보다 자연스러운 활동이 될 수 있습니다. 학생들이 그림으로 표현해야 할 때 막연해하는 경우가 있는데, 교사가 직접 그림을 그려 예를 제공해도 좋고, 이미지 제공 사이트를 소개할 수 있습니다.

④ 버블맵을 활용하여 정리합니다 : 활동지를 나누어주고 학생과 교사가 질문을 주고받으면서 함께 진행합니다.

※ 실시간 쌍방향수업에서는 브레인스토밍을 통해 질문을 통해 자유롭게 표현해보는 활동을 함께 하고, 충분히 공유합니다.

각자가 버블맵 레이아웃에 표현하는 것은 학생들에게 과제로 제시하고, 우리 반 온라인 알림장에 탑재하게 하여 피드백해주는 것도 좋습니다.

🐸 나 표현하기 활동

레이아웃에 정리해보아요

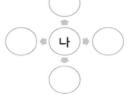

① 먼저 레이아웃에 자신이 표현한 것을 살펴봅니다.

② 표현을 조합하여 하나의 캐릭터를 만드는데, 종이 위에 그림으로 표현해도 좋고 입체작품도 좋습니다.

※ 저학년의 경우, 예시작품을 미리 보여주는 것도 도움이 됩니다.

③ 최종적으로 만들어진 캐릭터는 앞으로의 다양한 활용을 위해 깨끗한 종이에 다시 그리고 채색합니다.

④ 결과물에는 손코팅지를 부착하고 학생 이름표를 붙입니다.

[활용 방법]

- 나 소개하기: 먼저 내가 만든 캐릭터를 보고 또는 캐릭터를 만들기 위해 레이아웃에 정리했던 내용을 바탕으로 나를 소개합니다. 관심사나 흥미, 꿈 등이 비슷한 친구들과 모둠을 만듭니다. 원격수업 상이라면 소회의실을 활용하여, 나의 캐릭터가 만들어진 과정을 소개합니다.

- 친구 칭찬하기 : 한명 씩 자신의 캐릭터를 보여주고, 그 친구가 잘하는 점, 흥미, 꿈 등 그 캐릭터에 담긴 내용이 무엇인지 맞힙니다. 친구의 캐릭터를 보고 나눈 이야기를 종합하여 그 친구에게 칭찬의 말을 전합니다. 그리고 친구가 나의 캐릭터를 보고 이야기해 준 내용에 대해 감사의 말을 전하거나 미흡한 부분이 있다면 부연 설명합니다.

🔵 직업 만나기(직업 카드 만들기)

직업에 관한 책을 읽거나, 관련 동영상을 시청한 후 이야기하고, 여러 가지 직업 중 관심 있는 직업을 비주얼씽킹으로 표현합니다. 종이의 앞면에는 직업명과 그 직업의 특징을 살려 직업인의 모습을 그리고, 뒷면에는 그 직업에 대한 보다 자세한 설명과 그 직업을 갖기 위한 조건 등을 간단하게 정리합니다.

V
비주얼씽킹 고마워요

"지식보다 중요한 것은 상상력이다."

- 알버트 아인슈타인 | Albert Einstein -
독일 태생의 이론 물리학자

1

비주얼씽킹을
어려워하는 학생,
어떻게 지도해야 할까요?

〰〰〰〰〰

　재미있는 수업이라도 처음 접해보거나 본인이 어려워하는 활동이라면 즐겁게 참여하기 어렵습니다. 그래서 학생들이 좋아하는 그림을 수업에 활용한 비주얼씽킹 수업 역시 쉽고 재미있지만은 않습니다. 실제로 비주얼씽킹 수업을 해 보게 되면 생각보다 시각화와 수업 시간 안에 활동을 마무리 짓는 것이 어렵다는 것을 알게 됩니다. 비주얼씽킹을 어려워하는 학생들에게 행복한 수업을 만들어 주려면 어떻게 해야할까요?

가. 비주얼씽킹 수업의 세 가지 학생 유형

첫째, 꼼꼼하게 표현하는 학생입니다. 이 학생들은 수업 내용을 잘 이해하고, 수업 시간에 열심히 참여합니다. 그래서 교사와 상호작용 시간이 적을 수 있으므로, 활동 중에 추가 질문이나 피드백으로 상호작용할 필요가 있습니다.

 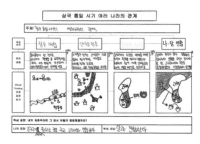

둘째, 열심히 하려고 노력하지만 표현 능력이 부족한 학생입니다. 이 학생은 텍스트 활동을 어려워하거나, 시각화할 때 교과서의 그림을 그대로 베껴서 그리려는 특징이 있습니다. 그래서 짝과 대화하면서 중요한 내용을 파악하거나 교사의 그림을 보고 참고할 수 있도록 안내하는 것이 좋습니다.

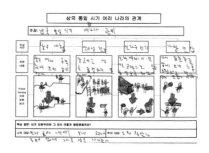 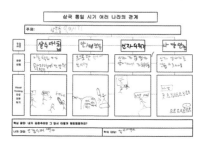

셋째, 수업 시간 안에 활동을 끝내지 못하는 학생입니다. 이런 학생의 경우 두 가지 특징이 있습니다. 텍스트 활동 때 많은 내용을 적으려고 하는 바람에 시각화 시간이 부족한 학생은 시간이 부족하다 보니 그림을 대충 그리거나, 몇 개를 완성하지 못하기도 합니다. 그림을 지나치게 잘 그리려고 해 정리 시간에 제대로 참여하지 못하거나 쉬는 시간까지 수업을 끝내지 못하는 학생은 핵심 내용을 요약해서 적는 방법을 안내하거나, 시각 언어 연습을 다시 하여 그림을 간단하게 그릴 수 있도록 도와줘야 합니다.

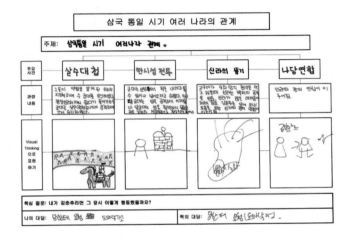

나. 비주얼씽킹 처방전, 이럴 땐 이렇게!

| 그림을 너무 잘 그리려고 해요.
| 학습 과정에 격려하라!

비주얼씽킹 수업을 가장 힘들어하는 학생은 의외로 그림을 너무 완벽하게 그리려고 하는 학생입니다. 이 학생의 특징은 그림 그리는 것 자체에 욕심이 많아, 시각화 시간이 끝나고 정리 활동에 참여하지 않고 계속 그림을 그리려고 합니다. 그래서 텍스트 활동을 거치지 않고 그림부터 그리려고 하거나 수업 시간 내에 마무리 짓지 못해 결과물을 제출하지 못하기도 합니다. 어떤 학생은 교사가 보기에 충분히 잘 표현한 것 같은데도, 그렸다 지우기를 반복하기도 합니다. 그런데 이렇게 완벽해지려고 노력하는 학생은 비주얼씽킹 수업뿐만 아니라 모든 활동에서도 그런 모습을 보이고, 자신에 대한 불안감이 높고 자존감이 부족한 경우가 많습니다. 그래서 "이 생각은 선생님도 생각 못 했던 건데. 선생님이 한 수 배웠어!", "이 정도면 충분해!"라고 말하면 불안감을 낮추고 자존감을 높여 줄 수 있습니다. 또한, 전시된 친구들의 결과물을 살펴보면서 '이렇게 표현해도 되는 거구나!' 라고 스스로 깨달을 기회를 제공합니다.

| 그림을 잘 그리지 못해서 안 그리려고 해요.
| 그림 실력보다 아이디어에 격려하라!

완벽한 그림을 그리려는 학생과 달리 그림 자체에 소질이 없다고 생각하고, 본인 그림에 자신감이 부족한 학생도 있습니다. 이런 학생의 특징은 그림을 대충 그리려려고 하거나 부끄러워서 그림을 보여주지 않으려고 합니다. 그리고 비주얼씽킹 수업 시간만 되면 더 소극적으로 변하고 무기력해지기도 합니다. 이럴 때는 교사가 "이 수업은 너의 그림 실력을 보려고 하는 것이 아니란다." 라고 말해주며 학생의 번득이는 아이디어를 찾아내서 격려해 주는 것이 좋습니다. 예를 들어 특별한 생각이 담긴 시각 언어를 발견하면, 스크린 미러링이나 실물화상기를 이용하여 전체 학생에게 보여주면서 "오늘 소주제를 이렇게 표현할 수도 있네요. 띄어쓰기 표현에 참고하세요."라고 말하면 좋습니다. 잘 그리지 못한 그림이라도 아이디어가 잘 담겨있다면, 훌륭한 시각 언어가 된다는 것을 깨닫게 해줄 수 있습니다. 또, 시각화를 어려워하는 학생이나 그림을 잘 그리려고 하는 학생에게는 시각화하는 방법을 다시 안내합니다. 비주얼씽킹으로 나타내기 어려운 소주제는 경우에는 추상적인 힌트('서로 영향을 주고받는 다'의 경우 화살표를 양쪽으로)를 제시한다거나, 다른 학생에게 질문해서 아이디어를 공유하도록 도와줍니다.

▌글로 내용을 정리할 때 너무 많이 적어서 시간이 부족해요.
중요한 내용을 요약하는 방법을 안내하라!

비주얼씽킹 수업은 시각화 활동을 어려워하는 학생보다 의외로 글을 정리하는 텍스트 활동을 어려워하는 학생이 많습니다. 배운 내용을 글로 정리하는 시간이 10분 내외로 짧아 주제와 소주제, 소주제에 대한 설명을 다 적기에 시간이 부족하기 때문입니다. 그래서 핵심내용을 잘 찾지 못하거나 요약하는 방법을 몰라 교과서 내용을 그대로 베껴적다보니 시각화 시간이 부족해 활동에 어려움을 겪습니다. 처음에는 교사가 주제와 소주제를 찾는 방법과 핵심내용을 요약하는 방법을 알려주고, 학생 혼자서 할 수 있도록 도와준다면 텍스트 활동에 어려움을 차츰 줄일 수 있습니다. 그래서 텍스트 활동을 할 때는, 중요한 내용을 파악한 후 요약하여 적도록 안내해야합니다.

아무것도 하지 않는 학생은 어떻게 하죠?
수준에 맞는 과제를 제시하라!

수업에 열심히 참여하는 학생이 있는 반면에 어떤 것도 하기 힘들어하고 무기력하게 수업을 넘어가려는 학생도 있습니다. 이런 학생은 교사에게 종종 "선생님 소주제 6개 중에서 한 가지 안 해도 돼요?"라고 질문합니다. 이 상황에서 "안 돼. 6가지 다 해야 해!"라고 말한다고, "네 할게요."라고 갑자기 힘이 나서 열심히 하는 학생은 드뭅니다. 학생에 따라 원인은 다르겠지만 대부분 수업 내용이 어려워서 참여하기 어려워하거나, 교사의 것을 베끼는 등 과도하게 의지하는 경우가 많습니다. 이럴 때 "6개를 다 정리하는 것이 힘들구나. 그러면 한 가지를 덜 해도 돼. 대신 5개는 좀 더 꼼꼼하게 정리해 보겠니?"라고 말하면서 학생의 능력에 맞게 과제를 제시하면 무기력한 학생들을 활동 안으로 초대할 수 있습니다.

또, 질문을 활용해 학생이 생각하는 것을 도와주는 방법도 있습니다. "이 내용을 어떻게 그리면 좋을까? 잘 모르겠으면, 선생님의 생각을 한번 그려서 보여줘도 될까?"라고 물어봅니다. 교사의 그림은 무기력한 학생에게 좋은 예시가 됩니다. 시각화를 어떻게 해야 할지 고민하는 학생들을 위해 A4 용지 한 장을 들고 교실을 돌아다니면서 교사의 생각을 시각화하여 보여주기도 합니다. 이런 작은 과정들이 무기력한 학생에게 지속해서 성취감을 주기 때문에, 결과적으로 수업에 조금씩 참여하려는 마음을 가질 수 있도록 도와줍니다.

귀찮아서 색칠을 안 하려는 학생이 많아요.
구체적으로 안내하자!

비주얼씽킹 수업을 하다 보면, 귀찮아서 색을 칠하지 않거나 색의 중요성을 잘 이해하지 못하는 학생이 있습니다. 이때, 단순하게 "가서 색칠 더 해와."라고 말한다고, 학생이 "네." 하고 교사들이 원하는 만큼 색칠해오지 않습니다. 일반적으로 몇 군데 의미 없이 색칠하고 돌아오는 경우가 많습니다. 그래서 색칠을 잘해오지 않는 학생에게는 "색칠을 더 해 와." 보다 "네가 중요하다고 생각하는 부분을 색칠해 오겠니?" 나 "각 소주제에서 중요하다고 생각하는 것을 찾아 1가지씩만 색칠해 오겠니?"라고 구체적으로 안내합니다. 이러면 색칠에 대한 부담이 줄고, 색칠하면서 중요한 곳을 다시 볼 수 있어서 중요한 내용을 다시 학습할 수 있다는 장점이 있습니다. 더불어 색을 모두 칠하는 것보다 중요한 부분 밑줄 긋기, 동그라미, 중요항목에 표시하기와 같은 방법으로 색을 사용할 때의 중요성에 대해서 지도하는 방법도 있습니다.

다. 비주얼씽킹으로 변화된 학급

학생에게 가까이 다가가 호흡하고, 함께 생각을 공유할 수 있는 비주얼 씽킹 수업과 함께한 학급은 어떻게 변화되었을까요?

첫째, 학생을 바라보는 시선이 바뀝니다. 효과적인 비주얼씽킹 수업을 위해 학생에게 다가가려고 노력하다 보니, 서서 학생을 보기보다 눈높이를 맞추는 낮은 자세로 다가가게 됩니다. 그림을 어려워하는 학생을 위해 같이 그림을 그리고, 왜 이렇게 그렸는지 질문하고 대답하고, 학생의 대화를 가까이에서 듣기 위해서 학생에게 밀접하게 다가가야 하기 때문입니다. 이런 변화는 학생 개개인의 특성을 파악하는 데에 도움이 되고, 어려워하는부분과 장점을 쉽게 파악할 수 있게 됩니다. 나아가 학생과 친해지다 보니 학급 운영도 더 원활해지고, 서로를 신뢰할 수 있습니다.

수업 중 교실 앞에 머물러 있는 것을 벗어나 학생 가까이 다가가 개개인의 특징이나 표현 방식들을 눈여겨보면서 "이 내용을 왜 이렇게 그림으로 표현했니?", "이 내용에 대해서 어떻게 생각해?"같은 질문으로 학생의 생각을 물어봅니다. 답을 듣는 과정에서 오개념을 발견하고, 피드백을 하면서 자연스럽게 과정 중심 평가로 이어질 수 있습니다.

둘째, 수업 참여가 활발해집니다. 비주얼씽킹 수업은 학생이 직접 참여하는 활동이 많아 수업에 관심이 커져 참여도가 높아집니다. 또한, 친구와 직접 의견을 나누고 글과 그림으로 표현하는 과정에서 평소 무기력했던 학생이 좀 더 책임감을 느끼며 활동에 참여하는 모습을 볼 수 있습니다. 마지막으로 확인 문제를 풀거나 학습지를 통해 자신의 이해 수준을 단편적으로만 확인하는 것에 비해, 비주얼씽킹 수업에서는 이해한 내용을 자신만의 그림과 글로 표현하고, 친구가 표현한 모습도 함께 살펴볼 수 있어 수업 내용을 잘 이해할 수 있습니다.

셋째, 자기 주도적 학습 능력을 기를 수 있습니다. 학생이 살펴볼 수 있도록 활동 결과물을 교실 옆면에 전시해 두면, 친구의 결과물을 보면서 내가 미처 생각하지 못했던 내용이나 나와 다르게 표현한 내용 등에 관심을 가집니다. 이를 통해 그래서 수업에 대한 이해의 폭을 더 넓히고 좀 더 다양한 생각 및 시각을 가질 수 있습니다. 더불어 돌아가며 말하기로 친구의 활동 결과물을 칭찬하며, 점차 자신 있게 생각을 글과 그림으로 표현하려고 노력하는 모습을 볼 수 있습니다. 결과물을 공유하면서 학생 스스로 생각하고 학습하는 습관과 자기 주도적 학습 능력도 기르게 됩니다.

넷째, 수준별 수업이 가능해집니다. 개별 학생의 수업 과정을 지켜볼 수 있다는 장점은 학생 수준에 맞게 과제를 제시할 수 있음을 의미합니다. 과제를 쉽게 해결하는 학생에게는 추가 질문을 통해 고차원적인 사고를 촉진하고, 과제를 어려워하는 학생에게는 수준에 맞는 과제를 제시하여 수업에 원활하게 참여하도록 배려할 수 있습니다.

교사가 수업을 바라보는 관점을 바꾸면 교사와 학생의 수업이 행복해질 수 있습니다. 비주얼씽킹 수업은 학생 개개인에게 직접 다가갈 수 있고, 수준별 학습 및 과정 평가와 결과 평가가 동시에 가능하다는 장점이 있습니다. 이 장점으로 교사와 학생 모두 행복한 수업을 만들어보는 것은 어떨까요?

|참고 자료|

Chapter. I

1 박창호 외 공저(2014). 인지학습심리학, 시그마프레스이재규 외 공저(2016). 학습상담, 학지사

2 이재규 외 공저(2016). 학습상담, 학지사, p.226

3 이재규 외 공저(2016). 학습상담, 학지사, p.227

4 이재규 외 공저(2016). 학습상담, 학지사, p.230

5 이재규 외 공저(2016). 학습상담, 학지사, p.230

6 이재규 외 공저(2016). 학습상담, 학지사, p.231

7 김경일(2020). 0.1%의 비밀, EBSBOOKS, p.208

Chapter. II

1 Gyorgy Kepesi(2008). Basic Design, Consortium Book, p.105

2 주치수(2017). 의사소통행위 이론에 따른 시각언어의 사회문화적 가치, 광주대학교, p.299

3 니시무라 가츠미(2005). 비주얼 씽킹, 랜덤하우스 코리아

4 김정해(2018). 좋아보이는 것들의 비밀 컬러, 길벗, p.130~181

5 <'길치의 축복' '고속도로 증강현실'...색깔 유도선 개발자는> 기사에서 발췌 (https://news.naver.com/main/read.nhn?mode=LSD&mid=sec&sid1=102&oid=023&aid=0003511548)

6 연합뉴스(2017.09.12). <교차로서 길 헷갈리면 색깔 유도선 따라가세요> 기사에 발췌 (https://news.naver.com/main/read.nhn?oid=001&aid=0009539501)

7 우치갑(2015). 비주얼씽킹 수업, 디자인펌킨, p.60~61,

Hyerle, D(1996). Thinking maps: Seeing is understanding. Educational Leadership, Dec./Jan.1996, Vol. 53, Issue 4, p.85~89

Chapter. III

1 한국교육과정평가원(2017). 과정을 중시하는 수행평가 어떻게 할까요, 교육부

2 성기선(2019). 수업과 연계한 과정중심평가, 어떻게 할까요. 한국교육과정평가원

3 김성숙(2017). 2015개정교육과정에 따른 과정중심평가의 이해와 적용. 한국교육과정평가원 교육광장

4 한국교육과정평가원(2017). 과정을 중시하는 수행평가 어떻게 할까요, 교육부

5 권영재(2019). 핵심역량과 과정중심평가의 원리를 반영한 고등학교 사회과 수업모델 개발, 인하대학교 대학원

6 권영재(2019). 핵심역량과 과정중심평가의 원리를 반영한 고등학교 사회과 수업모델 개발,

인하대학교 대학원

7 한국교육과정평가원(2017). 과정을 중시하는 수행평가 어떻게 할까요, 교육부

8 최승현, 박상욱, 황혜정(2014). pisa와 timss 결과에 나타난 우리나라 학생의 정의적 실태 분석-수학 교과를 중심으로. 한국학 교수 학회 논문집

9 경기도교육청(2018). 학생의 전면적 발달을 돕는 성장중심평가

10 한국교육과정평가원(2017). 과정을 중시하는 수행평가 어떻게 할까요, 교육부

11 권영재(2019). 핵심역량과 과정중심평가의 원리를 반영한 고등학교 사회과 수업모델 개발, 인하대학교 대학원

12 성기선(2019). 수업과 연계한 과정중심평가, 어떻게 할까요. 한국교육과정평가원

13 한국교육과정평가원(2017). 과정을 중시하는 수행평가 어떻게 할까요, 교육부

14 한국교육과정평가원(2017). 과정을 중시하는 수행평가 어떻게 할까요, 교육부

15 한국교육과정평가원(2017). 과정을 중시하는 수행평가 어떻게 할까요, 교육부

16 한국교육과정평가원(2017). 과정을 중시하는 수행평가 어떻게 할까요, 교육부

17 한국교육과정평가원(2017). 과정을 중시하는 수행평가 어떻게 할까요, 교육부

18 한국교육과정평가원(2018). 초등학교교사별 과정중심평가 이렇게하세요, 교육부

19 경기도교육과정정책과 제 2016-5호, 교사의 교육과정 문해력 신장, 경기도 교육청

20 정광순(2012). 교사의 교육과정에 대한 문해력, 한국통합교육과정학회, 통합교육과정학술지

21 김세영, 정광순(2014). 교사의 입장에서 본 초등 교과교육과정의 내용 구조, 한국초등교육학회

22 경기도교육과정정책과 제 2016-5호, 교사의 교육과정 문해력 신장, 경기도 교육청

23 박승철 외(2015). 교육과정, 수업, 평가 운영 실태 및 일체화 연구, 경기도교육연구원

24 경기도교육청(2016). 2016 교육과정-수업-평가의 행복한 만남

25 한국과학창의재단(2016). 창의교육 실천을 위한 창의 체험 중심 수업(초등), 교육부

26 이지은(2011). 백워드 설계 모형을 적용한 이해중심 교육과정 개발. 미간행 박사학위논문, 경북대학교 대학원

27 김경자, 온정덕(2014).『이해중심 교육과정 : 백워드 설계』. 서울: 교육아카데미

28 정진호(2015). 누구나 쉽게 할 수 있는 정진호의 비주얼씽킹, 한빛미디어

29 2학년 2학기 국어 나, p.196~197, 교육부

30 3학년 2학기 국어 나, p.256~258, 교육부

31 신수경 외 3인(2016). 이야기 넘치는 교실 온작품읽기, 북멘토, p.12

32 전국초등국어교과모임(2017). 온작품읽기, 휴먼에듀

33 교육부(2015). 국어과 교육과정

34 김해동(2015). 교실 속 비주얼씽킹, 맘에드림, p.23

35 도로시 리즈(2002). 질문의 7가지 힘, 더난출판, p.29

생각 주머니를 키우고, 날개를 달다

2021년 9월 초판 1쇄

지은이 신건철, 우치갑, 정경란, 김기옥, 고아림, 박준경, 김화영

펴낸곳 (주)넷마루

주소 08380 서울시 구로구 디지털로33길 27, 삼성IT밸리 806호
전화 02-597-2342 **이메일** contents@netmaru.net
출판등록 제 25100-2018-000009호

ISBN 979-11-972099-2-5 (13370)

Copyright © netmaru, 2021
이 책의 저작권법에 따라 보호를 받는 저작물이므로 무단 복제 및 무단 전재를 금지합니다.

책값은 뒤표지에 있습니다. 잘못 만들어진 책은 구입한 곳에서 바꿔 드립니다.